수덕·신비 신학 5

수덕·신비 신학 5

일치의 길 ★ 아돌프 땅끄레 지음 · 정대식 옮김

가톨릭 크리스챤

Adolphe Tanquerey
Précis de Théologie Ascétique et Mystique
© 1923 et 1924 by Desclée & Co., Paris

역 자 의 　 말

　아돌프 땅끄레(Adolphe Tanquerey) 신부의 원저, 「수덕·신비 신학의 개요」(Précis de Théologie Ascétique et Mystique)라는 이 책은 교회의 전통적인 영성신학 서적으로 매우 유명하다. 이러한 땅끄레 신부의 원래 저서를, 요한 고찌에(Jean Gautier) 신부가 요약하고 축소시켜서, 「나의 내적 삶을 위하여」(pour ma vie int rieure)라는 책으로 출판하였다.
　그리고 한국에서는 1959년 8월에 한공렬 대주교가 신학생들의 영성 강화를 위하여, 이 축약된 고찌에 신부의 책 가운데 제Ⅰ권(제1항-제326항의 요약된 문항)만을 번역 출간하였다. 그리고 축약된 고찌에 신부의 제Ⅱ권은 현재까지 발간되지 않고 있다.
　역자는, 진리는 언제나 변하지 않는다는 신념 아래 비록 미세하고 부분적인 약간의 변화가 있지만, 제2차 바티칸 공의회 이후의 오늘날에도 땅끄레 신부의 저서 「수덕·신비 신학의 개요」는 교회의 기본 진리를 이해하고 영성생활을 발전시키는 데 꼭 필요한 책으로 여기고 있다. 이러한 뜻에서 역자는 땅끄레 신부의 원저 전체(제5판), 즉 제Ⅰ권(제1항-제617문항)과 제Ⅱ권(제618항-제1599문항) 모두를 제5편으로 나누어 완역하였다.
　원저 「수덕·신비 신학의 개요」는 모두 1000쪽의 방대한 분량으로 쓰여졌는데, 땅끄레 신부는 이 책에서 생명의 기원과 본질및 중요성, 영혼 안에서 역사하시는 성령, 그리스도적 생명의 완성, 성화를 위한 마리아의 역할, 완덕의 본질과 의무 그리고 그 필요성 등을 다루고 있다. 이 책은 무엇보다 먼저, 강생의 교의를 바탕으로 영혼이 어떻게 올바른 신심과 내적 생활을 통하여 완덕에 이르는가를 상세하게 설명하고 있다.

제1편(제1항-제294항)은, 초자연적인 생명의 기원과 본질이 어떻게 그리스도 안에서 완성되는가를 분명하게 밝히고 있다. 그리고 세례를 받은 그리스도인이면 누구나 완덕에 나아가야 한다는 사명을 깨우치고 있다.

제2편(제295항-제617항)은, 완덕에 이르는 보편적인 방법들을 제시하면서 특히 실천적인 점들을 강조하고 있다. 즉 하느님과의 일치는 완덕의 삶에서 매우 실천적이고 보다 현실적이며 구체적임을 강조하고 있다. "그저 듣기만 하여 자기 자신을 속이는 사람이 되지 말고 말씀대로 실천하는 사람이 되십시오."[1]

제3편(제618항-제960항)은, 영혼이 하느님께 나아가는 정화의 길에 대해서 말하고 있는데, 교회의 전통적인 교의와 영성의 여러 학파들에 대한 학설에 기초를 두고 있다. 그리고 영혼의 정화가 모든 선의 원천이신 하느님과의 일치 안에서 어떻게 완전해질 수 있는가를 살피고 있다.

제4편(제961항-제1288항)은, 빛의 길에서 하느님과의 친밀하고 내적인 일치에 관하여 말한다. 그리고 이 일치는 우리 안에 살아 계시는 성삼위의 인도 아래 실현된다는 것을 분명하게 밝히고 있다.

끝으로 제5편(1289항-1599항)은, 하느님과의 일치를 위해서 어

---

1) 야고 1, 22.

둠의 세력과 세속, 낡은 인간의 성향에 대항하는 싸움이 필요하다는 것을 사도 바오로와 함께 강조한다.

이와 같이 영성생활에서 수덕·신비 신학이 말하는 교회의 전통적인 완덕에 대한 세 가지 단계를 상세하게 제시해 준다. 즉 정화의 길, 빛의 길, 일치의 길을 위해서는 영성적 전쟁, 줄기찬 노력, 인내와 극기, 유혹, 타락에서 끊임없는 회개가 영성생활의 기초임을 일깨워 주고 있다.

번역 후에 언제나 느끼는 부족함에는 할 말이 없다. 특히 현대적인 용어 사용을 시도하는 데는 많은 어려움이 있었음도 고백한다. 그럼에도 이 책이 완덕과 영성적 성장을 지향하는 영혼들에게 조금이라도 도움이 된다면 더 없는 기쁨이 될 것이다.

끝으로 이 책이 나오기까지 많은 노력과 성원을 아끼지 않은 안영주(데레사)님과 김정이(프란치스카)님, 크리스챤 출판사 한용환(사도 요한)님께 깊은 감사를 전하며 하느님의 축복을 기원한다.

2000년 11월 1일

모든 성인들의 대 축일에
대희년을 보내면서

정 대 식(플로리아노) 신부

차 례

역자의 말 / 5

제5편 일치의 길

서 론

Ⅰ. 일치의 길을 추구하는 목적 / 16
Ⅱ. 일치의 길에 나타난 특징 / 18
Ⅲ. 일치의 길에 대한 관상의 일반적 개념 / 23
Ⅳ. 제5편 일치의 길에 대한 분류 / 27

제Ⅰ부 단순한 일치의 길

● 제1장 성령의 은사들 / 34
  제1절 보편적인 성령의 은사 / 34
  Ⅰ. 성령의 은사의 본질 / 34
  Ⅱ. 성령의 은사의 탁월함 / 39
  Ⅲ 성령의 은사의 연마 / 41
  Ⅳ. 성령의 은사의 분류 / 46
  제2절 성령의 일곱 가지 은사들의 특징 / 48
  Ⅰ. 의견의 은사 / 48
  Ⅱ. 공경의 은사 / 52
  Ⅲ. 용기의 은사 / 58

Ⅳ. 경외의 은사 / 63
   Ⅴ. 지식의 은사 / 67
   Ⅵ. 통찰의 은사 / 73
   Ⅶ. 지혜의 은사 / 77
  제3절 관상과 묵상기도에서 은사의 역할 / 82
   주 해 : 다섯 가지 영적 감각과 은사 / 89
  제4절 성령의 은사들과 참된 행복 / 90
   Ⅰ. 성령의 열매 / 91
   Ⅱ. 참된 행복 / 92
● 제2장 단순한 묵상기도 / 94
  제1절 단순한 묵상기도의 본질 / 95
  제2절 단순한 묵상기도의 유익성 / 101
  제3절 단순한 묵상기도의 실천하는 방법 / 105
  제4절 주입적 관상과 단순한 묵상기도와의 관계 / 112
   제Ⅰ부 결 론 / 115

제Ⅱ부 주입적 관상

● 제1장 주입적 관상에 대한 일반적 개념 / 120
  제1절 주입적 관상의 본질 / 120
   Ⅰ. 주입적 관상의 정의 / 120
   Ⅱ. 주입적 관상에서 하느님의 몫 / 121
   Ⅲ. 주입적 관상에서 영혼의 몫 / 128
  제2절 주입적 관상의 유익성 / 139
  제3절 관상으로 부르시는 성소의 징표 / 144
   Ⅰ. 하느님께서는 누구에게 관상의 은총을 주시는가? / 144
   Ⅱ. 관상의 성소에 대한 개인적 징표는? / 149

결　론 : 관상의 열망에 대하여 / 153
● 제2장 관상의 여러 단계 / 155
　제1절 고요의 일치 기도 / 157
　　Ⅰ. 메마른 고요의 기도 또는 감각의 밤 / 157
　　　⑴ 영적 밤의 구성 요소 / 159
　　　⑵ 영적 밤에 동반되는 시련 / 164
　　　⑶ 영적 밤에서 영혼이 정화되는 유익들 / 167
　　결　론 : 어두운 밤의 시련 동안 지녀야 할 자세 / 170
　　Ⅱ. 감미로운 고요의 기도 / 173
　　　⑴ 수동적 거둠의 기도 / 174
　　　⑵ 엄밀한 의미에서 고요의 기도 / 178
　　　⑶ 고요의 기도 능력 / 186
　　결　론 : 고요의 기도에서 지녀야 할 태도 / 186
　제2절 충만한 일치 기도 / 189
　　Ⅰ. 충만한 일치 기도의 본질 / 189
　　Ⅱ. 충만한 일치 기도의 효과 / 191
　제3절 황홀한 일치 기도(영적 약혼) / 193
　　Ⅰ. 감미로운 황홀한 일치 / 193
　　　⑴ 황홀한 일치의 본질 / 194
　　　⑵ 황홀한 일치의 세 가지 자세 / 198
　　　⑶ 황홀한 일치의 주된 효과 / 200
　　Ⅱ. 영의 밤 / 202
　　　⑴ 영의 밤의 존재 이유 / 203
　　　⑵ 영의 밤의 시련 / 204
　　　⑶ 영의 정화에 대한 효과 / 206
　제4절 변모된 일치 기도(영적 결혼) / 208
　　Ⅰ. 변모된 일치의 본질 / 208
　　Ⅱ. 변모된 일치의 효과 / 212

제2장의 개　요 / 216
부　　록 : 거짓된 신비주의 또는 정적주의 / 218
　　(1) 몰리노스의 정적주의 / 218
　　(2) 페늘롱의 완화된 정적주의 / 221
　　(3) 반 정적주의자들의 경향 / 224

제Ⅲ부　놀라운 신비 현상

● 제1장 놀라운 신비적 현상 / 230
　제1절 지적인 신비 현상 / 230
　　Ⅰ. 사적 계시 / 230
　　　(1) 사적 계시의 본질 / 231
　　　(2) 사적 계시를 구분하기 위한 규범 / 237
　　결　론 : 사적 계시에 대하여 지녀야 할 태도 / 247
　　Ⅱ. 무상으로 주어진 은총들 / 251
　제2절 정신생리학적 현상들 / 252
　　Ⅰ. 공중부유 / 253
　　Ⅱ. 빛의 발산 / 254
　　Ⅲ. 향기의 발산 / 255
　　Ⅳ. 지속적인 금식 / 256
　　Ⅴ. 성　흔 / 257
　　결　론 : 여러 현상들과 병적인 현상과의 차이점 / 260
● 제2장 악마적 현상 / 266
　제1절 강박 관념 / 267
　　Ⅰ. 강박 관념의 본질 / 267
　　Ⅱ. 영적 지도자를 위한 지도 / 269
　제2절 마귀 들림 / 271

Ⅰ. 마귀 들림의 본질 / 271
　Ⅱ. 마귀 들림에 대한 구제책 / 277
　결　론 : / 280

제Ⅳ부　주입적 관상에 논쟁되는 문제들

제1절 주입적 관상의 본질에 관한 논쟁 / 287
제2절 보편적 부르심에서 주입적 관상까지 / 292
제3절 주입적 관상이 시작하는 순간 / 303
　제5편　결　론 : 관상하는 영혼들의 영적 지도에 대하여 / 305
　결　론 : 완덕의 세 가지 길과 전례시기 / 312
　기　도 : 오! 마리아 안에 살아 계시는 예수님 / 322

　부　록 / 331
　Ⅰ. 신약성서의 영성 / 331
　　⑴ 공관복음의 영성 / 331
　　⑵ 사도 바오로의 영성 / 338
　　⑶ 복음사가 요한의 영성 / 346
　Ⅱ. 자신의 성격 연구 / 351
　　⑴ 성격들 분류의 기초 / 352
　　⑵ 감수성에 관련된 다양한 성격들 / 354
　　⑶ 정신적 능력에 관계된 다양한 성격들 / 359
　　⑷ 삶에 관계된 다양한 성격들 / 361

제 5 편

일치의 길

제5편 일치의 길에서는 영혼이 하느님과 일치하는 삶의 과정을 보여 준다. 특히 이 일치는 성령의 은사를 통해 영혼이 어떻게 묵상과 관상의 여러 기도 단계를 거쳐 하느님을 오롯하게 사랑하는가를 일깨워 준다.

1289 영혼이 정화되고, 적극적인 덕의 실천으로 꾸며졌을 때, 영혼은 하느님과 내적 일치에 익숙해진다.

예비 고찰[2]

영혼이 하느님과 일치하는 길에 대한 세부적인 사항에 들어가기 전, 먼저 간단하게 다음과 같이 살펴보기로 한다.

　Ⅰ. 일치의 길을 추구하는 목적,
　Ⅱ. 일치의 길에 나타난 특징,
　Ⅲ. 일치의 길에 대한 관상의 일반적 개념,
　Ⅳ. 제5편 일치의 길에 대한 분류.

---

2) Phil. a Ss. Trinitate, *op. cit.*, IIIᵃ P., Tr. I, dis. I; Th. de Vallgornera, *op. cit.*, q. IV, disp. I; A. Saudreau, *les degrés*. t. II, Vie unitive; Prologue; P. Garrigou-Lagrange, *op. cit.*, t. I, Introduction.

I. 일치의 길을 추구하는 목적

1290 영혼이 일치의 길을 추구하는 목적은, 예수 그리스도를 통한 하느님과의 일상적이고 내적인 일치에 있다. 올리에(Olier) 신부는 「신학생들의 신심」(Pietas Seminarii)이란 책의 서문에서 다음과 같이 표현하고 있다.

"이 신학교의 첫째 목적은 우리 모두 예수 그리스도 안에서 하느님과 함께 살아 가는 데 있습니다. 그리하여 성자(聖子)의 내적 마음이 우리 마음 안에 스며들도록 하고, 사도 바오로가 자신을 기준으로 삼아 설파한 것이 누구에게나 해당되도록 하려는 것입니다"(Primarius et ultimus finis hujus Instituti erit vivere summe Deo in Christo Jesu Domino nostro, ita ut interiora Filii ejus intima cordis nostri penetrent, et liceat cuilibet dicere quod Paulus fiducialiter de se praedicabat).

일치의 길을 걷는 영혼의 목적은, 자신 안에 현존(現存)하시는 성 삼위(聖三位)의 살아 계신 하느님만을 위하여 산다. 이것을 두고 이상적(理想的) 그리스도인의 삶의 목적은, 하느님을 찬양하고, 봉사하며, 경배함으로써 오직 그분만을 사랑하는 데 있다고 한다. 그래서 일치의 길을 걷는 영혼은 아무런 보람 없이 사는 것이 아니라, 하느님께 대한 사랑의 열정으로 사는 것이다.

따라서 이 일치의 길을 걷는 영혼은, 하느님께서 우리 안에 생활하실 수 있도록, 온 마음을 다해 그분을 사랑해야 한다. 그리고 영혼의 모든 생각과 행위는 하느님 사랑을 위해 자신을 잊는 것을 목표로 한다. 이와 같은 방법으로 우리는 하느님의 거룩하신 뜻에 우리 자신을 완전히 순종하게 한다. 또 우리의 생각과 뜻과 행위 모두를 하느님께서 다스리시고, 성화하시고, 인도하시도록 다음과 같이 기도를 드릴 수 있다.

"주 하느님, 하늘과 땅의 임금이시여, 오늘도 우리 몸과 마음, 말과 행동을 당신의 법대로, 당신 계명의 작용대로 이끄시고 거룩하게 하시며 다스리시고 통치하소서…"(Dirigere et sanctificare, regere et gubernare dignare, Domine Deus, Rex coeli et terroe, hodie corda et corpora nostra, sensus, sermones et actus nostros in lege tua et in operibus mandatorum tuorum…).

1291 위에서 말한 것처럼, 하느님의 도움 없이 우리는 스스로 그분을 사랑하는 것이 불가능하므로, 영혼은 예수 그리스도 안에서(in Christo Jesu) 그분과 내적으로 일치되도록 노력해야 한다. 세례를 통해 예수님 안에 태어난 우리는, 그분과 친밀한 관계를 갖도록 노력한다. 그리고 우리의 모든 행위에 영감(靈感)을 받도록 성사생활(聖事生活)을 열심히 해야 한다. 특히 영혼은 일상적인 마음의 평정(平靜)으로 연장되는 영성체를 통해 예수님과 내적 일치를 더욱 공고히 하도록 한다.

그 다음 우리는 사도 바오로의 다음과 같은 말을 되새겨야 한다. "이제는 내가 사는 것이 아니라 그리스도께서 내 안에서 사시는 것입니다."[3]

이와 같이 하느님과의 복된 일치를 위해, 예수님은 당신의 공로(功勞)를 통하여 우리에게 성령을 보내 주신다. 예수님 안에 생명력을 불어넣어 주셨던 성령께서는 우리 마음 안에 올바른

---

3) 갈라 2, 20.

뜻을 새겨 주신다.

　우리는 무엇보다 이 성령의 영감에 신속하고도 헌신적으로 순종해야 할 것이다. 이를 통하여 우리는 예수님이 만일 우리 처지에 계셨더라면 어떻게 하셨을까 하고 생각하면서 행동할 것이다.

　그 결과, 우리 안에 생활하시는 성령께서는, 우리와 함께, 우리를 통하여, 성부(聖父)께 영광을 드리면서 우리의 성화(聖化)를 도와 주실 것이다. 그러므로 이 일치의 길에서 영혼이 만일 성삼위께 대한 신심이 깊다면, 이 신심은 육화되신 말씀(예수님)과 일치하는 것뿐만 아니라, 예수님을 통해 아버지께로 나아가는 것이다. "나를 거치지 않고서는 아무도 아버지께 갈 수 없다" (nemo venit ad Patrem nisi per me).[4]

Ⅱ. 일치의 길에 나타난 특징

　일치의 길에 나타난 특징은, 모든 것을 단순화시키면서 영혼을 예수님과 일치하게 한다. 다시 말해, 이 일치는 영혼이 하느님과 숭고한 사랑을 통해 이루는 긴밀한 일치로 요약된다.

1292　(1) 일치의 길을 걷는 영혼은 하느님을 바라보면서 그분을 향해 한결같은 삶을 살아 간다. 하느님과 일치하려는 영혼은 자기 마음 안에 살아 계시는 하느님을 관상(觀想)하길 좋아한다. 이러한 영혼은 "내적으로 하느님과 더불어 살아 간다"(Ambulare cum Deo intus).

---

[4] 요한 14, 6.

그리고 영혼은 하느님을 관상하기 위해서 조심스럽게 모든 피조물을 멀리한다. 그 이유는, 영혼이 "밖으로부터 오는 어떤 정감(情感)에 사로잡히지 않도록" (nec aliqua affectione teneri foris) 하기 위해서이다. 일치의 길을 걷는 영혼은 이러한 이유로 고독과 침묵을 즐겨 찾는다.

일치의 길을 걷는 영혼은 자신의 마음 안에 하느님과 대화할 수 있는 작고 은밀한 방(房)을 만든다. 그로 인하여 하느님과 영혼 사이에는 감미로운 내적 친교(親交)가 이루어진다.

게이 주교(Mgr Gay)는 이 친교에 대해 다음과 같이 말한다. "친교란 사랑하는 사람들 사이에 존재하는 일치를 인식하는 것이다. 다시 말해서 하느님의 은총으로 얻는 충만한 빛, 마음의 평화, 기쁨 등을 영혼이 느끼고 알고 나누는 것이다.

그래서 일치의 친교는 영혼이 서로 마음의 성향과 공통점, 완전한 조화(調和)와 같은 체험을 나누는 데 있다. 이러한 영혼의 결합(結合, union)은 어디까지나 고독(孤獨)한 일치가 아니다. 이 일치는 영혼을 완전히 투명하게 하는 서로의 확신이며, 무한한 신뢰이고, 솔직한 동의(同意)이다. 이 일치의 결과는 서로의 마음을 알고, 항상 서로 바라보게 하는 충만한 자유이다."[5]

하느님께서는 이와 같은 내적 영혼에게 일치의 친교를 허락하시고 보여 주신다. 이 점에 대하여 준주성범(遵主聖範)의 저자는 다음과 같이 설명하고 있다. "그분은 내적 생활을 하는 사람을 자주 찾으시며, 그와 더불어 기쁘게 대화하시고, 위로를 주시며, 평화를 가득히 내려 주시고, 놀라운 우정을 표시해 주십

---

5) *Elévations sur la vie*… de *N. S. J. C.*, 52e élév., t. I, p. 429.

니다"(Frequens illi visitatio cum homine interno, dulcis sermocinatio, grata consolatio, multa pax, familiaritas stupenda nimis).[6]

1293 (2) 이처럼 하느님의 사랑은 영혼에게 있어서 가장 중요한 덕이다. 우리가 실천하는 모든 덕이 사랑을 완성시키는 행위라는 뜻에서 볼 때, 하느님 사랑은 영혼에게 유일한 덕이라 할 수 있다.

이러한 뜻에서, 다음 네 가지 사추덕(四樞德)도 하느님 사랑을 완성하는 덕들이다. 현명(賢明)함은 영혼이 `올바른 판단의 기준을 찾기 위해 하느님께 향하는 정감 어린 시선이다. 정의(正義)는 영혼으로 하여금 신적 공정함을 가능한 한 완벽하게 모방하게 한다. 용기(勇氣)는 영혼이 격정(激情)을 완전히 자제하는 것이다. 그리고 절제(節制)는 하느님 나라의 기쁨을 위해, 세속적인 모든 쾌락을 완전히 포기하는 것을 말한다.[7]

이와 같은 맥락에서 사추덕처럼 대신덕(對神德)은 완전한 사랑을 실천하게 하는 영적 수련(修鍊)이다.

즉, 믿음의 정신은 영혼의 행위를 새롭게 할 뿐만 아니라, 사랑을 통해 믿음의 삶을 살게 한다.[8] 영혼은 희망을 통해 하느님께 자녀적 신뢰심을 갖는다. 그 결과 믿음과 희망을 하나의 덕으로 묶어 주는 것은 바로 사랑이다. "사랑은 오래 참고 친절합

---

6) *De Imit*,. 1, 2권 I장, I.
7) 성 토마스, 1부 2편 61문, a. 5: "Quaedam vero sunt virtutes jam assequentium divinam similitudinem, quae vocantur virtutes jam purgati animi; ita scilicet quod qrudentia sola divina intueatur; temperantia terrenas cupiditates nesciat; fortitudo passiones ignoret; justitia cum divina mente perpetuo faedere societur, eam scilicet imitando; quas quidem virtutes dicimus *esse beatorum* vel aliquorum *in hac vita perfectissimorum.*"
8) *fides quae per caritatem operatur.*

니다…"(caritas patiens est, benigna est…).[9]

1294 (3) 이처럼 위에서 말한 대신덕의 상호 관계는 묵상기도에서 매우 단순하게 작용한다. 즉 묵상기도에서 이성적(理性的)인 것은 조금씩 경건한 정감에 그 자리를 양보하면서 사라진다. 그리고 더 나아가 묵상기도의 경건한 정감도 차츰 단순화(單純化)되면서, 영혼은 애정 어린 눈으로 하느님을 끊임없이 바라본다.

1295 (4) 이 순간부터 영혼은 그의 삶 전체가 하느님 안에서 단순화되어진다. 이전에는 영혼은 묵상기도를 위한 방법 그 자체에 많은 시간을 투자하였다. 그러나 지금 그의 묵상기도는 기술적인 방법이 아닌 삶 자체가 된다. 어떤 일을 하거나 쉬거나 혼자 있거나 다른 사람들과 같이 있거나, 영혼은 항상 자신의 뜻을 하느님의 뜻에 일치시키면서 그분을 향한 실천적인 삶을 살게 된다.

"나는 언제나 아버지께서 기뻐하시는 일을 한다"(Quae placita sunt ei facio semper).[10]

이와 같은 하느님과의 일치는 그분의 손에 모든 것을 맡기는 사랑의 행위가 된다. 그래서 일치의 길을 걷는 영혼은, 기도·공동일·고통·굴욕 등을 하느님 사랑 안에 모두 젖어 들게 한다(Deus meus et omnia).

1296 결 론

이와 같은 묵상기도의 실천을 통해 우리는 어떤 영혼이 일치

---

9) 1고린 13, 4.
10) 요한 8, 29.

의 길에 더 적합한가를 알 수 있게 된다. 즉 다음 세 가지 조건에 만족하는 영혼들이다.

ㄱ) 고귀한 마음의 순결함이 무엇보다 중요하다. 다시 말해 과거에 지은 죄에 대한 속죄와, 또 죄를 짓게 할 수 있는 모든 것으로부터 초연(超然)하는 자세이다. 그리고 영혼은 은총을 고의적으로 거스르는 모든 소죄(小罪)에 대해 혐오감(嫌惡感)을 가져야 한다.

그럼에도 불구하고 마음의 순결함은 즉시 죄를 통회하지 못하는 연약함으로 인해 몇 가지 소죄에서 완전히 이탈하지는 못한다.

완덕으로 나아가는 정화의 길에서, 영혼의 순결은 자기에게 주어지는 섭리적(攝理的)인 십자가를 용기 있게 받아들이게 한다. 그리고 이 마음의 순결은 더 적극적으로 덕을 실천하게 함으로써 빛의 길을 완성하게 한다. 일치의 길에서 마음의 순결은 수동적(受動的)인 시련(試鍊)을 통해 완성될 것이다.

ㄴ) 완전한 자제력은 격정(激情)의 고행을 통하여 대신덕과 윤리덕의 실천을 용이하게 한다. 이 자제력은 영혼의 능력을 통제하면서, 우리의 뜻을 하느님 뜻에 조금씩 순종시킨다. 이로 인하여 영혼 안에 첫 번째 질서(秩序)가 이루어지게 된다. 그 결과 영혼은 자신의 모두를 스스로 하느님께 온전히 드릴 수 있다.

ㄷ) 매일의 삶에서 언제나 하느님을 생각하고 그분과 대화하고, 또 하느님을 기쁘게 할 목적으로 모든 것을 실천해야 한다. 그리고 하느님께 계속 전념할 수 없음을 마음 아파하면서, 주어진 직무에서도 지속적으로 그분의 현존(現存)을 잃지 않도록 노력한다. 나침반이 항상 북(北)을 가리키듯, 영혼은 본능적으로

하느님께로 향해야 한다. "언제나 나의 눈은 주님을 향하여 있나이다"(oculi mei semper ad Dominum).[11]

Ⅲ. 일치의 길에 대한 관상의 일반적 개념[12]

영혼이 하느님을 관상(觀想)할 때, 그분께 대한 애정 넘치는 시선을 고정시키게 된다. 그래서 관상은 일치의 길을 걷는 삶에서 가장 특징적인 징표 가운데 하나가 된다.

1297 (1) 자연적 관상

일반적으로 관상하는 영혼은 그 대상을 바라보며 경탄(敬歎)한다. 그래서 우리는 이 자연적 관상을 상상이 동반된 감각적이고 지적(知的)인 관상이라 한다. 이 관상은 어디까지나 절대자에 대한 개념이 없이 자연적이다.

① 아름다운 산과 푸른 바다의 광활함은 영혼으로 하여금 훌륭한 경관(景觀)을 탄복하게 한다. 그리고 그 자연을 오랫동안 바라보면서 감각적인 관상을 깊이 한다.

② 또 좋아하는 사물이나 사랑하는 사람을 상상하면서 애정과 감탄으로 오랫동안 마음속에 그릴 때 이 관상은 상상적이다.

③ 모든 존재의 목적인 단순하고 불변(不變)하는 몇 가지 철학적 총괄(總括, synthése)을 단순한 시선으로 찬탄하며 정신을 집중할 때, 이 관상은 철학적이나 지적인 것이 된다.

---

11) 시편 24, 15.
12) P. de Guibert, *R. A. M.*, avril 1922, *Trois définitions de théologie mystique*, p. 162-172; P. Garrigou-Lagrange, *Perf. et contemplation*, t. I, ch. Ⅳ, a. 2, p. 272-294; Gabr. de Ste Marie-Madel., *La contemplation acquise*, dans la *Vie spirit.*, sept. 1923, p.〔277〕.

1298 (2) 초자연적 관상

우리의 기도 가운데 초자연적 관상이 있다. 이 관상은 인간이 아닌 진리이신 하느님을 바라보는 것이다.

(가) 개 념

원래 관상(觀想)이란 단어의 의미는, 관상에 동반하는 상상 또는 정감적인 여러 요소들로 만들어진 추상적(抽象的) 개념과 단순한 지적(知的) 시선의 행위를 가리킨다. 그러나 초자연적 관상의 대상이 하느님일 때 영혼은 그분의 사랑을 경탄하면서 관상에 이른다. 넓은 의미에서, 영혼이 단순하게 하느님을 바라보면서 그분과 대화로 특징지어질 때, 이 묵상을 관상이라 부르기도 한다. 그러므로 묵상기도 때 계속 언제나 정감이 지속되는 것이 아니라 빈번하게 동반되는 것으로 충분하다.

그래서 관상적 묵상은 이미 제667항에서 말한 것처럼, 이성적 추리를 제외시키기 때문에, 추리적(推理的) 묵상기도와는 다르다. 또 제976항에서 말한 정감적 묵상을 특징짓는 수많은 행위를 제외시키기 때문에 관상적 묵상은 정감적 묵상과 다르다. 그러므로 우리는 다음과 같이 정의를 내릴 수 있다. 관상적 묵상이란 신적인 것이나 또는 하느님께 대한 애정적이고 단순한 시선을 말한다. 더 간단하게 말하면, 성 토마스가 표현한 것처럼, 관상적 묵상이란 단순하게 진리를 바라보는 것이다.(simplex intuitus veritatis)[13]

1299 (나) 관상의 종류

관상은 크게 나누어 다음과 같이 세 가지로 구분할 수 있다.

---

13)「신학대전」2부 2편, 180문, a. 1 et 6.

습득적(習得的, acquise) 관상, 주입적(注入的, infuse) 관상, 복합적(複合的, mixte) 관상이 그것이다.[14]

ㄱ) 습득적 관상

습득적 관상은 사실상 단순화된 정감적 묵상이기에 다음과 같이 정의를 내릴 수 있다. 관상 속에서 정감적이고 지적인 행위의 단순함을 통해 은총의 도움을 받아 우리의 행위를 통해 얻는 결실을 말한다. 이 습득적 관상은 자주 영혼이 느끼지 못하는 방법으로 성령의 은사가 개입한다. 특히 지식(science)과 통찰(intelligence) 및 지혜(sagesse)의 은사는 우리가 앞으로 설명할 하느님 사랑에 우리의 시선을 집중하도록 도와 주기 위해서 영혼 안에 개입한다.

1300 ㄴ) 주입적 관상

일반적으로 관상을 말할 때는 대개 주입적 관상을 말한다. 수동적(受動的) 또는 주입적 관상은 본질적으로 하느님께서 영혼에게 주시는 무상(無償)의 대가이다. 이 주입적 관상에 주어지는 하느님의 은총은 인간의 노력으로 획득되는 것이 아니다. 그러므로 우리는 이 관상을 다음과 같이 정의할 수 있다.

주입적 관상이란, 하느님의 특별한 은총(grâce spéciale)의 작용에 의한 결과로써 영혼으로 하여금 지적이고 정감적인 행위를 단순하게 한다. 이와 같은 관상은 영혼이 스스로 하느님의 은총에 동의(同意)하면서 자신 안에서 이루시는 그분의 사랑과 빛을 받게 하고 느끼게 한다.

---

14) P.G. de Ste. M. Madeleine, *La contemplation acquise chez les Carmes*, Vie spirit., sept. 1923, p.〔277〕.

그러므로 이 관상을 주입적이라 부르는 뜻은, 습득적 관상이 습득의 덕(德)에서 유래하듯이, 하느님께서 영혼에게 주입하시는 덕에 그 뿌리를 갖고 있기 때문이다. 주입적 관상은 하느님께서 영혼에게 통상적으로 주시는 은총으로는 그 능력을 실현할 수 없다.

그럼에도 불구하고 하느님께서는 홀로 영혼 안에서 작용하시지 않고, 우리의 동의를 구하신다. 이런 의미에서 영혼은 주입적 관상을 위해 하느님께서 주시는 은총을 자유롭게 받을 수 있다. 그런데 만일 영혼이 은총 안에서도 수동적이라고 말한다면, 그것은 영혼이 신적 은사를 받기 때문이다. 그러나 은사를 받으면서, 영혼은 그 은사에 동의한다.[15] 이 점에 대해서는 나중에 다시 설명할 것이다.

주입적 관상은, 성녀 예수의 데레사에 의해 초자연적 관상이라 불린다. 그 이유는 주입적 관상이란 다른 초자연적 행위와 같은 자격일 뿐만 아니라, 하느님께서 우리 안에 매우 특별한 방법으로 작용하시기 때문이다.

1301 ㄷ) 복합적 관상

끝으로 관상에는 복합적 관상이 있다. 이 관상에서는 가끔 매우 짧은 주입적 관상을 영혼이 인식한다. 그래서 영혼이 일으키는 행위와 은총의 특별한 작용 아래 야기된 행위가 번갈아 가며 같은 묵상 속에 혼합되어 나타날 수 있다.

---

15) 성 토마스의 「신학대전」 2부 2편 111문, a. 2 ad 3에서 해명에 대해 말한 것을 관상에서 말할 수 있다. "Deus non sine nobis nos justificat; quia per motum liberi arbitrii, dum justificamur, Dei justitiae consentimus".

이 관상은 주입적 관상에 들어가기 시작한 영혼에게 나타난다. 이러한 관상을 복합적 관상이라 한다. 이 관상은 영혼 안에 능동적인 것과 수동적인 것이 교차(交叉)되는 상태를 말하는 것이다. 그래서 일반적으로 이와 같은 종류의 관상은 대개 주입적 관상으로 흐르게 된다. 이러한 이유 때문에 이 관상을 흔히 주입적 관상의 첫 번째 단계라고 말하기도 한다.

IV. 제5편 일치의 길에 대한 분류

1302 일치의 길에서 우리는 두 형태 또는 두 가지 다른 면을 구분할 수 있다.[16]

(1) 단순하게 또는 능동적으로 걷는 일치의 길은 성령의 은사, 특히 능동적(能動的)인 은사의 수련(修鍊)으로 특징지어진다. 그래서 이 일치의 길은 능동적 관상이 되는 묵상의 단순화를 통해 이루어진다.

(2) 신비적이고 수동적(受動的)인 일치의 길은, 엄밀한 의미에서 주입적 관상으로 특징지어진다.

(3) 관상에서 가끔 계시(啓示, révélations)나 환시(幻視, visions) 같은 특별한 현상(現象)이 일어나는 데, 이와 같은 현상은 인간적인 강박관념(强迫觀念, obsession)과 마귀들림(possession)과 같은

---

16) 이 분류는 오늘날 여러 가지 이름으로 공통적으로 승인되어 있다. J. Maritain 「영성생활」 1923년 3월호, p. 645에 매우 주목을 끄는 한 항목은 일치가 모든 이의 목표임을 주장하면서, 성령의 은사들과 완전한 사랑을 통한 하느님과의 일치에는 두 가지 길이 있다는 것을 인정한다. 즉 능동적 은사의 체계 하에 있는 부적절하게 말한 관상만을 하는 사람들의 길과 지식과 지혜의 은사가 지배하는 관상의 길이다. 우리는 다시 이 교의로 되돌아올 것이다.

악마(diaboliques)적인 가짜 것들과는 대립된다.

　(4) 이와 같은 주제들은 관상생활에서 매우 어려운 문제들이다. 그로 인하여 관상에 반대되거나 대립하는 견해가 있다는 것은 놀라운 일이 아니다. 이 문제는 다음 장에서 상세히 살펴보기로 한다.

　결론적으로, 우리는 관상(觀想)하는 영혼들과 그 영혼들을 어떻게 영적 지도를 해야 하는가를 자세하게 소개할 것이다.

　　　　제Ⅰ부 단순한 일치의 길(능동적 일치의 길),
　　　　제Ⅱ부 주입적 관상(수동적 또는 신비적 일치의 길),
　　　　제Ⅲ부 놀라운 신비 현상,
　　　　제Ⅳ부 주입적 관상에 논쟁이 되는 문제들.

　　　　결　론: 관상하는 영혼들의 영적 지도에 대하여.

제 I 부

단순한 일치의 길

1303 단순한 일치의 길이란, 영혼이 아직 주입적 관상의 은사를 받지 못하고, 하느님과 평범하게 내적 일치를 갖는 열심한 영혼의 상태를 말한다. 이 열심한 영혼들은 이미 대신덕과 윤리덕의 실천에 매우 익숙하며, 특히 성령의 은사를 키우는 덕행을 보다 완전하게 하려고 노력한다.

일치의 길을 걷는 영혼들의 묵상은 차츰 더 단순화되어, 아직 습득적 또는 능동적 관상이라 부를 수 없는 단순한 마음의 평정(平靜) 또는 단순한 묵상기도가 된다. 이와 같은 상태는 활동적 은사와 관상하는 영혼들 사이에 차이가 있는 것과 같다. 그래서 우리는 이 관상의 두 양식(樣式) 사이에는 차이가 존재한다는 것을 체험을 통해 알 수 있다.

1304 (1) 관상에 대한 어떤 양식의 체험이든, 영혼은 어디에서나 일상적으로 하느님과 일치하고, 그분 안에서 용기있게 인내해야 한다. 그리고 영혼은 때로 더 영웅적으로 그리스도인의 덕을 실천하도록 해야 한다. 그럼에도 불구하고 열성적인 많은 영혼들이 주입적 관상을 누리지 못하는 사실을 우리는 잘 알고 있다.

단순한 일치의 길을 걷는 영혼들은 성령께 순종하고, 성령의 영감(靈感)과 일치할 때, 가끔 수동적 관상의 상태에서 특별한 영감과 빛을 받는다.[17]

---

17) 예를 들어, PP. Olivaint et Ginhac, M. Mollevaut, M. de Courson 등 출판된 그 밖의 수많은 사람들의 전기를 읽을 때 그들의 덕과, 하느님과의 일치, 성령께의 유순함으로 인해 감탄하게 된다. 그러나 그들이 주입적 관상을 실천했다는 것은 볼 수 없다.

1305 (2) 이와 같은 현상은 역시 습득적 관상과 주입적 관상 사이에서도 그 차이가 나타난다. 즉 17세기 말부터 알렉산드리아의 클레멘스(Clément d'Alexandrie)[18]와 성 빅토리오의 리샤르(Richard de S. Victor)에 이르기까지 그 흔적을 찾을 수 있다. 위와 같은 영혼들의 생애는 어느 뚜렷한 기간 동안 습득적 관상 속에서 지내면서 단순한 일치의 길을 걸었다.

여기서 우리는 이 관상에서 일어나는 모든 애매(曖昧)함을 피하기 위해, 서로 다른 두 길(습득적·주입적 관상)에 대하여 깊이 말하지 않겠다. 왜냐하면 습득적 관상은 주입적 관상으로 가는 탁월한 준비의 자세이기 때문이다. 주입적 관상은 하느님께서 영혼에게 주시고 싶으실 때 주시는 은사이다. 그러나 하느님과 내적으로 일치하고 있으면서도 많은 영혼이 이 주입적 관상의 은사를 전혀 받지 못하는 경우가 많다. 이 영혼들은 굳이 자신들의 잘못 없이도 단순한 일치의 길속에 남아 있을 수 있다.[19]

1306 (3) 위와 같은 논거(論據)의 확신은 성령의 은사들 가운데, 어떤 은사는 활동(action)을 위해 주어졌고, 어떤 은사는 관상(contemplation)을 위해 주어졌다는 것이다. 그래서 활동적인

---

18) Dom Ménager, *La doct. spirituelle de Clém. d'Alex.*, *Vie spirit.*, janv. 1923, p. 424; cfr. *Etudes carmé litaines*, 1920-1922, 여기서 습득적 관상에 대한 일련의 항목들을 찾는다. 우리의 항목은 *sur l'oraison de simplicité*, *Vie spirit.*, déc. 1920, p. 167-174.에서 찾아볼 수 있다.
19) 이 결론은 J. Maritain의 편지에 대한 답장(*Perfection chrét. et contempl.*, t. II, p. 〔75〕)에서 P. Garrigou-Lagrange가 인정하고 있다. "또한 몇 번이나 이를 인정하는 데 어려움이 없었다. 그들의 의지에 속하지 않는 명백한 조건들 때문에 매우 용기 있는 영혼들조차 오랫동안, 신비적 삶에 도달하지 못할 수 있다. 이것은 영적 지도의 부족이라든가 불리한 환경에 있는 것에서 유래할 수 있을 뿐만 아니라, 각자의 기질에서 유래할 수 있다.

기질(氣質)을 타고난 영혼들은 많은 실천을 통해, 특별히 활동적인 은사를 키우므로, 엄밀한 의미에서 관상에는 적합하지 못하다고 한다.

이 점에 대하여 노블(P. Nobl) 신부는 다음과 같이 말한다. "활동의 피로(疲勞) 속에서 또는 힘든 일에 모든 주의를 기울이면서, 영원한 영적 실체에 자신의 마음을 집중시키지는 못합니다.

그러므로 관상하기 위해서 영혼은 힘든 일과 어떤 집착에 따른 고통에서 벗어나야 합니다. 그 대신 적어도 마음과 정신이 하느님께 고요히 머물 수 있게 하기 위해서 그들에게 충분한 휴식을 권고할 필요가 있습니다."[20]

일반적으로 활동적인 영혼들은 대개 주입적 관상을 누리지 못한다. 그러나 관상적인 영혼은 성령의 영감(靈感)을 온순히 따르면서 행동 속에서 하느님과 깊이 일치할 수 있다. 이러한 상태를 단순 일치의 길이라 부른다.

단순한 일치의 길은 (1) 성령의 은사를 연마(鍊磨)하고, (2) 단순 묵상기도라는 특징을 가지고 있는데, 우리는 이 두 가지 요인을 차례로 다루어 보겠다.

---

20) *Rev. des Jeunes*, 25 sept. 1923, p. 613. - 이것은 J. Maritain이 인용한 항목에서 증명하는 말이다. 그는 활동적인 은사가 우월한 위치를 차지하는 영혼들은 그들이 주입적 관상을 즐기지 못하더라도 신비 상태에 있는 것은 사실이라고 덧붙인다. 우리는 모든 모호한 것을 피하기 위해 그들이 부적절한 의미에서 신비 상태에 있다는 것을 덧붙여야 한다고 생각한다.

제1장 성령의 은사들[21]

우리는 차례로,
1. 보편적인 성령의 은사,
2. 개별적인 은사들의 특징,
3. 관상과 묵상기도에서의 은사들의 역할,
4. 성령의 은사들과 참된 행복을 살펴볼 것이다.

제1절
보편적인 성령의 은사

I. 성령의 은사의 본질

---

21) 성 토마스, *In III Sent.*, dist. XXXIV-XXXV; 1부 2편 68문; 2부 2편 8, 9, 19, 45, 52, 121, 139문;¡, 해설가들」 특히 Joannes a S. Thomas, In I^{am} II^{ae}, q. 68; Suarez, De gratiâ, P. III, cap. VIII; Denys le Chartreux,¡, 탁월한 논설」 *de Donis Spritus S., J.* -B. de St Jure, *L'homme spirituel*, I^e Part., ch. IV,¡, 일곱 가지 은사」 L. Lallemant, *La doctrine spirituelle*, IVe Principe,¡, 성령의 인도에 유순함」 Mgr. Perriot, *L'Ami du Clergé*, 1892, p. 389-393; Froget, *De l'habitation du S. Esprit*, p. 378-424; Card. Billot, *De virtutibus infusis*(1901), p. 162-190; Gardeil, *Dons du S. Esprit, Dict. de Théol.*, t. IV, col. 1728-1781; D. Joret, *Les dons du S.E*, ¡, 영성생활」 t. I, pp. 229, 289, 383; P. Garrigou-Lagrange, *Perfect. et contemplation*, t. I, ch. IV, a. 5-6, p. 338-417; Mgr. Landrieux, *Le divin méconnu*.

제 I 부 단순한 일치의 길   35

1307 우리는 이미 제119항에서 성령이 어떻게 영혼 안에 생활하시면서, 생명의 은총(grâce habituelle) 외에도, 우리 능력을 완성시키는 초자연적 관습(慣習)들을 낳으며, 또 도움의 은총(grâce actuelle)을 통해 우리 능력 속에 어떻게 초자연적 행위를 낳게 하는가를 말하였다. 이와 같은 초자연적 관습들은 바로 은사(恩賜)와 덕의 실천에 있다. 이제 우리는 이 둘 사이의 차이점를 명확히 하면서, 은사가 무엇으로 이루어지는가를 살펴볼 것이다.

1308 (1) 성령의 은사와 덕의 차이점

(가) 성령의 은사와 덕의 근본적인 차이점은, 실제로 같은 활동 영역이나 구체적인 대상(對象)에서 오는 것이 아니라, 영혼 안에 작용하는 방법이 다른 데서 온다.

성 토마스[22]는, 하느님께서는 다음 두 가지 방법으로 영혼 안에서 작용하신다고 말한다.

ㄱ) 먼저 성령의 은사는 인간적인 방법을 따르면서 영혼의 능력을 움직인다. 이 때 덕행은 하느님께서 영혼이 자기의 목표에 도달하기 위한 가장 좋은 방법을 찾고 생각하도록 도와 주신다. 이처럼 덕을 초자연화하기 위해서, 하느님께서는 우리에게 도움

---

22) *Sentences*(III Sent., d. 34, q. I, a. I)란 책에서, 성 토마스는 다음의 표현을 사용한다. "Dona a virtutibus distinguuntur in hoc quod virtutes perficiunt ad actus *modo humano*, sed dona *ultra humanum modum*." ¡,신학대전¡,에서는, 다른 표현을 쓴다. "secundum ea(dona) homo disponitur ut efficiatur *prompte mobilis ab inspiratione divinâ*"(1부 2편 68문, a. I). Cfr J. de Guibert, *Dons du S. Esprit et mode d'agir ultra-humain* dans *Rev. d'As. et de Mystique*, oct. 1922. p. 394. 확실히 여기에 조금 다른 표현이 있다. 그럼에도 불구하고, 능력의 진보를 이루게 하는 은사에 이끌리면 능동적이기보다는 수동적이 된다는 것은 사실이다. *magis agimur quam agimus.*

의 은총을 주신다. 이 도움의 은총은 믿음에 의해 밝혀진 이성(理性)과 현명(賢明, prudence)함을 통해 영혼을 솔선하게 한다. 그래서 영혼은 은총의 영향 아래 스스로 행동하게 되는 것이다.

ㄴ) 하느님께서는 은사의 중재(仲裁)를 통해 인간적인 방법을 능가하는 형태로 영혼을 움직이신다. 하느님께서는 언제나 먼저 영혼에게 은사를 주신다. 그리고 우리가 생각하면서 현명함의 덕에 귀를 기울이기 전에, 영혼에게 당신의 계시(啓示)와 영감(靈感)과 신적 직감(直感)을 보내신다.

이와 같은 하느님의 계시와 영감은 영혼의 숙고(熟考)와 동의(同意) 없이도, 우리 안에서 작용한다. 그래서 영혼의 동의를 효과적으로 얻고, 감미롭게 간청하는 은총을 '능동적 은총'(grâce opérante)[23]이라 부른다. 이 은총으로 영혼은 활동적이기보다는 수동적이 되고, 성령의 인도를 따라 모든 활동을 하게 되며, 성령의 영감을 용기있게 따르게 된다. 그리고 이 은총은 영혼으로 하여금 하느님의 작용에 자유롭게 공감(共感)하는 데 특별히 관여한다.

1309 (나) 위와 같은 관상에 대한 근본적인 도움으로, 영혼은 은사와 덕의 차이점을 좀더 잘 이해할 수 있다.

ㄱ) 덕은 우리 능력의 본성(本性)에 알맞게 실천하도록 해야 한다. 그래서 영혼은 은총의 도움으로 순수하게 자연적 질서의 행위 속에서, 마치 우리 스스로 덕을 실천하는 것처럼 덕을 추구한다. 이 은총은 관상을 능동적이고 직접적으로 실천하게 하

---

23) 역 주 : 하느님에 의해 인간의 의지가 움직여지지 않고서는 선(善)으로 나갈 수 없는 은총을 '능동적 은총'이라 한다.

는 가장 우선적인 힘이다.

그러나 은사는 반대로 영혼에게 능동적 은총의 움직임을 받고 따르게 하는 수용성(受容性)과 유연성(柔軟性)을 준다. 그리고 이 은총은 영혼의 자유를 빼앗지 않고도 그들의 능력을 움직이기 시작한다.

관상생활에서 영혼은 성 토마스[24]가 말하는 것처럼, 활동적이기보다는 수동적이다. "움직이는 존재로서가 아니라 오히려 움직여지는 존재이다"(non se habet ut movens sed magis ut mota).

ㄴ) 영혼은 덕의 실천에서 초자연적으로 현명한 덕의 규범과 원칙을 따라야 한다. 즉 영혼은 현명하게 숙고하고 의논하면서 덕을 실천해야 한다(제1020항). 그러나 은사의 영향 아래서, 영혼은 개인적인 숙고함이 없이도, 강하게 덕을 실천하도록 촉구하는 신적 영감에 순종해야 한다.

ㄷ) 마치 은총의 한 몫처럼, 은사의 영향 아래 실천한 모든 덕행은 영혼이 그냥 덕으로 실천한 것과 그 조건이 같을 때, 일반적으로 은사를 통한 덕행은 더 완전하다. 이러한 이유에서 영혼은 은사의 덕분으로 덕을 영웅적으로 실천할 수 있다.

1310 (다) 위에서 말한 은사와 덕의 차이점에 대한 교의를 더 잘 이해하기 위해서 우리는 다음과 같은 몇 가지 비유(比喩)를 들겠다.

ㄱ) 덕을 실천하는 것이 노를 저어 항해(航海)하는 것이라면, 은사는 돛으로 항해하는 것이다. 그리하여 항해는 적은 노력으로 더 빨리 앞으로 나아갈 수 있다.

---

[24] 「신학대전」 2부 2편, 52문, a. 2.

ㄴ) 어머니의 도움으로 아이가 몇 발자국 걷는 것이 은총의 도움으로 덕을 실천하는 그리스도인의 상징이라면, 어머니 손을 잡은 아이가 더 빨리 앞으로 걷는 것은 그에게 주어진 은총에 알맞게 은사를 사용하는 그리스도인의 모습이다.

ㄷ) 아름다운 화음(和音)을 내기 위해 하프(harpe)의 선을 뜯는 악사(樂士)가 덕을 실천하는 그리스도인의 모습이라면, 성령이 영혼의 선율(旋律)을 내기 위해 훌륭하게 연주를 하는 것은 바로 은사의 도움 아래 있는 것과 같다. 이러한 비유는 교부(敎父)들이 마리아의 영혼 안에 활동하시는 예수님의 작용을 표현하기 위해 썼던 것이다. "그리스도께서 성부의 정다우심을 노래하는 데 사용하는 지극히 감미로운 현악기처럼"(Suavissima cithara qua Christus utitur ad delicias Patris).

1311 (2) 성령의 은사에 대한 정의(定義)

위의 설명에서, 우리는 성령의 은사가 은총의 영감에 재빨리 순종하는 유연성을 인식할 수 있다. 그리고 성령의 은사가 영혼의 능력에게 주는 초자연적 관습(慣習)이라는 것으로 결론지을 수 있다. 그러나 조금 뒤에 다시 설명하겠지만, 이 은사의 유연성은 단순한 수용(受容, réceptivité)일 뿐, 덕의 진보에 도달하기 위해서는 연마(鍊磨)되어야 할 필요가 있다.

하느님께서 영혼에게 우리가 작용(opérante)이라 부르는 도움의 은총(grâce actuelle)을 허락하실 때만, 영혼은 덕을 실천할 수 있다. 그때 영혼은 하느님의 작용에는 수동적이지만, 그 분의 뜻을 실천하기 위해서 영혼은 매우 능동적이 된다. 성령의 은사는 "영혼이 하느님의 손 아래에서 수동적이고, 동시에 하느님을 모시고 그분의 일을 하는 데 더 능동적이게 하는 유연성과 힘, 그리고 온유함과 용기라고 말할 수 있습니다."[25]

Ⅱ. 성령의 은사의 탁월함

성령의 은사는 그 자체가 갖는 탁월함과 덕에 비교해 본 탁월함에 대해 관찰해 볼 수 있다.

1312 (1) 성령의 은사는 그 자체로 분명히 탁월하다. 영혼이 모든 거룩함(sainteté)의 원천이신 성령과 더욱 일치하면서 유순해질수록, 이와 같은 자세는 영혼을 더욱 완전하게 한다. 이 때 이 은사는 영혼을 성령의 직접적인 활동 아래 놓는다.

성령은 영혼 안에 생활하시면서, 당신 빛으로 우리의 지성(知性)을 밝혀 주시고 해야 할 것을 분명하게 가르쳐 주신다. 성령의 은사는 우리 마음을 불태우고, 제시(提示)되는 선을 완성하도록 영혼의 의지를 강하게 해 준다. 이 은사는 영혼이 지상에서 성령과 내적으로 일치할 수 있게 한다.

이처럼 영혼이 성령과 일치함으로써 그 결과는 매우 가치롭게 된다. 성령의 은사는 영혼에게 대신덕과 윤리덕을 보다 완전하게 실천하도록 도와 준다. 그리고 이 은사는 영혼으로 하여금 영웅적인 덕을 실천하게 한다. 성령께서 주시는 은사의 덕분으로, 영혼은 하느님께서 주입적 관상으로 부르실 때 기쁘게 나아갈 수 있게 된다.

영혼의 신비적 상태를 위해 필요한 자세로써 은사가 만들어

---

25) Mgr. Gay, *De la vie et des vertus chrét.*, t. I, p. 45.

주는 것은 유연성과 온순함이다. 그러므로 성령의 은사는 영혼이 가장 높은 완덕에 도달하기 위한 지름길이다.

1313 (2) 성령의 은사를 덕에 비유한다면, 성 토마스[26]가 우리에게 말한 것처럼, 성령의 은사는 지식(知識)이나 윤리덕보다 더 완전하다. 덕이 하느님을 직접 대상으로 하지 않는 반면, 은사는 덕을 한 단계 높여 사랑 안에서 영혼을 하느님과 일치하게 한다.

그래서 의견(conseil)의 은사로 인해 완전해진 현명(prudence)의 덕은 하느님 빛 안에 참여하게 한다. 또 용기(force)의 은사는 영혼에게 하느님의 용기를 불어넣는다. 그러나 모든 은사는 대신덕, 특히 애덕을 능가하지는 않는다. 왜냐하면 애덕은 모든 은사들이 흘러나오는, 초자연적 선(善) 가운데 가장 완전하며 근본 원천이기 때문이다.

그럼에도 불구하고 은사들은 그 실천을 통해 대신덕을 완성시킨다고 할 수 있다. 그래서 통찰(intelligence)의 은사는 영혼에게 더욱 강한 믿음을 주며, 교의(敎義, dogmes)의 내적 조화를 드러낸다. 지혜(sagesse)의 은사는 하느님을 체험하게 하면서 애덕의 실천을 완성하게 한다. 모든 은사의 목표는 영혼을 대신덕과 부합시키는 데 있다.

---

26) 「신학대전」 2부 2편, 9문 a. 3 ad 3: 지식은 성령의 선물이다. 지식은 신앙을 알게 해 준다. "Dona sunt perfectiora virtutibus moralibus et intellectualibus; non sunt autem perfectiora virtutibus theologicis; sed magis omnia ad perfectionem virtutum theologicarum ordinantur sicut ad finem." Cfr. 1부 2편 68문, a. 8.

Ⅲ. 성령의 은사의 연마(鍊磨)

1314 (1) 성령의 은사의 점진적인 발전

영혼은 성령의 은사(恩賜)를 마치 은총(恩寵)의 상태에 있는 것처럼 받는다. 그러나 이 은사는 영혼에게 초자연적으로 단순한 능력들이다. 인간이 성장하여 분별하게 되고 마음이 하느님께 향할 때, 영혼은 도움의 은총(grâce actuelle)이 주는 영향 아래 성령의 은사를 통하여 초자연적 조직체를 이용하기 시작한다. 그리고 영혼은 은사가 우리 삶에 오랫동안 사용되지 않고 불필요하게 남아 있다는 사실을 믿지 않는다.[27]

그러나 영혼은 은사가 정상적이고 완전한 성장에 도달하도록 노력해야 한다. 그러기 위해 영혼은 먼저 은총에 대해 협력할 필요가 있다. 또 하느님의 뜻에 따라 변화되는 어느 기간 동안 영혼은 열심히 윤리덕을 실천해야 한다. 이 윤리덕은 은사를 충만하게 실천할 수 있도록 영혼을 더할 나위 없이 유순하게 준비시켜 준다.

덕이 생명의 은총(grâce habituelle)과 함께 자라기를 기다리는 동안, 은사는 영혼이 인식하지 못하는 사이에 초자연적 행위를 실천하도록 덕에 힘을 넣어 준다.

능동적 은총(grâce opérante)으로 성령은 영혼 안에 관상의 이례적인 열정을 일시적으로 일으키는 경우가 있다. 영성생활에서 신앙의 주요한 계기가 있을 때, 신적인 감동과 은총의 영감(靈

---

[27] L'abbé Perriot(*Ami du Clergé*, 1892, p. 391) 같은 몇몇 신학자들은 은사가 모든 공로적인 일에 개입한다고 생각했다. 거기까지 가지 않더라도, 공통적으로 은사는 우리가 인식하지 않더라도, 잠재 상태에서 이 행위에 자주 영향을 준다는 것은 인정할 수 있다.

感)을 어느 순간 맛보지 못한 열심한 영혼은 없을 것이다. 이와 같은 일은 예를 들어, 성서나 신심 서적을 읽으면서, 성체조배나 영성체 때, 피정(避靜)이나 또는 서품식이나 서원의 특별한 순간에 대부분의 영혼들이 체험하는 것이다.

이때 하느님의 은총이 부드럽고 강하게 영혼을 사로잡는 것을 느낄 것이다. "가만히 영혼을 부드럽게 몰아가고 그를 하느님의 은총으로 데려간다"(satis suaviter equitat quem gratia Dei portat).

1315 (2) 성령의 은사를 키우는 방법

(가) 윤리덕의 실천은 은사를 연마하는 데 가장 필요한 첫 조건이다. 이러한 사상은 성 토마스의 기본적 가르침이다. "윤리덕 또는 지성적(知性的) 덕은 은사를 선행합니다. 왜냐하면 인간이 자기 이성에 따라 선하게 처신하는 것은, 인간이 하느님 앞에서 선하게 처신하는 윤리덕에 좌우되기 때문입니다"(Virtutes morales et intellectuales proaecedunt dona, quia per hoc quod homo bene se habet circa rationem propriam disponitur ad hoc quod se bene habeat in ordine ad Deum).[28]

영혼은 성령의 은사가 주는 신적 유연성을 얻기 위해, 현명·겸손·순명·온유·사랑의 습관(habitus, 덕)으로 악과 격정(激情)을 억제시켜야 한다.

영혼이 육신(肉身)의 교만·불순종·성냄·음란 등으로 동요될 때, 어떻게 은총의 영감을 느끼고 받아들이면서 유순(柔順)하게 그 은총을 따를 수 있겠는가? 영혼은 신적 충동으로 인도되기

---

28) 「신학대전」 2부 1편, 68문 a. 8 ad 2.

전에, 먼저 그리스도인적 현명함(prudence)을 따라야 한다. 이러한 뜻에서 영혼은 은총의 작용에 순종하기 전에, 먼저 교만을 물리치고 하느님의 계명을 지키도록 해야 한다.

성 토마스의 사상에 충실한 주석가(註釋家)인 까쥐땅(Cajetan)은 다음과 같은 논거(論據)를 갖고 말하고 있다. "영적 지도자는 이것을 잘 기록하시기 바랍니다. 영적 지도자는 제자들에게 관상의 정상을 제시하기 전에 먼저 사도직 생활의 훈련에 더 많은 주의를 기울여야 합니다.

온유와 인내, 겸손과 관용 등의 습관을 통해 영혼의 격정(激情)을 억제시켜야 합니다. 이와 같은 격정이 진정되고 나서 영혼에게 관상생활을 말해야 합니다. 만일 선행되어야 할 이 고행을 실천하지 않은 잘못으로 하느님께 나아가는 길을 건너뛰어서는 안 됩니다. 그 이유는, 많은 영혼들이 오랜 기간 동안 관상의 삶에 투신했음에도 불구하고, 작은 시련에 놓이게 되면 즉시 교만하고 성내며 조급해서, 모든 덕을 잃어 버리게 됩니다.

이러한 영혼들에게는 활동적이거나 관상적인 삶의 조화도 갖고 있지 않기에, 모래 위에 집을 지은 것과 같을 뿐입니다."[29]

1316 (나) 영혼은 하느님의 영(靈)과 정반대인, 세속의 정신과 싸우면서 성령의 은사를 키워야 한다. 이 점에 대하여 사도 바오로는 우리에게 다음과 같이 요구한다. "우리가 받은 성령은 세상이 준 것이 아니라 하느님께서 주신 것입니다. 그래서 우리는 하느님께서 우리에게 주시는 은총의 선물을 깨달아 알게 되

---

29) 「신학대전」 In II^{am} II^{ae}, q. 182, a. I, §VII; cfr. Joret, *Vie spir.*, 1920년 4월 10일, p. 45-49, et *La Contemplation mystique*, 1923, p. 71.

었습니다…. 그러나 영적이 아닌 사람은 하느님의 성령께서 주신 것을 받아들이지 않습니다. 그런 사람에게는 그것이 어리석게만 보입니다. 영적인 것은 영적으로만 이해할 수 있으므로 그런 사람은 그것을 이해하지 못합니다"(animalis autem homo non percipit ea quae sunt Spiritus Dei; stultitia enim est illi, et non potest intelligere, quia spiritualiter examinatur).[30]

영혼은 세속의 정신과 더 잘 싸우기 위해, 복음적 금언(金言, maximes)을 읽고 묵상해야 한다. 그리고 자신의 행실을 보다 완전하게 이 복음적 금언과 일치시켜야 한다. 이렇게 함으로써 영혼은 하느님의 영에 순종할 준비를 갖추게 된다.

1317 (다) 그리고나서 영혼은 성령의 작용 아래 자신을 내어 맡기고 직접적이고 적극적인 방법을 따라야 한다.

ㄱ) 무엇보다 먼저 영혼은 내적인 마음의 고요함(recueillement)을 갖는다. 그리고 영혼은 우리 곁에 계시고 우리 안에 살아 계시는 하느님의 현존(現存) 체험을 자주 갖는 습관을 익혀야 한다(제92항). 그렇게 함으로써 영혼은 어떤 일에 몰두하면서도, 하느님의 현존을 잃어 버리지 않게 된다. 그러기 위해 영혼은 자주 마음 속의 은밀한 방(房)에 들어가, 거기에서 성령을 찾고, 그분의 목소리에 귀를 기울여야 한다. "주 하느님 말씀을 내 듣고 싶사오니"(Audiam quid loquatur in me Dominus Deus).[31]

이렇게 실천할 때 준주성범의 저자가 말하는 것이 실현될 것이다. "주께서 안으로 말씀하시는 바를 듣고 주님의 입으로부터

---

30) 1고린 2, 12-14.
31) 시편 84, 9.

위로의 말씀을 받는 영혼은 복되다"(Beata anima quoe Dominum in se loquentem audit, et de ore ejus verbum consolationis accipit).[32] 성령은 우리 마음 속에 말하고, 그분의 말씀은 영혼에게 빛과 용기와 위로를 가져다 준다.

1318 ㄴ) 성령의 은사는 영혼에게 희생을 요구한다. 그러기에 성령이 분명하고 확실한 방법으로 영혼에게 말할 때, 작은 영감(靈感)에도 용기 있고 재빠르게 따르도록 해야 한다. "나는 언제나 아버지께서 기뻐하시는 일을 한다"(quae placita sunt ei facio semper).[33] 만일 그렇게 하지 않는다면, 성령은 영혼에게 말씀하시기를 그치거나, 아니면 매우 드물게 말씀하실 것이다.

"너희가 오늘 하느님의 음성을 듣거든, 광야에서 유혹을 받고 반역하던 때처럼 완악한 마음을 품지 말아라"(Hodie si vocem ejus audieritis, nolite obdurare corda vestra, sicut in exacerbatione secundum diem tentationis in deserto, ubi tentaverunt me patres vestri).[34]

만일 은사를 통해 영혼에게 요구되는 희생이 어려우면, 실망하지 말고 성 아우구스티누스처럼, 단순하게 이것을 완수할 은총을 청한다. "주님 명하신 것을 실천할 힘을 주시고, 원하시는 바를 명하소서"(Da, Domine quod jubes, et jube quod vis). 여기에서 중요한 것은 영혼이 신적 영감에 의식적으로 저항하지 않는 것이다. 영혼이 유순할수록, 성령의 은사는 영혼을 움직이기를 더욱 즐기신다.

---

32) 「준주성범」 1. III, c. I.
33) 요한 8, 29.
34) 히브 3, 7-8; 시편 94, 8.

1319 ㄷ) 그러기에 영혼은 성령을 보내 주시기로 약속한 육화(降生)의 말씀과 일치해야 한다. 그래서 영혼은 사도들이 다락방에서 한 것처럼, "예수님의 어머니와 함께"(cum Maria, matre Jesu)[35] 기도하면서, 완전한 성전(聖殿)이신 성령을 신뢰로 부른다.

교회는 전례를 통하여 하느님의 영을 받아들이기 위해 다음과 같은 훌륭한 기도를 가르쳐 준다. '오소서 성령이여…' 이 기도는 영혼에게 성령의 특별한 힘을 주며, 그 내용은 경건한 감동 없이는 암송(暗誦)할 수 없을 정도로 매우 아름답다.

우리는 이 기도에서 성령의 은사의 근원인 신적 사랑과 지혜의 은사(recta sapere)를 구한다. 이와 같은 사랑과 지혜의 은사는 다른 은사들을 모두 포함하고 있기 때문이다. 영혼이 성령께 열성과 주의를 기울여 암송(暗誦)한 이 기도는 언제나 매우 좋은 결과를 가져다 줄 것이다.

Ⅳ. 성령의 은사의 분류

1320 예언자 이사야는 메시아(Messie)의 내림(來臨)을 알리면서, 하느님의 영이 그분 위에 내리실 것이라고 선포한다. "지혜와 슬기를 주는 영, 경륜과 용기를 주는 영, 야훼를 알게 하고 그를 두려워하게 하는 영이 내린다"[36]

영혼은 성체성사를 통해 그리스도와 합체(合體)되었고, 그로 인하여 우리는 같은 성령의 은사에 참여하게 되었다. 성전(聖傳)

---

35) 사도 1, 14.
36) 이사 11,2-3. 히브리 문헌은 공경의 은사를 언급하지 않지만, 70인역과 불가타역은 공경을 언급하고 있다. 3세기부터, 전승은 이 일곱 가지를 긍정하고 있다.

에 의하면 성령의 은사는 일곱 가지이다. 그러므로 우리는 성령의 은사를 여러 모습으로 분류할 수 있다.

(가) 완덕의 관점에서 볼 때, 덜 완전한 것은 하느님을 두려워함이며, 가장 완전한 것은 지혜의 은사라고 한다.

(나) 만일 영혼 안에 활동하는 우리의 능력을 고려한다면, 성령의 은사는 크게 지성적(知性的) 은사와 정감적(情感的) 은사로 나눌 수 있다. 먼저 지성적 은사는 우리의 지능을 밝히는 것으로써, 지식・통찰・지혜・의견의 은사이며, 다음 정감적 은사는 의지를 강화하는 것으로써, 공경・용기・경외의 은사를 들 수 있다.

지성적 은사 중에 특히 다음 세 가지가 주입적 관상의 열매를 맺게 해주는데, 그것은 다름 아닌 지식・통찰・지혜이다. 그 외 다른 은사들은 모두 활동에 불림을 받았다.

(다) 이제 간단하게 은사가 완성시켜 주는 관련된 덕들을 살펴보자.

의견(consilium)의 은사는 현명(Prudentia)함의 덕을 완전하게 하고,

공경(pietas)의 은사는 정의(Justitia)의 덕인 경신덕을 완성시키며,

용기(fortitudo)의 은사는 용기(fortitudo)의 덕을 완성시키고,
경외(timor)의 은사는 절제(tempérantia)의 덕을 완성시키며,
지식(scientia)의 은사는 믿음(fides)을 완성시키고,
통찰(intellectus)의 은사는 희망(spes)과 결부되어 있고,
지혜(sapientia)의 은사는 사랑(caritas)을 완성시켜 준다.

위에서 말한 성령의 은사들은, 초자연적 덕인 대신덕(對神德,

믿음 · 희망 · 사랑)과 윤리덕인 사추덕(四樞德, 현명 · 정의 · 용기 · 절제)과 깊은 관계를 갖고 있다. 이와 같은 덕의 분류는 각 은사들과 알맞은 덕을 연결해 줌으로써, 각 은사들의 본질을 우리가 더 잘 이해할 수 있다.

제2절
성령의 일곱 가지 은사의 특징

I. 의견(意見, conseil)의 은사

1321 (1) 의견의 은사의 본질

(가) 의견의 은사는 특히 영혼이 어려운 경우에 처했을 때, 그것을 바르게 실천하게 하는 일종의 초자연적 직관(直觀)이다. 그리하여 영혼으로 하여금 분명하고 재빠른 판단(判斷)을 하게 함으로써 현명한 덕을 완성시킨다. 영혼은 현명한 덕의 실천을 위해 현재의 지식을 활용하고, 과거의 교훈을 되살리면서, 목표에 도달하기 위한 가장 좋은 방법을 세심하게 찾고 추구한다.

성령의 은사인 의견은 우리 마음 안에 당신의 뜻을 일러 주고 우리가 해야 할 일을 순간적으로 이해하도록 도와 준다. 이와 같이 주님께서 제자들에게 한 약속이 이루어진다.

"잡혀갔을 때에 '무슨 말을 어떻게 할까?' 하고 미리 걱정하지 말아라. 때가 오면 너희가 해야 할 말을 일러 주실 것이다" (nolite cogitare quomodo aut quid loquamini; dabitur enim vobis in illâ hora quid loquamini).[37]

이러한 성령의 은사는 성령강림(聖靈降臨) 후, 사도 베드로의 모습에서 보게 된다. 사도 베드로는 유다인의 최고 법을 통해 체포된 예수 그리스도를 더 이상 선포(宣布)하지 못하도록 선고 받는다. 이때 베드로는 즉시 다음과 같이 대답한다. "사람에게 복종하는 것보다 오히려 하느님께 순종해야 하지 않겠습니까?" (Obedire oportet Deo magis quam hominibus).[38]

많은 성인들이 이 의견의 은사를 누렸다. 특히 성 안토니오는 이 의견의 은사를 매우 높은 단계에까지 이끌었기에, 후손들은 그를 좋은 의견자(意見者)[39]라고 불렀다. 성인은 사회의 많은 지도자들과, 평신도들에게도 의견의 은사를 베풀었다.

성녀 시에나의 카타리나 역시 아직 어렸을 때, 아무런 교육도 받지 않은 상태에서, 교회의 많은 지도자에게 지혜로운 의견을 주었다.

또 성녀 잔다크(Arc) 역시, 전술(戰術)에 무지하면서도, 훌륭한 장군들에게 지혜로운 군사 작전을 가르쳐 주었다. 후에 성녀는 이렇게 말한다. "당신들에게 조언자(助言者)가 있듯이, 나에게도 나만의 조언자가 있습니다."

1322 (나) 성령의 은사인 의견은 영혼의 개별적인 행위들을 바르게 지도하는데 있다. 지식과 통찰의 은사는 영혼에게 전체적인 덕의 원칙을 가져다 준다. 그러나 의견은 우리에게 일어나는 많은 개별적인 문제에 대한 일반 원칙들을 적용시키게 해 준다.

---

37) 마태 10, 19.
38) 사도 5, 29.
39) Antoninus consiliorum.

성령의 빛은 우리가 처한 시기와 장소의 상황에 따라 영혼이 실천해야 할 지혜를 일깨워 준다. 그리고 의견의 은사는, 만일 우리가 다른 영혼을 지도해야 할 책임이 있다면, 그 지도자들에게 어떤 의견을 주어야 하는가를 가르쳐 준다.

1323 (2) 의견의 은사의 필요성

(가) 의견의 은사는 모든 영혼을 위해 절대 필요하며, 특히 영혼의 성화 또는 구원과 직접적으로 관계된다. 예를 들어, 성소의 문제나 죄의 기회와 관계되는, 어렵고 중요한 경우에 이 은사는 절실하게 필요하다.

인간의 이성(理性)은 때로 매우 불확실하고 약하며, 느릴 수밖에 없으므로, 우리 삶의 결정적인 순간에 신적 의견의 빛을 받는 것은 영혼에게 매우 중요하다. 이 신적 의견의 은사는 영혼에게 여러 어려운 상황 속에서 무엇을 어떻게 실천해야 하는가를 확실하게 보여 준다.[40]

랑드리어(Mgr Landrieux) 주교는 말하기를, "우리는 의견의 은사와 함께 덕을 실천할 방법을 정확하게 식별해야 합니다. 그리고 자신이 걸어야 할 길을 바르게 보고, 비록 그 길이 힘들며 메마르고 어렵더라도⋯ 영혼은 의견의 은사를 믿으며 때를 기다릴 줄 알아야 합니다."[41]

---

40) "Sed quia humana ratio non potest comprehendere singularia et contingentia quae occurrere possunt, fit quod 'cogitationes mortalium sint timidae et incertae providentiae nostrae' (*Sap.* IX, 14). Et ideo indiget homo in inquisitione consilii dirigi a Deo qui omnia comprehendit; quod fit per donum consilii, per quod homo dirigitur quasi consilio a Deo accepto"(「성 토마스」 2부 2편 52문, a. 1 ad 1).

41) Mgr. Landrieux, *op. cit.*, p. 163. - "의견의 결핍은 우리에게 매우 큰 악의 원인이 된다고 P. St Jure, 1re P., ch. IV, §7에서 말한다. 왜냐하면 이 결핍은*if* 우리의 생각을 혼란하게 하며, 우리의 계획을 눈멀게 하며, 조급하게 결심하게 하며, 경솔한 말과, 무모한 행위를 하게 하기 때문이다*if*."

(나) 의견의 은사는 개인적인 성화와 다른 영혼들의 성화를 위해서 필요하지만, 이 은사는 특히 교회 공동체의 책임자나 사제들에게 꼭 필요하다.

ㄱ) 의견의 은사는 때로 영혼의 내적 삶과 선교 활동을 일치시켜 준다. 그리고 이 은사는 영혼들에게 쏟아야 하는 정감과 바른 정결(貞潔)을 보호해 준다. 우리의 삶에서 볼 때, 비둘기의 유순함과 뱀의 지혜를 함께 조화(調和) 한다는 것은 매우 힘들다. 그러나 영혼이 올바른 덕의 실천을 위해서 성령의 특별한 빛인 의견의 은사를 구하는 것은 절대로 무리가 아니다.

ㄴ) 이와 같이, 충실하게 규칙을 지키는 아랫사람들로부터 사랑과 신뢰를 받기 위해 교회의 책임자들은 선함과 올바른 엄격함을 겸비해야 하며, 이를 위해 의견의 은사가 필요한 것이다. 그리고 책임자들은 생활 규범과 경고(警告)를 늘이지 않고, 부드러운 사랑으로 영혼들을 덕으로 이끌기 위해 더욱 많은 의견의 은사가 필요하다.

ㄷ) 영적 지도자들은, 지도 받는 각 영혼들에게 알맞은 식별(識別)을 통해, 그들의 결점을 알아 그것을 고칠 좋은 방법을 선택해야 한다. 더 나아가 영적 지도자는 성소(聖召)를 결정하며, 각 영혼의 불림 받은 삶의 형태를 바르게 인식하고, 나아가 영혼을 완덕으로 이끌기 위해 의견의 은사가 반드시 필요한 것이다.

1324 (3) 의견의 은사를 가꿀 방법

(가) 의견의 은사를 가꾸기 위해서, 먼저 영혼은 스스로 무능력(無能力)함을 깊이 자각하고, 자주 성령께 이 은사를 청해야 한다. "주여, 당신의 길을 내게 보여 주시고 당신의 지름길을

가르쳐 주소서"(Vias tuas, Domine, demonstra mihi: et semitas tuas edoce me).[42]

성령은 겸손한 영혼들을 곱게 보시기 때문에, 여러 방법으로 우리를 밝혀 주시려 오실 것이다. 특히 우리는 아침부터 저녁까지 성령의 도움을 청한다. 그리고 하루의 중요한 일의 시작과 모든 어려움을 이겨내기 위해 특별히 성령께 의견의 은사를 간청한다.

(나) 영혼은 언제나 성령의 목소리에 귀를 기울이는 데 익숙해져야 한다. 모든 행위를 인간적인 판단이 아닌 의견의 은사를 통해 다음과 같이 판단하며, 또 미소한 영감(靈感)에 따를 준비가 되어 있어야 한다. 성령은 영혼이 유연하고 온순해질 때, 더 자주 우리를 감동시킬 것이다.[43] 그래서 도노소 꼬르떼스(Donoso Cortés)는 가장 훌륭한 권고자는 관상가들이라고 다음과 같이 말했다.

"내가 가까이서 본 수 많은 사람들 중에서, 냉정한 이성과 참된 총명함, 가장 어려운 문제에 지혜롭고 실천적인 결론을 주기 위한 훌륭한 자질… 등을 가진 사람들은 바로 은둔 속에 관상생활을 하는 사람들이 많았습니다"(Essai sur le catholicisme, p. 200).

II. 공경(恭敬, piété)의 은사

1325 (1) 공경의 은사의 본질

공경의 은사는 영혼이 종교적 의무를 완성하도록 마음 안에

---

42) 시편 24, 4.
43) Essai sur le catholicisme, p. 200.

하느님께 대한 자녀적(子女的) 사랑과 이웃에 대한 사랑의 신심을 갖게 한다. 공경의 은사는 영혼으로 하여금 정의(正義)의 덕에 부수적으로 따르는 경신(敬神)의 덕을 완성하게 한다.

경신덕은 고생을 해서 얻어지지만, 공경은 성령을 통해서 전달된다.

(가) 공경의 은사는 우리에게 하느님을 최고 권위자로서 뿐만 아니라, 매우 좋으시고 사랑하는 아버지로 보게 한다. "성령은 여러분을 하느님의 자녀로 만들어 주시는 분이십니다. 그래서 우리는 그 성령에 힘입어 하느님을 '아빠, 아버지'라고 부릅니다"(Accepistis spiritum adoptionis filiorum, in quo clamamus: Abba, Pater).[44]

공경의 은사를 통해 영혼은 하느님께 존경을 드리고, 나아가 사랑과 신뢰 속에서 우리의 마음을 부풀게 한다.

그러므로 성령의 은사인 공경은 우리 안에 다음 세 가지 정서(情緒)를 자라게 한다.

① 하느님께 대한 자녀적 존경은 영혼으로 하여금 하느님을 열렬하게 흠숭(欽崇)하고 사랑하게 한다. 그래서 영성수련(靈性修鍊)은, 영혼에게 매우 힘들지만, 하느님을 향한 마음의 열정으로 영혼에게 절대적으로 필요하다.

② 너그럽고 정감 어린 공경의 사랑은 하느님을 기쁘게 할 목적과 영광을 위해 우리의 희생을 요구한다. "나는 그분의 마음에 드는 것을 항상 행하노라"(quae placita sunt ei, facio semper).[45]

---

44) 로마 8, 15.
45) 요한 8, 29.

그러므로 공경은 영혼에게 위로(慰勞)를 얻게 하는 이기적인 은사가 아니다. 그리고 소극적인 공경은 영혼을 게으르게 하므로 보다 적극적인 행동을 실천해야 한다. 또 감상적인 공경은 감동만을 추구하므로 이 때 영혼은 대개 망상(妄想)에 빠져 버린다. 그러기에 용감한 공경의 은사만이 하느님의 뜻을 실천하면서 자신의 사랑을 드러내게 한다.

③ 공경의 은사에서 얻은 하느님께 대한 정감 어린 순종은 그분의 부성적(父性的이)고 지혜로운 뜻을 권고(勸告)와 계명에서 찾는다. 하느님께서는 영혼에게 필요한 것을 우리보다 더 잘 아시고, 우리를 당신께 일치시켜 주신다. 그래서 공경의 은사는 영혼을 정화시키기 위해서만 시련을 주시는 아버지의 사랑 안에 깊은 신뢰심을 갖게 한다. "하느님을 사랑하는 사람들에게는 모든 일이 서로 작용해서 좋은 결과를 이룬다는 것을 우리는 압니다"(diligentibus Deum omnia cooperantur in bonum).[46]

1326 (나) 성령의 은사인 공경은 영혼의 정서를 통해 신적 존재와 완덕에 관여하는 사물과 이웃을 사랑하게 한다.

① 그래서 우리는 하느님의 어머니이시며 우리의 어머니이신 성모님을 공경하고 사랑한다(제155항-제156항). 우리는 성모님을 모든 피조물 가운데 가장 하느님의 완덕을 잘 반영(反映)하시는 분으로 믿는다. 그러므로 영혼은 하느님께 대한 우리의 사랑과 공경을 성모님께도 드린다.

② 마찬가지로, 공경의 은사는 영혼으로 하여금 신적 속성(屬性)이 반영된 천사들과 성인들에게도 사랑과 경배를 드리게 한다.

---

46) 로마 8, 28.

③ 성서는 하느님의 말씀으로써, 하늘에 계신 아버지께서 우리에게 보낸 편지가 된다. 그래서 우리 영혼에게 당신의 계획과 생각을 전해 주는 성서를 공경해야 한다.

④ 거룩한 교회는 그리스도의 신부(新婦)로써 이 땅에서 예수님의 사명을 완성하기 위해 당신의 무류권(無謬權, autorité infaillible)으로 장식하고 있다. 교회는 영혼에게 은총의 생명을 주고, 성사(聖事)를 통해 영혼을 양육하시는 어머니이시다. 그분을 공경해야 한다. 그러므로 우리는 기쁠 때나 고통스러울 때, 교회와 관계되는 모든 것에 관심을 기울여야 한다.

우리는 교회의 모든 선익(善益)과 맺어져 있고, 그것이 실행되는 것을 행복해 한다. 그러면서 한편으로 우리는 교회의 어려움에 참여한다. 한마디로 우리는 공경의 은사를 통해 교회에 대한 자녀적 사랑을 갖는다. 그래서 영혼은 교회의 가르침에 따르는 것이 하느님께 순종하는 것으로 알고, 진심으로 그분께 순종한다. "너희의 말을 듣는 사람은 내 말을 듣는 사람이다"(qui vos audit, me audit).[47]

⑤ 교회의 우두머리인 교황은 지상에서 볼 수 있는 예수 그리스도의 대리자이다. 그러므로 보이지 않는 교회의 우두머리인 예수께 대한 우리의 사랑과 존경을 교황께 드려야 한다. 이러한 이유에서 우리는 공경의 은사를 통해 그리스도께 드리는 순종을 교황께 드린다.

⑥ 공경의 은사를 통해 영혼에게 주어지는 정서(情緖)는 교회의 장상에게도 똑같이 주어진다. 그래서 영혼은 장상들 안에서 예수 그리스도를 보고 만난다. 즉 하느님께서는, "나의 장상에

---

47) 루가 10, 16.

게 그리스도의 모상을 부여하였다"(superiori meo imaginem Christi imposui). 만일 하느님께서 공경의 은사를 통해 장상들에게 아랫사람을 맡기신다면, 장상들은 하느님께서 보여 주시는 자녀적(子女的) 사랑을 그들에게 쏟을 것이다.

1327 (2) 공경의 은사의 필요성

(가) 모든 그리스도인은 하느님께 대한 경신(敬神)의 의무를 열성과 기쁨으로 완성하도록 노력해야 한다. 공경의 은사는 영혼이 장상께 순명할 수 있도록, 아랫사람에게 관대함을 갖게 한다. 만일 그렇지 않다면 공경의 은사 없이 영혼은 주인을 대하듯 하느님을 대할 수 없게 될 것이다. 그 결과 기도는 영혼에게 위로가 되기보다는 오히려 짐이 될 것이다. 그리고 섭리적(攝理的)인 영혼의 시련(試鍊)은 엄격한 처벌처럼 느껴지거나 부당하게 보일 것이다.

그와는 반대로 공경의 은사 아래서, 하느님은 우리에게 당신의 아버지로 보이고, 우리는 자녀적인 기쁨으로 그분께 존경을 드린다. 그리고 영혼은 온순한 순종으로 하느님과 내적으로 일치하면서 그 안에서 자신을 정화시킨다.

1328 (나) 공경의 은사는 세상에 살면서 하느님께 봉헌된 모든 사람들, 특히 성직자나 수도자들에게 꼭 필요하다.

ㄱ) 공경의 은사 없이, 영혼들은 삶의 맥(脈)을 형성하는 수많은 영성수련이 얼마 되지 않아 오히려 견딜 수 없는 멍에가 되고 말 것이다. 왜냐하면 영혼은 하느님을 사랑하지 않으면서 그분을 오랫동안 생각할 수 없기 때문이다. 공경의 은사는 하늘에 계신 아버지와 달콤한 대화를 갖게 하고, 이 은사는 우리에게

자녀적 사랑의 정감을 영혼 안에서 일치하게 하는 것이다.

물론 때로 영혼의 무미건조(無味乾燥)함이 하느님과의 관계를 뒤흔들어 놓기도 한다. 그러나 우리는 이 관계에서 오는 영혼의 메마름을 인내를 통해 감수해야 한다. 하느님을 기쁘게 해 드릴 열망으로, 영혼이 하느님을 위해 고통받는다는 것은 매우 기쁘다. "사랑하는 사람에게 고통은 없다"(ubi amatur, non laboratur).

ㄴ) 공경의 은사는 인간적으로 별로 호감(好感)이 가지 않는 영혼들을 선하고 온유하게 대하기 위해서 필요하다. 공경의 은사는 하느님께서 우리에게 맡기신 영혼들 안에 부성적 사랑을 갖게 한다. 그리고 예수 그리스도께서 제자들 안에 양성(養成)하고자 했던 사도 바오로의 정감에 이르기 위해 이 은사는 절대로 필요하다. "나의 자녀인 여러분, 여러분 속에 그리스도가 형성될 때까지 나는 또다시 해산의 고통을 겪어야겠습니다"(Filioli mei quos iterum parturio donec formetur Christus in vobis).[48]

1329 (3) 공경의 은사를 가꿀 방법

(가) 첫째, 특히 정의로운 사람들(제93항-제96항)에 대한 하느님의 부성적 자비와 선하심을 기술하고 있는 공경의 은사에 대한 성서의 아름다운 문장을 자주 묵상하는 것이 좋다. 특히 신약성서에서 공경의 은사는 하느님께서 당신이 아버지란 이름으로 인식되고 사랑 받기를 좋아하신다.

그러므로 공경의 은사는 영혼으로 하여금 하느님의 자녀로써 참된 신뢰와 열성을 갖게 하며, 또 그분의 도움을 청하게 한다.

---

48) 갈라 4, 19.

이와 같이 우리는 하느님의 위로(慰勞)보다는 먼저 그분께 드릴 기쁨을 찾으면서 사랑으로 공경의 은사를 실천한다.

(나) 둘째, 우리의 평범한 공경 행위는 바로 경신(敬神)의 덕으로 변화될 수 있다. 이로써 영혼은 하늘에 계신 아버지를 기쁘게 해 드릴 수 있다(제527항). 이렇게 함으로써 공경의 은사는 영혼의 온 생애를 기도화(祈禱化)할 수 있다. 그 결과 영혼은 하느님께 대한 자녀적 공경과 이웃에 대한 형제적 사랑을 실천하게 된다.

그래서 우리는 사도 바오로의 다음과 같은 말을 완성할 수 있게 된다. "경건한 생활에 힘을 기울이는 훈련을 쌓으시오. 경건한 생활은 모든 면에서 유익합니다. 그것은 현세의 생명을 약속해 줄 뿐 아니라 내세의 생명까지도 약속해 줍니다"(Exerce teipsum ad pietatem; pietas autem ad omnia utilis est promissionem habens vitoe quae nunc est et futurae).[49]

Ⅲ. 용기(勇氣, force)의 은사

1330 (1) 용기의 은사의 본질

용기의 은사는 영혼의 의지(意志)에 힘과 자극을 불어넣는다. 그리하여 이 은사는 모든 어려움에도 불구하고 강한 의지를 통해 기쁘고 대담하게 고통을 받아들이면서 용덕을 완성시킨다.

용기의 은사는 은총으로 도움을 받은 영혼이 실천하는 덕에 대한 노력 자체에서 오지 않는다. 그러면서 이 은사는 영혼의

---

49) 1디모 4, 7-8.

외적 어려움과 열등한 능력에 각별한 영향을 미친다. 용기의 은사는 영혼을 사로잡는 성령의 작용에서 오는 것이므로 용기의 덕과는 구분된다.

용기의 덕을 실천하는 영혼의 삶에는, 어려움이나 주저함 또 실패에 대한 두려움이 있다. 그러나 용기의 은사는 두려움이나 주저함 대신에 결정과 확신, 기쁨과 성공에 대한 희망으로 영혼에게 좋은 결과를 낳게 한다.

사도행전에서는 성령이 베풀어주신 용기의 은사로 가득 찬 성 스테파노에 대해서 다음과 같이 말했다. "스테파노는 하느님의 은총과 성령의 힘을 가득히 받아 성령이 충만하여 하늘을 우러러 보니…" (Stephanus autem plenus gratiâ et fortitudine; cum autem esset plenus Spiritu Sancto….)[50]

1331 용기의 은사는 크게 나누어 다음 두 가지 행위로 구분할 수 있다. 곧 행동하고(agir) 고통 당하는(souffrir) 것이다. 이 은사는 영혼에게 가장 큰 어려움이 왔을 때, 가끔 영웅적인 노력의 대가를 치르게 한다.

ㄱ) 행동하는 것, 말하자면 용기의 은사는 영혼에게 가장 힘든 것을 두려워하거나 주저하지 않고 실천하게 한다.

예를 들어, 성 바오로의 빈첸시오 또는 성녀 예수의 데레사가 했던 것처럼, 용기의 은사는 기막히게 어려운 삶 속에서도 그들이 완전한 마음의 평정(平靜)을 실천할 수 있게 한다.

성 토마스 아퀴나스와 성 샤를르 보르메오처럼 가장 외설(猥褻)스러운 만남 가운데서도 그들은 용감하게 정결을 지켰다. 또

---

50) 사도 6, 8; 7, 55.

성 루도비코처럼 영광 가운데서도 영혼은 겸손 안에 머물 수 있었다. 성 프란치스코 사베리오처럼 모든 위험과 걱정, 피로와 죽음마저 용감하게 맞섰다. 그리고 죄를 두려워했던 성 크리소스토모처럼 명예(名譽)를 경멸하면서, 세속의 이목(耳目)을 무시하였다.

ㄴ) 성녀 리드비나처럼 오랫동안 고통스러운 병고를 참으면서 큰 시련을 견디어 낸 몇몇 영혼들이 가진 용기의 은사는 모든 영혼들에게 필요하다. 또 영혼이 지키고 실천해야 할 모든 규범과 의무들을 평생 동안 지키기 위해서도 용기의 은사는 모든 영혼에게 절대로 필요하다.

순교자(殉敎者)는 전형적인 용기의 은사를 실천한 영혼들이다. 순교자들은 자신이 가장 아끼는 생명을 아무런 조건 없이 하느님께 봉헌하였기 때문이다. 용기의 은사는 영혼으로 하여금 하느님과 이웃을 위해 모든 것을 포기하는 공로(功勞)의 순교적 영성을 살게 한다.

1332 (2) 용기의 은사의 필요성

우리는 여기에서 용기의 은사가 영혼에게 필요한 것을 길게 강조하지 않겠다. 이미 제360항에서 영혼이 은총의 상태를 간직하기 위해, 영웅적 행위를 실천해야 하는 상황들을 다루었다. 용기의 은사는 영혼에게 이 힘든 덕의 실천을 용감하게 완수할 수 있게 해 준다.

용기의 은사는 의사(醫師)나 군인과 같이 죽음과 질병에 직면하는 직업을 가진 사람들에게 얼마나 필요한가!

1333 (3) 용기의 은사를 가꿀 방법

(가) 우리의 용기는 우리 자신에게서 오지 않고, 하느님으로부터 온다. 그러므로 영혼은 겸손하게 자신의 무능(無能)함을 인식하고 하느님 안에서 용기를 찾아야 할 것이다. 하느님의 섭리(攝理)는 영혼의 나약함을 스스로 알게 한다. 그리고 자신들의 영혼을 굳건하게 해 줄 수 있는 유일한 분이신 하느님께 의지할 때, 당신은 가장 연약한 영혼들을 도구(道具)로 쓰신다.

이 점에 대하여 사도 바오로는 다음과 같은 의미 있는 말을 한다. "그런데 하느님께서는 지혜 있다는 자들을 부끄럽게 하시려고 이 세상의 어리석은 사람들을 택하셨으며, 강하다는 자들을 부끄럽게 하시려고 이 세상의 약한 사람들을 택하셨습니다. 유력한 자를 무력하게 하시려고 세상에서 보잘것없는 사람들과 멸시받는 사람들, 아무것도 아닌 사람들을 택하셨습니다. 그러니 인간으로서는 아무도 하느님 앞에서 자랑할 수 없다는 말입니다."[51]

우리가 모든 장애를 이기기 위해 필요한 힘을 예수님 안에서 찾을 수 있는 것은 특히 영성체(領聖體)를 통해서이다. 성 크리소스토모는 성찬식(聖餐式)에서 나오는 그리스도인을 사자(獅子)처럼 강한 자라고 비유한다. 왜냐하면 그들은 그리스도의 힘을 함께 나누었기 때문이다.[52]

1334 (나) 영혼은 지속적인 노력을 통해 인내와 용기를 실천할 수 있는 수많은 작은 기회를 포착(捕捉)해야 한다.

그러기 위해 영혼은 매일의 삶에서 작은 규칙도 기쁘게 준수

---

51) 1고린 1, 27-29.
52) "Ab illa mensa recedamus tanquam leones, ignem spirantes, diabolo terribiles"(*In Joan.*, homil. LXI, 3. *P.L.*, LIX, 260).

하려고 노력해야 한다. 영혼들은 용기의 은사를 가꾸기 위해 언제나 기도하려고 노력하며, 수다를 부리고 싶을 때 침묵하며, 호기심을 자극하는 대상을 피해야 한다.

또 본능적으로 반감을 일으키는 사람들에게 다정하게 대하고, 형제들이 하는 질책(叱責)을 겸손과 인내로 받아들인다. 그리고 형제의 성격과 취향을 이해하고, 자신의 사상과 반대되는 것에 대해 화내지 않고 받아들이도록 한다.

한 마디로 말해서, 자신의 작은 욕망에서 이탈하려고 노력해야 한다. 이와 같은 삶은 현실적으로 용기의 은사를 가꾸는 모습이 된다.

영혼은 이 모든 실행을 가끔 한번씩 하는 것이 아니라, 일상적으로 인내 안에서 기쁘게 실천할 때 이것은 이미 영웅적인 행위가 된다.[53]

이로써 영혼은 성령의 힘을 얻게 될 것이다. "성령이 너희에게 오시면 너희는 힘을 받아 예루살렘과 온 유다와 사마리아뿐만 아니라 땅 끝에 이르기까지 어디에서나 나의 증인이 될 것이다"(Accipietis virtutem supervenientis Spiritûs Sancti in vos et eritis mihi testes).[54]

---

53) 이것은 B.H. Suso에게 어느 날 신적 지혜가 가르쳐 준 것이다. "먼저 우리는 자신과 모든 피조물에 대해서 완전히 죽고 희생하기를 좋아해야 한다. 이 완덕의 단계는 매우 드물지만, 이 단계에 도달한 사람은 재빨리 하느님께로 들어올려진다if. 십자가와 불행이, 고통을 당하지 않는 사람들을 놀라게 하는 것처럼, 영혼을 동요시키지 않는다는 것은 놀랍지 않은가? 성인들은 보통 사람들처럼 고통에 민감했다if. 그러나 그들의 영혼은 십자가만을 사랑하고 찾았기 때문에 모든 상처에서 보호되어 있었다if. 그들의 육신은 고통 당했지만 그들의 영혼은 하느님께 도취되어 있었고, 이루 말 할 수 없는 행복을 황홀경 속에서 누렸다if. 그들에게 생기를 주는 사랑은 고통을 고통으로 생각할 수 없게 하고, 고뇌를 고뇌로 생각하지 않게 했다. 그들은 하느님 안에서 변치 않는 깊은 평화를 누렸다."
54) 사도 1, 8.

Ⅳ. 경외(敬畏, crainte)의 은사

1335   (1) 경외의 은사의 본질

경외의 은사는 자기 죄를 상기하면서 근심하거나 슬퍼하고 불안하여 하느님을 무서워하는 문제가 아니다. 또 우리 성화의 완성과 회개(悔改)를 유도하기 위한 지옥에 대한 무서움도 아니다.

여기서 말하는 경외의 은사란 영혼이 하느님의 뜻을 거역(拒逆)하는 것에 대한 두려움으로써, 주님을 사랑하는 자녀적 경외심이다.

경외의 은사는 희망과 절제의 덕을 동시에 완성시킨다. 이 경외에서 희망은 하느님으로부터 멀어지고, 그분을 불쾌하게 하는 데 대한 두려움이 생기게 한다. 그리고 절제의 덕은 하느님에게서 영혼을 갈라놓을 수 있는 잘못된 쾌락에서 우리를 떼어놓는다.

그러므로 경외의 은사는 하느님께 대한 자녀적 존경 안에 우리의 뜻을 굽히게 한다. 그리고 이 은사는 하느님을 거스르는 죄에서 우리를 멀리 하고, 우리의 구원을 희망하게 한다고 말할 수 있다.

1336   경외의 은사는 다음 세 가지 주된 행위를 포함한다.

ㄱ) 경외의 은사는 영혼으로 하여금 하느님의 위대하심을 깊이 느끼게 하고, 이로 인해 그분의 영원한 권위(權威)를 거스르는 작은 죄에도 극도의 혐오감(嫌惡感)을 갖게 한다. 성녀 시에

나의 카타리나는 「대화」에서 다음과 같이 말한다. "내 딸아, 너는 정녕 모른다는 말이냐? 영혼이 이승에서 겪거나 겪을 수 있는 모든 고통은 가장 작은 죄 하나를 다스리는 징벌로도 부족하다는 것을…. 그 이유는 무한한 선에 대해 자행하는 무례는 무한한 배상을 요하는 까닭이니라. 그러므로 너는 알아야 한다. 이승에서 겪는 모든 고통은 무례한 짓을 자행하는 자녀를 혼내기 위한 징벌이 아니라 타이르기 위한 방편이란 사실을…." [55]

많은 성인들은 아주 작은 죄라도 엄격하게 견책(譴責)하였고, 이 죄를 속죄하는 데는 언제나 부족함이 있다고 생각하였다.

ㄴ) 경외의 은사는 무한히 선하시고 영원하신 하느님을 거슬렀던 가장 작은 잘못에 대해서도 영혼을 깊이 통회하게 한다. 이러한 점에서 경외는 영혼 안에 사랑과 희생의 실천을 증가시키면서, 속죄하려는 강하고 진지한 열망이 생겨나게 한다.[56]

ㄷ) 영혼은 언제나 뱀을 피하듯 죄의 기회를 피하는 세심한 주의를 가져야 한다. "악을 피하기를, 독사를 피하듯이 하여라" (quasi a facie colubri fuge peccata).[57] 따라서 경외의 은사는 세심한 주의를 갖고 우리의 행동을 하느님께 일치시키기 위해, 영혼이 당신의 선의(善意)를 이해하도록 노력하게 한다.

---

55) 「대화」, 1. I, ch. 2, p. 9, éd. Hurtaud.
56) "하느님은 성녀 카타리나에게 다음과 같이 말씀하신다. 내가 바라는 것은 끈기 있고 용감한 인내와 영혼의 내적인 덕들이 벌이는 수 많은 사업들이다*if*. 무한한 존재인 나는, 무한한 일들, 다시 말해서 무한히 염원하는 사랑을 중시하는 까닭이다. 나는 고행을 위시한 여타의 육체적인 실천을 하나의 수단으로 요구하는 것이지 그 자체가 네 중심적인 목표가 되는 것을 바라지 않는다*if*. 영혼은 진리 속에서 덕을 실천하고 탄생시켜야 한다. 내 말은 유한한 일들이 이 내적인 덕을 통하여 반드시 사랑 어린 자애와 결합되어야 한다는 뜻이다. 그 때부터 영혼은 내게 기쁨을 주게 되는 것이다"(「대화」, 1, I, ch. X, p. 38-39).
57) 집회 21, 2.

영혼은 위와 같이 행동하면서 금지된 쾌락을 피하고, 절제의 덕을 완성시키려고 노력해야 한다. 그리고 자녀적 신뢰를 가지고 하느님을 향해 마음을 들어올리면서 희망의 덕을 완성시켜야 한다.

1337 (2) 경외의 은사의 필요성

(가) 경외의 은사는 하느님을 거스르는 죄를 피하기 위해 영혼에게 꼭 필요하다. 우리는 흔히 하느님의 위대하심과 우리 사이에 존재하는 무한한 거리를 쉽게 잊어 버리고 있다. 그로 인하여 영혼은 쉽게 하느님과 거룩함을 무례한 방종(放縱)으로 대한다. 또 하느님께 너무 뻔뻔스럽게 요구하고 하느님을 자신과 대등한 것처럼 대하는 때가 많다.

물론 하느님께서는 몇몇 영혼을 내적인 놀라운 친교로 초대하신다. 그러나 분명한 사실은 하느님께서 영혼을 초대하신다는 사실이다.

경외의 은사는 영혼이 하느님께 자녀적 존경을 드리는 데 결코 방해가 되지 않는다는 사실을 우리는 몇몇 성인들에게서 볼 수 있다.[58]

---

58) 이것은 P. de Smed가 매우 정확하게 지적하고 있다(*Notre vie surnat.*, t. I, p. 501-502). "우리가 높은 신분의 사람과 만날 때*if* 우리는 먼저 소심하게 혹은 떨리는 감정을 가지고 접근하게 됩니다. 그런데 만일 우리보다 훨씬 지체가 높다고 생각했던 그분이 우리에게 매우 친절하게 대한다면, 그리고 우리를 만나고, 대화하고, 우리에게서 사랑 받음에 대해 대단한 기쁨을 표현한다면*if* 그리고 만일 그가 우리와 더 큰 내적 친밀감으로 살기를 원한다면, 그분의 지체 때문에 우리가 갖는 존경심이 그분에게 갖는 강렬한 애정을 품는 것을 방해하지는 않을 것입니다*if*. 오히려, 우리가 그분의 높은 지체에 대한 생각이 클수록, 그분에 대한 우리의 사랑은 더욱 클 것이며, 우리의 감사도 깊어지고 우리의 사랑과 헌신으로써 그 감사와 사랑을 더 강하게 증거하고 싶어질 것입니다. 한편 그분을 가까이서 보게 되고 친숙하게 될 때, 우리는 그의 뛰어난 품성을 더 감탄하게 될 것입니다. 그분에 대한 우리의 존경은 커지고, 그가 우리에게 보여 주는 세심함과 헌신, 사랑과 존경에 대해 당혹해 하며 깊은 감사를 느끼게 될 것입니다."

(나) 경외의 은사는 이웃과의 관계에서 거만하고 불손한 태도를 그리스도인의 정신으로 올바르게 실천하게 한다. 경외는 이웃에 대한 존경을 우리의 아버지이신 하느님께 속한 존경으로 생각하고, 겸손한 태도로 이웃에게 우리의 경외를 실천하게 할 것이다.

1338 (3) 경외의 은사를 가꿀 방법

(가) 경외의 은사는 하느님의 무한하신 위대함과 그분의 속성(屬性)인 권위(權威)에 대하여 자주 묵상하게 한다. 그리고 영혼은 믿음의 빛으로 작은 죄라도 하느님의 존엄하심을 거스르는 것으로 생각해야 한다. 만일 영혼이 하느님의 권위를 거역하기를 그치지 않는다면, 그는 최고권자(最高權者)인 하느님께 대한 경외심을 갖지 않고 있는 것이다.

"당신이 두려워 내 살이 떨리고 당신의 심판이 무섭나이다"(confige timore tuo carnes meas; a judiciis enim tuis timui).[59] 이러한 이유에서 영혼이 하느님 앞에 나아갈 때, 경외의 은사는 진정으로 우리를 회개하고 겸허한 마음을 갖게 한다.

(나) 이와 같은 경외하는 마음을 지속하기 위해, 영혼은 자신의 잘못을 세심하게 관찰하고, 양심 성찰을 정성껏 하는 것이 좋다. "하느님은 부서지고 낮추인 마음을 낮추 아니 보시나이다"(cor contritum et humiliatum, Deus, non despicies).[60]

그리고 참된 마음의 순결을 얻기 위해, 영혼은 속죄(贖罪)를 통해 예수님과 더욱 깊이 일치하도록 해야 한다. 예수님이 받으

---

59) 시편 118, 120.
60) 시편 50, 19.

신 모욕(侮辱)과 그분을 반대하고 지은 죄에 대한 아픔에 참여하면 할수록, 용서를 청하는 경외의 은사는 영혼 안에서 더욱 완전해 질 것이다.

V. 지식(知識, science)의 은사

1339 지식의 은사에 대한 세 가지 고찰

　지식의 은사를 통해 우리는 관상(觀想) 기도에 더 직접적으로 협력하는 세 가지 지성적(知性的) 은사를 얻을 수 있다. 먼저 지식(science)의 은사는 영혼에게 하느님과 관계되는 모든 창조된 사물을 올바르게 판단하게 해 준다. 그리고 통찰(intelligence)의 은사는 영혼에게 계시(啓示) 진리를 이해하고 영혼의 내적 조화(調和)를 드러낸다. 그런가 하면 지혜(sagesse)의 은사는 계시된 진리를 바르게 판단하고 식별하게 하여, 그 진리를 체험하게 한다.

　이 세 가지 은사(지식·통찰·지혜)는 영혼에게 체험적이거나 또는 거의 체험적인 인식을 준다는 데 공통점을 가지고 있다. 이 세 가지 은사는 영혼이 이성(理性)으로써 마치 그 은사에 대한 체험이 있는 것처럼 느끼게 하는 것이 아니라, 이 세 가지 은사의 빛을 통하여 신적인 것을 인식하게 한다.

　성령이 영혼에게 주시는 이 은사의 빛은 물론 믿음의 빛이다. 그러나 이 빛은 보통 때보다 영혼에게 더 빛나고 활동적이다. 이 믿음의 빛은 영혼에게 우리의 근본 원리(premiers principes)인 진리에 대한 일종의 직관(直觀)을 가져다 준다.[61]

---

61) D. Joret, *Les dons du S. Esprit*, dans *Vie spirit.*, 1920년 3월호, p. 383-393.

1340 (1) 지식의 은사의 본질

여기서 말하려는 지식은 이성(理性)으로 획득하는 철학적 지식이 아니다. 물론 믿음에 기초를 두고 이성의 작업을 통해 얻는 신학적 지식도 아니다. 오히려 이 지식의 은사는 바로 성인(聖人)들의 지식이다. 곧 영혼이 하느님과의 관계 속에서 창조된 만물을 올바르게 판단하게 하는 지식이다.

이러한 뜻에서 정의를 내리면, 지식은 성령의 빛 아래, 하느님과의 관계 안에서 창조된 만물을 인식하게 하면서 믿음을 완전하게 하는 은사이다.

올리에(Olier) 신부는 다음과 같이 말한다. "하느님께서는 모든 것을 주관(主管)하시고, 또 모든 것을 채워 주시는 분이십니다. 하느님께서는 어떤 상황에도 언제나 나타나십니다. 그리고 하느님께서는 하늘과 땅에서, 당신 자신에 관한 것을 이야기하십니다…. 그러므로 영혼은 하느님께서 완덕의 성사처럼, 각 피조물 안에 현존하시는 그분을 흠숭해야 합니다….

만일 아담의 은총이 우리 안에 있었더라면, 우리는 그 믿음을 아주 쉽게 실천하였을 것입니다…. 그러나 죄가 우리에게서 믿음을 약탈해 갔고, 예수 그리스도에 의해서 순수한 영혼들에게 되돌려졌습니다. 그 순수한 영혼들에게 믿음은 그들이 있는 어디에서나 하느님의 권능을 보여 주십니다…. 우리는 이 믿음의 빛을 바로 성인들의 지식이라 부릅니다.

영혼은 감각의 도움과 이성의 체험 없이도, 지식은 모든 피조물 속에서 하느님을 발견하게 합니다. 이때 영혼은 특별한 고생 없이 이 지식을 한 순간에 얻게 됩니다. 그 결과 지식의 은사는 각 피조물 속에서 묵상기도와 영속적인 관상의 주제를 찾게 합니다."[62]

1341 지식의 은사의 대상은 창조된 만물이다. 그러나 어디까지나 하느님께 인도된다는 조건 하에서 이 만물이 대상이 되는 것이다.

ㄱ) 우리가 모든 만물의 근원을 생각해 볼 때, 그 만물은 그것을 창조하고 보존하신 하느님에게서 왔다고 말할 것이다. "그분이 우리를 만드셨지 우리가 자신을 만든 것이 아니다"(ipse fecit nos et non ipsi nos). 만일 우리가 만물의 본질을 연구한다면, 우리는 그 만물 속에서 하느님의 반영(反映)과 형상을 발견하게 될 것이다. 만물의 목표는 영혼을 하느님께 인도하는 데 있다. 만물은 영혼이 하느님께 오르는 사닥다리이다.

이러한 생각으로 모든 성인들, 특히 성 아씨시의 프란치스코는 만물을 대하였다. 성 프란치스코는 모든 존재를 한 분뿐이신 성부(聖父)와의 공통된 관계 속에서 바라보았다. 성인은 각 피조물을 하늘에 계신 아버지의 대가족(大家族) 속에 있는 형제로 보았다. 그들은 태양, 맑은 물, 꽃과 새들을 보고 느꼈다. "성인은 흔들리지 않는 바위의 견고함과 그 힘을 느낄 때, 하느님이 얼마나 강하시며 영혼에게 큰 피난처를 주시는가를 깨닫고 느꼈습니다. 새벽의 신선한 공기 속에 핀 꽃의 모습에서 또는 둥지 속에서 작은 부리를 벌리고 있는 새끼 새들의 모습을 볼 때, 이 모든 것이 성인에게는 하느님의 순박한 아름다움과 순결을 드러낸다고 생각하였습니다.

이와 같이 모든 만물에서 성심(聖心)의 무한한 사랑이 솟아

---

62) *Esprit de M. Olier*, t. II, p. 346.

나오는 것입니다. 또 이 느낌은 성 프란치스코에게 하느님을 생각하고 계속 바라보게 하는 기쁨으로 가득 채우고, 그분께 감사를 드릴 열망을 끊임없이 가져다 주었습니다." [63]

ㄴ) 지식의 은사는 영혼의 성화(聖化)와 또 다른 영혼들의 성화와 관계되는 것을 명확하게 그리고 재빨리 바라보게 한다.

이렇게 이 은사는 우리 영혼의 상태를 밝혀 주고, 비밀스러운 내적 움직임, 그 상태들의 근원과 동기와 결과를 바르게 인도한다. 지식의 은사는 또한 구원의 목적으로 이웃을 대하는 방법을 가르쳐 준다. 그렇게 함으로써 설교(說敎)하는 사목자(司牧者)는 이 은사로 인해 청취자들에게 도움을 주는 말을 알게 되고 실천하게 된다.

지식의 은사는 어떻게 영적 지도자가 각 영혼의 영적 필요와 은총에 따라 그들을 지도해야 하는지를 알게 한다. 그리고 지도자는 이 은사에 의한 빛의 도움으로 영혼의 마음 깊은 곳까지 꿰뚫어 볼 수 있게 된다. 이 지식의 은사는 영혼들을 식별(識別, discernement)하는 주입적(注入的, infus) 은사이다. 이 은사를 통해 여러 성인들은 우리의 마음을 아시는 분에 의해 밝혀져, 회개하는 자들의 가장 비밀스러운 생각까지 알게 된다.

1342 (2) 지식의 은사의 필요성

지식의 은사는 평신도뿐만 아니라 특별히 수도자와 성직자에게 매우 필요하다.

ㄱ) 지식의 은사는 영혼을 모든 피조물로부터 떼어놓는다. 그

---

63) J. Joergensen,j, 아씨시의 성 프란치스코」 p. 463-466. M. Olier의 Journée chrétienne 에서도 똑 같은 느낌을 찾을 수 있다.

리고 피조물 자체가 얼마나 헛되고, 영혼에게 행복을 가져다 주는 것이 불가능하며, 또 위험한가를 보여 준다. 피조물은 우리를 끌어당기면서 타락시키고, 영혼을 사로잡으면서 하느님으로부터 돌아서게 하기 때문이다. 그러기에 이 은사는 우리 마음의 열정을 채워 줄 수 있는 유일한 분께 쉽게 다가갈 수 있게 한다.

이것을 시편 작가는 다음과 같이 노래하고 있다. "비둘기처럼 깃을 지녔더라면 나는 날아가 쉴 수 있으련마는, 저 멀리 떠나가서 광야에서 살련마는"(Quis mihi dabit pennas sicut columboe et volabo et requiescam).[64]

ㄴ) 지식의 은사는 피조물을 하느님께 가기 위한 사다리로 쓰게 하면서, 잘 활용하도록 도와 준다. 그러나 우리의 본능적 충동(衝動)은 언제나 피조물을 우리의 목표로 삼고 즐기려 한다. 지식의 은사 덕분에, 영혼은 하느님께서 피조물 안에 넣어 주신 것만을 바라볼 수 있다. 그리고 이 은사는 신적 아름다움의 희미한 반영(反映)인 피조물을 통해, 영혼을 무한한 아름다움에까지 올라가게 한다.

이 점에 대하여 성 아우구스티누스가 말한 의미를 우리는 조금이나마 이해할 수 있다. "오 항상 영원하고 아름다운 분이시여, 늦게야 저는 당신을 사랑하였습니다"(O pulchritudo semper antiqua et semper nova, sero te cognovi, sero te amavi).[65]

1343 (3) 지식의 은사를 가꿀 방법

ㄱ) 지식의 은사를 가꿀 수 있는 주요한 방법은 영혼이 피조

---

(64) 시편 54, 7.
(65) 성 아우구스티누스의 「고백록」 10권, 27장.

물을 바라볼 때, 믿음의 눈으로 바라보는 것이다. 허무(虛無)하게 지나가는 그림자에 멈추는 대신, 다만 피조물 속에서 완덕의 영상(映像)을 주는 원인만을 보면서 다른 것은 무시(無視)해야 하지 않겠는가?

이것은 예수님의 사랑에 불타는 사도 바오로의 말이다. "나는 그리스도를 위해 모든 것을 잃었고, 그것을 모두 쓰레기로 여기고 있습니다. 그것은 내가 그리스도를 얻기 위한 것입니다" (propter quem omnia detrimentum feci et arbitror ut stercora, ut Christum lucrifaciam).[66]

ㄴ) 바로 이러한 정신에서, 영혼은 자신에게 필요한 것과 불필요한 모든 것을 바르게 조정(調整)할 필요가 있다. 예를 들어, 하느님께 희생을 드리기 위해 약간의 음식, 영혼에게 해로운 독서 등을 자제한다. 그리하여 우리는 창조주(創造主)이신 하느님께 나아갈 수 있도록 모든 피조물에서 조금씩 이탈하도록 한다.

VI. 통찰(洞察, intelligence)의 은사

1344 (1) 통찰(깨달음)의 은사는 지식(science)과 구분된다.

왜냐하면 통찰의 은사의 대상은 지식의 은사 보다 더 광대하기 때문이다. 통찰의 은사는 피조물에 국한되지 않고, 계시된 모든 진리에 확대된다. 거기에, 통찰은 계시된 진리의 뜻에 내적으로 깊이 스며들어 그 속을 읽어보게(intus legere) 한다.

물론 통찰의 은사는 영혼에게 신비(神秘)를 이해하게 하지는

---

66) 필립 3, 8.

못하지만, 불명확(不明確)함에도 불구하고 그 신비를 믿게 한다. 즉 통찰의 은사를 통하여 영혼은 인간의 이성(理性) 속에 가장 고귀한 것이 있다는 것과, 신비 사이에 조화를 이룬다는 것을 알게 하며, 그 신빙성(信憑性)의 동기를 확신하게 된다.

그러므로 우리는 통찰의 은사에 대하여 다음과 같이 정의를 내릴 수 있다. 통찰은 마음을 비추는 성령의 빛 아래, 신비를 밝히지 않고서도, 계시 진리를 꿰뚫어 보는 직관력(直觀力)을 얻게 하는 은사이다. 이 은사는 우리 영혼 안에서 성령의 활동을 더 잘 이해하도록 도와 줄 것이다.

1345 (2) 통찰의 은사의 효과

통찰의 은사는 영혼 안에 다음과 같은 세 가지 주요한 작용을 나타낸다.

(가) 첫째, 통찰의 은사는 다음 여섯 가지 다른 방법으로 영혼 안에 계시 진리를 스며들게 한다고 성 토마스는 말하고 있다.[67)]

① 통찰은 우연(偶然, accidents)한 사건 아래 가려져 있는 실체(實體, substance)를 발견하게 한다. 예를 들어, 성체성사 안에 계시는 예수님이다. 이 점에 대해서는 아르스의 본당 신부(Curé d'Ars, 성 비안네)가 이야기한 농부의 기도에서 볼 수 있다. "저는 예수님을 보고 예수님은 저를 보십니다."

② 통찰은 영혼에게 문자(文字) 속에 숨어 있는 단어의 의미를 이해하게 해준다. 그 예로서, 예수님께서는 엠마오(Emmaüs)로 가는 제자들에게 예언서의 뜻을 밝혀 주셨던 것이다. 얼마나 많이 성령께서는 내적인 영혼들에게 성서의 여러 구절(句節)의 깊

---

67) 「신학대전」 2부 2편 8문, a. I.

은 의미를 이해시켜 주셨던가?

③ 통찰은 영혼에게 감지(感知)될 수 있는 징표의 신비한 의미를 드러낸다. 그래서 사도 바오로는 우리가 세례(洗禮) 때 물에 잠기는 것은 죄에서 죽고 묻히는 것이라고 하였다. 사도가 말하는 세례는 그리스도 안에서 영적으로 영혼이 부활(復活)하는 상징인 것이다.

④ 통찰은 영혼으로 하여금 외적으로 나타나는 영적 실재를 파악하게 한다. 즉 나자렛 목수(木手)의 모습에서 세상의 창조주를 보게 한다.

⑤ 통찰을 통해서 영혼은 원인 속에 내포되어 있는 결과를 볼 수 있다. 예를 들어, 갈바리아에서 흘리신 예수님의 피는 우리 영혼의 정화(淨化)와 하느님과의 화해를 의미한다. 그리고 군인들의 창에 찔린 예수님의 옆구리에서 나온 물을 통해서는 교회와 성사가 생겨난다.

⑥ 끝으로, 통찰을 통하여 영혼은 결과에 나타난 그 원인을 알 수 있게 된다. 곧 통찰은 외적으로 나타난 사건 속에서 하느님의 섭리(攝理)를 알게 한다.

1346 (나) 둘째, 통찰의 은사는 영혼에게 믿음의 진리를 이해시키고 보여 주며, 그 믿음을 통해 우리를 굳건하게 한다. 이점에 대하여 성 토마스는 다음과 같이 말하고 있다. "외적으로 나타나는 바가 진리에 상충되지 않음을 알아야 한다. 또 그것이 신앙의 대상인 진리에 의해 배척 당해서는 안 된다"(Cognoscitur quod ea quae exterius apparent veritati non contrarianturﬁ quod non est recedendum ab iis quae sunt fidei).[68]

통찰은 영혼에게 한 단계 높은 곳에서 하느님을 관상(觀想)하게 한다. 통찰은 영혼을 신적 본질의 직접적이며 적극적인 직관으로서가 아니라,[69] 하느님이 아닌 것을 보여 주면서 하느님을 관상하게 한다.

(다) 세째, 통찰의 은사는 관상에 포함되어 있는 신학적 결론들을 계시된 원칙에 함축시키도록 도와 주면서, 영혼에게 많은 진리를 깨닫게 해 준다. 그래서 영혼은 요한 복음서의 다음 말을 이해할 수 있다. "말씀이 사람이 되시어 저희 가운데 계시나이다"(Et Verbum caro factum est et habitavit in nobis).

통찰의 은사는 영혼이 육화(降生)하신 말씀 속에서 대부분의 교의(敎義)를 이끌어 내게 한다. 그리고 다음 설명문에서, 통찰은 "마리아에게서 예수가 나셨는 데 이분을 그리스도라고 부른다"(ex quâ natus est Jesus qui vocatur Christus)고 말하고 있다.[70] 통찰의 은사는 영혼에게 성모님에 대한 모든 교의를 이끌어 내게 한다.

이 은사는 모든 그리스도인에게 매우 유익하며, 영혼에게 계시 진리에 대한 깨달음을 주므로 특히 사제와 신학자들에게 매우 유익하다.

1347 (3) 통찰의 은사를 가꿀 방법

---

68) 「신학대전」 2부 2편 8문, a. 3.
69) "Inhac etiam vita, purgato oculo per donum intellectûs, Deus quodammodo videri potest;ƒ Duplex est Dei visio: una quidem *perfecta*, per quam videtur Dei essentia; alia vero *imperfecta*, er quam, etsi non videamus de Deo *quid est*, videmus tamen *quid non est*;ƒ secunda pertinet ad donum intellectûs inchoatum, secundum quod habetur in via"(1부 2편 69문, a. 2, ad 3; 2부 2편 8문, a. 7).
70) 마태 1, 16.

(가) 통찰의 은사를 얻기 위해 필요하고 중요한 자세는, 계시 진리를 더 잘 이해하고 신적 빛을 겸허하게 받아들이기 위해 단순하고 강한 믿음을 갖는 데 있다. "손수 저를 지으시고 만드시었으니 당신 계명을 배우도록 일깨워 주소서"(Da mihi intellectum et discam mandata tua).[71]

성 안셀모는 신앙고백을 한 후, 격언(格言)에 따라 "이해(理解)를 추구하는 신앙"(fides quaerens intellectum)의 신비에 대한 깨달음을 찾았다. 영혼이 초자연적인 진리의 통찰에 도달하게 되는 것은 믿음을 통해서이다.

(나) 영혼은 언제나 신앙고백을 한 후, 가능한 한 신앙의 신비 안에 들어가는 습관을 들여야 한다. 그 이유는 영혼이 통찰의 은사를 통해 이해하고(신비에 대한 이해는 불가능하다), 또 이성(理性)으로 추리(推理)하고 그 뜻을 파악하기 위해서다.

통찰의 은사는 영혼에게 삼위일체(三位一體) 안에서, 말씀이신 성자의 역할은 인성(人性)과 구원(救援) 행위와 일치의 신비를 조금이나마 이해하게 한다. 하느님의 육화(降生)와 구원사업은 영혼에게 성부·성자·성령 사이의 관계와 신적 속성(屬性)에 대한 새로운 빛을 비추어 준다. 그러나 이 통찰의 은사를 영혼이 더 잘 이해하기 위해서, 정신보다는 마음으로 겸손하게 살펴야 하며, 육화와 구원의 진리를 사랑해야 한다.

예수님은 우리에게 성부께 드리는 아름다운 기도 속에서 이같이 말씀하신다. "하늘과 땅의 주인이신 아버지, 안다는 사람들과 똑똑하다는 사람들에게는 이 모든 것을 감추시고 오히려

---

71) 시편 118, 73.

철부지 어린아이들에게 나타내 보이시니 감사합니다."[72]

Ⅶ. 지혜(知慧, sagesse)의 은사[73]

1348 (1) 지혜의 은사의 본질

지혜의 은사는 사랑의 덕을 완성하며, 영혼 안에 깨달음과 의지를 동시에 존재하게 한다. 지혜의 은사는 영혼 안에 하느님의 사랑과 빛을 넣어 주기 때문이다. 그러므로 지혜는 어떤 은사보다 가장 완전한 은사로 간주된다. 이것은 마치 애덕이 다른 모든 덕을 요약하듯이, 지혜는 다른 모든 은사를 요약한다.

(가) 성 베르나르도는 지혜에 대해 영혼이 신적인 것을 음미(吟味)하는 인식이라 부른다. 그러므로 지혜의 은사에는 다음 두 가지 요소가 있다.

① 지혜의 빛은 우리의 지성(知性)을 밝혀 준다. 그리고 이 지혜는 영혼을 창조된 만물의 첫 원천이며 마지막 목표로 이끌어, 하느님과 창조된 만물에 대한 올바른 판단을 하게 해 준다. 그러므로 지혜는 분명한 동기(動機)에 의해 사물을 판단하도록 영혼을 도와 주고, 또 총괄적(總括的)으로 사물을 일치로 이끈다.

② 지혜는 영혼을 초자연적 취향에 따라 의지 안에 활동하게 한다. 지혜는 호감이나 일종의 은밀한 감정을 통해 신적인 것을 맛보게 한다.

위에서 말한 이 은사의 두 가지 역할을 잘 이해하기 위해 간단한 비유를 들어보자. 지혜의 은사는 마치 빛살처럼, 영혼의

---

72) 마태 11, 25.
73) 성 토마스, 「신학대전」 2부 2편 45문.

눈을 즐겁게 하고 밝게 해 준다. 그리고 지혜는 우리의 마음을 뜨겁게 하고 사랑으로 감싸 주며 기쁨으로 가득 채운다.

1349 (나) 지혜의 은사에 대해 다음과 같이 정의(定義)를 내릴 수 있다. 지혜는 높이 고양(高揚)된 원리 속에서 하느님과 신적인 것을 판단하고 식별하게 해 주면서 사랑의 덕을 완성시켜 주는 은사이다.

그러므로 지혜의 은사는 신적인 진리 자체를 알게 해 주는 통찰과는 다르다. 통찰의 은사는 영혼에게 진리를 직접 맛보게 해주지 못하지만, 지혜의 은사는 영혼이 하느님을 맛보고 사랑하도록 해 준다. "주님이 얼마나 좋으신지 너희는 보고 맛들여라"(gustateet videte quoniam suavis est Dominus).[74]

이 지혜의 은사로 인해 사도 바오로는, 하느님을 제일 원인(cause première)으로 그분의 영광과 함께 신적 구원사업의 계획을 볼 수 있었다. 그리고 사도는 육화(降生)된 말씀을 모범적이며 공로적(功勞的, cause méritoire) 원인으로, 또 불림을 받은 자들의 행복을 목적(目的, cause finale) 원인으로, 그리고 신적 은총을 형상적(形相的, cause formelle) 원인으로 볼 수 있었다.

사도는 영혼을 하느님께 대한 감사의 기도로 이끌었다. "우리 주 예수 그리스도의 아버지 하느님께 찬양을 드립니다…"(Benedictus Deus et Pater Domini nostri Jesu Christi$f$).[75]

복음사가 요한은 이 지혜의 은총으로 신적 생명의 신비(神秘)에 모든 신학을 귀착시킨다. 지혜의 은사는 사랑이 뿌리인 동시

---

74) 시편 33, 9.
75) 에페 1, 3.

에 그 끝이다. "하느님은 사랑이십니다"(Deus caritas est).[76]

성 토마스는 오직 사랑에 대한 한가지 생각만으로 「신학대전」(神學大典) 전체를 요약하고 있다. 하느님은 모든 피조물이 생겨나는 첫 원인인 동시에, 피조물들이 되돌아가야 하는 마지막 목표이고, 따라야 할 길이다.[77]

1350 (2) 지혜의 은사의 효과

지혜의 은사는 영혼 안에 사랑이 자라게 하는 것 이외에도, 다른 모든 덕을 완성시킨다.

ㄱ) 지혜의 은사는 계시(啓示) 진리에 대해 영혼에게 체험적인 인식을 통하여 견고한 믿음을 가져다 준다. 이와 같이 지혜의 은사를 통해 영혼이 하느님과 일치의 기쁨을 오랫동안 맛보게 될 때, 어떻게 그분의 실질적인 존재를 의심할 수 있겠는가?

ㄴ) 지혜의 은사는 영혼에게 희망의 덕을 굳건하게 한다. 영혼이 그리스도와의 합체(合體, incorporation)에 대한 교의를 맛보고 이해했을 때, 머리이신 그분과 이미 하느님의 나라에서 일치하는 것이다. 그리고 복된 하느님의 나라에서 예수님과 함께 있는 성인들이 이미 우리의 형제들인데, 어떻게 희망을 갖지 않을 수 있겠는가?

ㄷ) 지혜의 은사는 영혼으로 하여금 윤리덕을 실천하게 한다. 영혼이 신적 사랑의 기쁨을 맛보게 되면, 이 세상의 사랑은 우

---

76) 1요한 4, 8.
77) 평신도들은 몇 가지 신적 진리를 오랫동안 음미하면서, 지혜의 은사를 그들의 방식대로 실천한다. 이것은 주님의 기도를 마칠 수 없었던 가난한 목동의 경우이다. 그는 말하기를, "왜냐하면 약 5년 전부터, 내가 아버지란 말을 할 때마다, 하늘에 계신 분이 내 아버지란 것을 생각하게 되므로, 울기 시작하고 하루종일 울면서 내 소들을 보살피게 되었습니다"(H. Brémond, Hist. littéraire, t. II, p. 66).

리에게 더 이상 감미(甘味)롭지 않기 때문이다. 그 대신 영혼은 십자가·고행·노력·절제·겸손·온유함 등을 좋아하게 된다. 왜냐하면, 이와 같은 덕은 사랑하는 분을 더욱 닮을 수 있는 훌륭한 방법이며, 그분께 자신의 사랑을 증거(證據)하는 방법이기 때문이다.

그러므로 영혼에게 통찰의 은사가 정신적 바라봄이라면, 지혜의 은사는 마음의 체험이라는 데 그 차이점이 있다. 영혼에게 통찰이 빛이라면, 지혜는 사랑이다. 이처럼 통찰과 지혜는 서로 보충하고 조화(調和)를 갖는다. 그러나 더 완전한 것은 지혜의 은사이다. 왜냐하면 영혼에게는 정신 보다 마음의 일치가 더 중요하기 때문이다.

마음은 이성(理性)이 깨닫지 못하는 것을 알아차리고 이해하며 꿰뚫어 본다. 그래서 성인(聖人)들에게는, 특히 인식보다 사랑이 더 중요한 것이다.

1351 (3) 지혜의 은사를 가꿀 방법

(가) 지혜의 은사는 영혼에게 가장 가치로운 은사이므로, 우리는 이 지혜를 열망하고, 꾸준하게 간청(懇請)해야 하며, 끊임없는 열정으로 구해야 한다.

이와 같은 지혜의 은사를 완성하기 위해 지혜서(知慧書)는 영혼에게 끊임없이 권고한다. 지혜서는 지혜의 은사가 영혼의 온 생애와 함께 하며, 영혼이 지혜를 아내로 맞아들이기를 원한다. 지혜서는 영혼에게 지혜를 얻기 위해 아름다운 기도를 제시한다.

"우리 조상들의 하느님이시며 자비로우신 주님, 당신의 지혜로 인간을 내시어 당신 손에서 생명을 받은 모든 피조물을 지배하게 하셨습니다. 또 인간으로 하여금 세상을 거룩하고 의롭게 다스리게 하시고… 저에게 당신 왕좌에 자리를 같이한 지혜를 주시고, 저를 당신의 자녀들 축에서 빼놓지 마소서.

저는 당신의 종이며 당신 여종의 자식입니다. 여생이 얼마 남지 않은 연약한 인간이며, 정의와 율법을 제대로 알지 못하는 하찮은 인간입니다…. 당신의 거룩한 하늘에서 지혜를 빨리 내려 주시고, 영광스러운 당신 왕좌로부터 지혜를 보내 주소서. 그리하여 제 곁에서 저와 함께 일하게 하시고, 당신을 기쁘게 해 드리는 일이 무엇인가를 깨닫게 해 주소서.

지혜는 모든 것을 깨닫고 모든 것을 알게 합니다. 그러므로 이 은사는 제가 하는 모든 일을 현명하게 이끌어 줄 것이며, 그의 영광으로 저를 보호할 것입니다. 그러면 제가 하는 모든 일이 당신 뜻에 맞을 것이며 당신 백성을 의롭게 다스림으로써 나의 아버지가 물려준 왕좌에 부끄럽지 않은 사람이 될 것입니다."[78]

(나) 지혜의 은사는 하느님께 모든 것을 환원(還元)시킨다. 그리고 영혼이 파악한 모든 진리가 어떻게 하느님으로부터 오며, 첫 원리이자 마지막 목표로서 어떻게 그분을 지향하는가를 보려고 노력해야 한다. 그러므로 영혼은 세세한 일들에 얽매이지 말고, 이미 파악한 것에 모든 인식의 전반적인 원리(原理)를 준비하면서 모든 것을 그 원리와 일치하도록 해야 한다.

1352 (다) 지혜의 은사는 영혼에게 신적인 것을 맛보게 한다. 그리고 영혼으로 하여금 그 신적인 것을 사랑하게 한다. 왜냐하면 사랑으로 이끌지 않는 모든 인식(認識)은 헛된 것이기 때문이다.

---

78) 지혜 9, 1-12.

그러기에 영혼이 어떻게 무한히 선하시고 아름다우신 하느님을 사랑하지 않을 수 있겠는가? "주님이 얼마나 좋으신지 너희는 보고 맛들여라"(Gustate et videte quoniam suavis est Dominus).[79]

지혜는 영혼에게 그 신적인 것 안에서 하느님의 선하심과 아름다움에 참여하게 한다. 그래서 영혼이 하느님의 완덕에 참여하기 위해서는 참된 사랑이 솟구치지 않고서는 그분을 맛보거나 진정으로 사랑할 수 없다.

제3절
관상과 묵상기도에서 은사의 역할

지금까지 언급한 것에서, 우리는 은사의 실천이 묵상기도에 큰 도움이 된다고 결론지을 수 있다.

1353 (1) 은사(恩賜)가 영혼 안에 완전히 성숙되지 않은 체, 그것을 가꾸기 시작하는 순간, 은사는 우리의 묵상기도를 쉽게 하도록 그들의 빛과 영향을 미친다. 이 뜻은 영혼이 신비(神秘)나 수동적(受動的)인 상태에 이르지 않았는데도, 은사가 이미 우리 영혼을 유순하게 하고, 성령의 작용에 더욱 민감하게 한다는 것이다.

이 점에 대하여 메이나르(P. Meynard) 신부가 요약하는 내용은 많은 신학자들의 공통된 가르침이다. 메이나르 신부는 성령의

---

79) 시편 33, 9.

은사가 영웅적인 덕의 실천을 위해 특별히 마련되었기에 일상적인 덕의 실천에서는 비활동적이라 믿었던 몇몇 저자들의 견해에 대하여, 다음과 같이 덧붙인다. "성령의 활동은 수많은 상황, 즉 하느님의 뜻이 그리스도인의 일상적인 덕의 실천에서 더 큰 온유와 신속함을 영혼에게 요구할 때가 있습니다.

예를 들어, 영혼은 악을 내쫓거나 마음의 격정(激情)을 억누르고, 악마와 세속과 육체의 유혹에 저항해야 합니다. 특히 영혼에게 효과적으로 도움을 구해야 할 연약함과 결점이 문제가 되고, 덕에 대한 실천 원칙이 요구될 때도 성령의 은사는 똑같이 적용됩니다.

그래서 성령의 은사에 의한 묵상기도에서 영혼의 느낌은, 분명하고 고유한 덕의 실천을 하지 못한다는데 기반을 두고 있지 않습니다. 오히려 진리는 단순하고 재빠른 방법으로 모든 덕을 실천하기 위해 은사가 도와준다는데 그 기도의 기초를 두고 있습니다."[80]

그런데 성령의 은사가 묵상기도에서 일상적인 덕의 실천으로 개입한다면, 은사는 덕을 실천하기 위한 가장 효과적인 방법 가운데 하나가 될 것이다. 그로 인하여 영혼은 은사의 도움으로 경신덕(敬神德)의 행위인, 묵상기도를 쉽게 할 수 있을 것이다. 이때 은사들은 덕의 실천과 구분할 수 없는 잠재적인 묵상기도 방법으로 영혼 안에 작용하게 한다.

---

80) *Traité de la vie intérieure*, t. I, n. 246. 그는 *S. Antonin, Jean de S. Thomas et Suarez* 책의 의견에 근거를 두면서 인용한다. 그것은 또한 P. Garrogou-Lagrange, *op. cit.*, t. I, p. 404의 가르침이다. "우리는 항상 신비 상태 속에 들어가기 전에, 은사들은 잦은 잠재 방식으로든 매우 드문 명백한 방식으로든 은사들이 개입한다고 말했습니다"(Cf. P. J. de Guibert, RAM, 1923년 10월호, p. 338).

그럼에도 불구하고 묵상기도의 순간에, 은사는 추리(推理)보다 더 격렬하게 영혼을 장악하는 일시적인 충동을 우리 안에 심어 준다. 그리고 묵상기도는 일상적으로 영혼이 느끼는 사랑의 움직임보다 더 강하게 우리를 자극하면서 드러나는 방법으로 은사가 작용된다.

1354 (2) 말할 필요 없이, 은사는 진리에 대한 애정 어린 직관(直觀)의 충동에 따라 습득적(習得的) 관상 안에서 영혼을 도와준다. 결국 지혜와 통찰의 은사는 우리의 지성을 꿰뚫어 더 열렬한 사랑으로 믿음을 통해 단순하게 하느님을 바라보게 한다.[81]

은사의 활동은 영혼이 신비의 단계에까지 이르지 않아도, 일상적인 묵상기도 안에서 매우 잦은 효과를 갖게 한다. 이것은 습득적 관상 안에서 한 영혼이 어떻게 진리를 오랫동안 정감(情感)을 가지고 응시할 수 있는가를 설명한다.

1355 (3) 그러나 특히 주입적(注入的) 관상 안에서 은사는 매우 중요한 역할을 수행한다. 은사는 영혼에게 필요한 유연성을 부여하고, 신비적이고 관상적 상태에 이르도록 영혼을 알맞게 회복시켜 준다.

(가) 은사 가운데, 특히 지식·통찰·지혜의 세 가지 은사들은 관상기도에 특별한 방법으로 협력한다.

위와 같은 점에 대하여 우리의 생각을 다음과 같이 설명해 보자.

ㄱ) 대신덕과 은사를 통하여 영혼은 변모(變貌)되고 완성되며,

---

81) 이것은 Jean de S. Thomas에 근거한 P. Meynard, t. I, n. 126, 128의 가르침이다.

작용하는 도움의 은총으로 인해 관상기도는 시작된다. 그래서 영혼의 탁월한 능력인 의지와 지성은 관상기도의 주된 요인이 된다. 관상기도에서 은사들는 영혼의 능력에 접목(接木)되었고, 능력과 은사들은 같은 행위에 불가분하게 협력한다.

이렇게 변모된 능력은 관상기도에서 중요한 요인이 된다. 말하자면 관상기도는 능동적 은총(grâce opérante)의 행위 아래 이루어진다. 이것은 마치 믿음에 의해 완성된 지성처럼, 믿음의 행위는 관상기도의 주된 원리가 된다.

ㄴ) 많은 신학자들은 통찰의 은사와 지혜의 은사가 관상기도의 참된 요인임을 인정한다. 그러나 몇몇 신학자들은 지식의 은사에 관상기도의 역할을 부여하지 않는다. 그러나 많은 대다수의 저자들과 함께 우리는 지식의 은사를 관상기도에서 제외시켜서는 안 된다고 믿는다. 왜냐하면 관상기도는 가끔 피조물 안에서 그 기도의 출발점을 찾기 때문이다. 그리고 그때 지식의 은사는 피조물 속에서 하느님의 모습을 보게 한다.

성 십자가의 요한은 다음과 같이 말한다. "하느님께서는 각 피조물에게 당신의 발자취를 남겨 놓으셨습니다. 하느님께서는 피조물을 무(無, néant)에서 나오게 하셨을 뿐만 아니라, 은총과 덕을 베풀어 주셨습니다. 하느님께서는 또한 감탄할 만한 질서(秩序) 속에서 그 피조물의 아름다움을 커 나가게 하시고, 서로를 연결하는 확고한 조직을 강화하셨습니다….

그래서 모든 피조물은 하느님의 발자취를 간직해야 합니다. 그것은 하느님의 위대하심과 권능과 지혜, 그리고 다른 신적 속성(屬性)의 발자취입니다."[82]

---

82) *Cantique spirituel*, str. V.

지식의 은사는 영혼으로 하여금 모든 피조물을 창조주께로 들어 높인다. 그리고 보이는 징표 안에 숨어 계시는 하느님의 아름다움을 보게 한다.

1356 (나) 이 세 가지(지식·통찰·지혜) 은사는 서로 협력하고, 차례로 또는 다함께 관상기도 안에서 작용한다.

ㄱ) 지식의 은사는 관상기도 안에서 모든 피조물을 하느님께로 들어 올려 영혼이 그분과 일치하게 한다.

① 지식의 은사는 영혼 안에 주입적(注入的, infuse) 관상의 빛을 동반한다. 이 관상의 빛을 통하여 영혼은 세상이 추구하는 모든 명예와 부귀와 쾌락 등이 허무한 것임을 분명히 보게 된다. 지식의 은사는 영혼이 하느님께 영광을 드리기 위해, 고통과 경멸의 값을 치르고 피조물 안에 숨겨진 신적 완전함의 그림자를 보게 한다.

② 이때 주입적 관상의 빛은 영혼이 하느님께 가기 위한 사다리처럼 피조물을 이용하도록 도와 준다. 그리고 이 관상의 빛은 영혼을 피조물로부터 떼어 내기 위해 의지에 작용하는 은총을 동반한다.

ㄴ) 통찰의 은사는 관상기도를 통해 영혼이 완덕으로 더욱 커 나가도록 도와 준다. 이 통찰의 은사는 하느님과 영혼 사이에, 그리고 계시된 진리와 가장 심오한 열망 사이에, 또한 진리들 사이에 존재하는 비밀스런 조화(調和)를 보여 준다.

통찰의 은사는 관상기도 안에서 하느님의 내적 삶과, 삼위일체의 신비와 은총 또는 육화의 신비에, 우리의 정신과 마음을 고정시키게 한다. 그리고 이 관상기도 안에서 정신과 마음의 분리가 힘들 것임에도 불구하고, 통찰은 영혼의 정신과 마음의 상호 관계를 바르게 조화시키도록 한다.

루스브렉크(Ruysbroeck)는 통찰의 은사를 햇빛에 비교한다.[83] 태양은 그 단순한 빛으로 공기를 가득 채운다. 빛은 모든 형상(形狀)과 형태를 밝히고 여러 색깔을 구분하게 해 준다. 이와 같이 통찰의 은사는 우리의 정신에 스며들어 거기에서 단순함을 자아내게 한다. 그리고 이 단순함은 관상기도를 통해 영혼 안에 특이한 빛으로 통과된다. 그때 영혼은 관상기도를 통해 하느님 안에 있는, 모든 행위의 근원인 숭고한 속성(屬性)을 받아들일 수 있게 된다.

ㄷ) 지혜의 은사는 관상기도를 통해 모든 것을 하느님 안에서 평가하고, 영혼에게 신적인 것을 맛보게 한다. 그리고 이 은사는 관상의 대상에 대해 우리의 정신과 마음을 더 큰 사랑으로 하느님 안에 고정시켜, 더욱 열렬히 항구하게 그분과 일치하게 한다.

루스브렉크는 지혜의 은사로부터 나오는 신적인 것의 맛을 다음과 같이 묘사한다. "이 맛은 너무나 강해서 영혼에게는 하늘과 땅에 포함되는 모든 것이 이 심오한 맛 속에 사라지고, 녹아 나는 것 같습니다. 지혜의 은사를 통해 신적인 것을 맛보는 환희는 영혼의 모든 능력을 하느님의 나라에 배어들고 포용하게 합니다.

그로 인하여 통찰의 은사는 모든 환희가 흘러나오는 단순함을 영혼이 관상하도록 합니다. 그러나 이성(理性)은 이 환희가

---

83) *L'ornement des noces spirituelles*, IIe Livre, c. 66-68.

항상 자신의 인식에서 벗어나야 한다는 것을 잘 알고 있습니다. 이성의 고찰(考察)은 창조된 빛으로 되어 있지만, 이 신적인 것에 대한 환희는 무한하기 때문입니다.

그러므로 창조된 빛으로 된 이성의 고찰은 사라져야 합니다. 그러나 무한한 은총의 빛으로 인해 변모(變貌)된 영혼은 이해할 수 없는 참된 행복의 기쁨을 끊임없이 바라봅니다." [84]

1357 (다) 나머지 네 가지 은사(경외·공경·용기·의견)들은 관상기도에서 위의 세 가지 은사들과 같은 중요한 역할을 하지 않더라도, 분명한 몫을 행사한다. 이 은사는 다음 두 가지 방법으로 이루어진다.

ㄱ) 이 네 가지 은사는 관상기도를 할 때, 성령께서 영혼을 더 유연하고 온순하게 하도록 작용하신다.

ㄴ) 이 네 가지 은사는 우리 마음 속에 관상을 지속(持續)시키는 경건한 감정을 자극하면서 기도에 협력한다.

경외(crainte)의 은사는 모든 피조물에 대한 초연한 태도와 겸손한 감정을 갖게 한다.

공경(piété)의 은사는 영혼에게 하느님께 대한 자녀적 감정과 사랑을 하게 한다.

용기(force)의 은사는 영혼으로 하여금 용감하고 항구한 감정을 갖게 한다.

의견(conseil)의 은사는 성령을 통해 받은 빛을 자기 자신과 다른 영혼에게 적용시킨다.

위에서 말한 은사들은 영혼에게 관상기도에서 자기의 역할을

---

84) *Royaume des amants*, c. XXXIII.

다하게 한다.

주 해(註解) : 다섯 가지 영적 감각과 은사

1358 몇몇 교부들과 신학자들 그리고 많은 신비신학의 저자들은, 다음 다섯 가지 영적 감각(시각·청각·후각·미각·촉각)에 대하여 말하고 있다.[85]

이것은 이미 제991항에서 언급했던 다섯 가지 상상적 감각과 비슷하다.

다음의 글은 성 아우구스티누스가 영적 감각을 묘사한 아름다운 문장이다. "오 나의 하느님, 제가 당신을 사랑한다 일렀으니 대체 무엇을 사랑한다는 것입니까? 그것은 그 어느 빛, 그 어느 소리, 그 어느 음식과 포옹을 제가 사랑하고 있사오니 이는 곧 제가 하느님을 사랑할 때입니다.

제 영혼에 공간이 담지 못하는 것이 비치고, 시간이 앗아갈 수 없는 것이 소리하고, 불어도 흩어지지 않는 것이 향내를 뿜고, 먹어도 줄지 않는 음식이고, 단념하지 않는 싫증의 대상을 사랑하게 됩니다. 이것이 바로 제가 하느님을 사랑할 때 제가 사랑하는 것입니다."[86]

이와 같은 영적 감각으로부터 영혼이 이해하고 들어야 하는 것은 무엇일까? 성령의 은사 가운데 특히 통찰과 지혜의 작용과 그 기능만이 영적 감각에 있는 것처럼 보인다. 이렇게 시각과 청각의 영적 감각은 이미 제1341항에서 말했듯이, 영혼에게 하

---

85) Le P. Poulain, *Grâces d'oraison*, ch. VI은 많은 텍스트를 증명하기 위해 인용한다.
86) 「고백록」 10권 6장, p. 257-258.

느님과 신적인 것을 보게 한다. 그리고 마음으로 하느님을 듣게 하는 통찰의 은사와 관계된다.

영혼이 하느님을 맛보고, 완덕의 향기를 맡고, 하느님께 대한 사랑을 체험하는 것은 영적 포옹으로써 일종의 영혼의 결합이다. 그 외 하느님을 만나게 하는 다른 세 가지 감각(후각·미각·촉각)은 지혜의 은사와 관계된다.

이러한 방법은 성 아우구스티누스와 성 토마스, 뿔렝(P. Poulain) 신부와 가리구 라그랑즈(P. Garrigou-Lagrange) 신부의 교의와 일치하게 한다.

제4절
성령의 은사와 참된 행복

성령의 열매인 은사들은 영혼의 참된 행복과 직결되어 있다. 이 행복은 영혼 안에 은사를 완성시키고 일치시키는데, 이 행복은 무상(無償)의 은총과 연결되어 있다.

I. 성령의 열매

1359 한 영혼이 충실하게 도움의 은총에 협력하면서 은사와 덕에 자극을 줄 때, 영혼은 처음에는 불완전하고 괴롭다. 그러나 차츰 영혼은 은총의 도움으로 보다 완벽하고 흥미진진하게 기쁨을 마음 안에 가득 채울 수 있는 덕행을 실천하게 된다. 이것을 두고 은사가 바로 성령의 열매라고 정의를 내릴 수 있

다. 즉 은사는 영혼을 거룩한 기쁨으로 가득 채우게 하는 확실한 덕의 실천이다.

사도 바오로는 성령의 열매를 다음 아홉 가지로 꼽는다. 사랑 · 기쁨 · 평화 · 인내 · 친절 · 선행 · 진실 · 온유 · 절제이다.[87] 물론 사도가 성령의 열매에 대한 완벽한 목록을 작성하려 했던 것은 아니다.

성 토마스는 이런 이유에서 성령의 열매에 대한 이 숫자가 상징이라고 지적하면서 실제로 이 숫자는 영혼에게 영적 위로를 주는 모든 덕의 실천을 가리킨다고 지적한다. "사람이 즐기는 덕행의 실천은 모두 성령의 열매이다"(Sunt fructus quaecumque virtuosa opera in quibus homo delectatur).[88]

1360 영혼이 실천하는 덕의 행위가 우리의 능력과 구분이 되듯, 성령의 열매인 은사는 덕행과 구별된다. 그럼에도 불구하고, 영혼이 실천하는 덕의 모든 행위가 아직 성령의 열매라고 단정해서 말할 수 없다. 다만 이때는 아직 영혼에게 있어 덕행이 영적인 어떤 향기만을 동반할 뿐이라고 한다. 덕을 실천하는 초기에는, 영혼에게 자주 많은 노력을 요구하기에, 아직 익지 않은 열매처럼 떫은 맛을 가지고 있다.

그러나 오랫동안 덕을 실천할 때 영혼은 은사를 통해 덕을 획득하게 된다. 그로 인하여 덕행을 힘들이지 않고 행하게 되

---

[87] 갈라 5, 22-23. 불가타 역본에서는 열두 가지로 꼽는다. "Fructus autem Spiritûs est: caritas, gaudium, pax, patientia, benignitas, bonitas, longanimitas, mansuetudo, fides, modestia, continentia, casritas." 불가타역에서는 참을성, 겸손, 억제 그리고 절제 대신에 정결을 넣는다.

[88] 「신학대전」 1부 2편 70문, a. 2. 성 토마스는, 성령의 열매를 다음과 같이 구분한다. 사랑 · 기쁨 · 평화 · 관대 · 선함 · 인내 · 온순 · 믿음 · 겸손 · 절제 · 정결 등이다.

며, 습득된 습관적 행위처럼, 은사는 영혼에게 즐거움을 가져다 준다. 우리는 이러한 덕을 성령의 열매라 부른다.

그러므로 은사를 통해 덕을 연마(鍊磨)하면서, 성령의 열매를 얻게 되고, 이 열매로 인해 영혼은 영원한 행복을 누린다.

Ⅱ. 참된 행복

1361 참된 행복은 영혼 안에서 이루시는 하느님 창조사업의 끝마무리이다. 참된 행복은 성령의 열매로서, 덕보다는 은사에서 나오는 것처럼 보이는 완성이다.[89] 참된 행복은 성령의 열매이지만, 성숙된 은사로써 영혼에게 미리 하느님 나라의 기쁨을 맛보게 해 준다. 이러한 이유에서 그 이름을 참된 행복이라 부른다.

예수님은 산상설교(山上說敎)에서, 이 행복을 다음 여덟 가지로 간추리신다. 정신적 가난과 온유와 슬픔, 정의에 대한 굶주림과 목마름, 자비와 마음의 순결과 박해 속에서의 인내가 그것이다. 그러나 이 행복의 숫자는 상징일 뿐이며 어떤 한계가 없다고 말할 수 있다.

참된 행복은 절대적이고 완전한 행복을 지칭(指稱)하지 않는다. 그러기에 이 행복의 조건은 영원한 행복에 도달하기 위한 매우 효과적인 방법일 뿐이다. 왜냐하면 가난·온유·순결·굴욕 등을 즐겁게 받아들이고, 원수를 위해서 기도하고, 십자가를 사랑하기까지 자신을 다스릴 줄 알아야 하기 때문이다. 그렇게 함으로써 영혼은 완전히 주님을 닮게 되고, 완덕의 길로 빨리

---

89) "Beatitudines dicuntur solum *perfecta opera*, quae, etiam ratione suae perfectionis, magis attribuuntur donis quam virtutibus"(「신학대전」 1부 2편, 70문, a. 2).

나아갈 수 있을 것이다.

1362 결 론

성령의 은사는 영혼이 이와 같은 행복을 가꿀 줄 알 때, 그를 일치의 길로 들어가게 한다.

① 성령의 은사는 영혼이 대신덕과 윤리덕 등, 모든 덕을 높은 단계에서 실천하게 한다. 그리고 이 은사는 영혼이 하느님과 일치를 이루게 하고, 우리를 조금씩 당신 안에서 변화시키시며, 신적 완덕을 본뜨게 한다.

② 성령의 은사는 영혼 안에 유연함과 온순함을 불어넣어, 영혼이 성령에 사로잡히게 한다. 그리고 이 은사는 영혼 안에서 성령이 자유롭게 활동하도록 한다. 그것은 이미 영혼이 은사의 잠재적인 영향 아래 있는 것이며, 은사의 도움으로 단순한 묵상 기도를 하게 된다.

제2장 단순한 묵상기도

1363 단순한 묵상기도라는 이름은 보슈에(Bossuet)에 의해 시작되었다. 그러나 그 이전에 이미 다른 기도의 이름으로 알려져 있었다.

① 성녀 예수의 데레사는 이 단순한 기도를 거둠(recueille-ment)의 기도라고 하였다.[90] 여기에서 말하는 거둠의 기도는 수동적인 거둠에 반대되는 능동적 거둠을 말하는 것이다. 영혼은 이 거둠의 기도에서 하느님의 말씀을 집중적으로 듣고, 그분을 사랑하기 위해 자신의 모든 능력을 한 곳으로 모은다.

② 여러 신학자들은 이 단순한 기도를 영혼이 하느님을 단순하게 바라보는 묵상기도라고 한다. 그리고 이 단순한 기도를 하느님의 단순한 현존에 대한 기도, 또는 하느님께 단순하게 사랑을 전하는 기도, 더 나아가 믿음 안에서 하느님을 단순하게 응시하는 기도라고 불렀다. 이 단순한 기도 속에서 영혼은 하느님께 정감(情感) 어린 시선을 보내고, 하느님의 현존(現存) 안에 머물게 된다. 이 기도는 단순한 믿음의 눈으로 하느님을 바라보고 사랑하며, 그분의 손에 영혼을 맡기기 때문이다.

③ 보슈에가 이 기도를 단순한 묵상기도라 부르는 까닭은, 이

---

90) 마음을 거두는 일 *if* 「영혼의 성」 제4궁방 제3장.

단순한 기도가 묵상기도의 감정과 추리뿐만 아니라, 우리의 삶 전체를 단순하게 만들기 때문이다.

④ 많은 가르멜회원들과 함께 여러 신학자들은 17세기부터, 이 단순한 묵상기도를 주입적 관상(注入的 觀想, contemplation infuse)과 구별하기 위해 습득적 관상(習得的 觀想, contemplation acquise)이라 불렀다.

제1절
단순한 묵상기도의 본질

1364 보슈에는 이 단순한 묵상기도에 대하여 매우 잘 기술(記述)하고 있다.

"하느님과 우리 주 예수 그리스도께 사랑 담긴 단순한 바라봄을 통해 자기 영혼을 살찌우는 데 익숙해져야 합니다. 이와 같은 결과를 얻기 위해서는, 단순한 존경과 주의로써 묵상기도를 유지해야 합니다. 그리고 영혼은 이 단순한 기도 안에서 조심스럽게 추리(推理)와 수많은 감정을 떼어 내어야 합니다. 이렇게 함으로써 영혼은 창조의 첫 원인이고 마지막이며 목적이신 하느님께 더욱 가까이 나아가게 됩니다….

묵상기도는 영성생활의 초기에 매우 유용(有用)하고 중요합니다. 그러나 영혼은 언제나 묵상(默想)에만 머물러서는 안 됩니다. 영혼은 거둠과 고행에 충실함으로써, 더 내적(內的)이고 순수한 묵상기도를 하기 때문에, 이 기도를 단순한 묵상기도라 합니다. 그리고 단순한 묵상기도는 그 대상(對象)이 하느님이고,

신적인 진리들을 정감 어린 눈으로 단순하게 바라보게 합니다….

단순한 묵상기도는 차츰 영혼을 추리(推理)에서 벗어나게 합니다. 또 이 단순한 기도는 성령이 주시는 신성한 충동(衝動)과 작용에 민감함으로써, 영혼은 평화를 주는 감미로운 관상(觀想)을 주의 깊게 하게 됩니다.

이 단순한 기도는 영혼에게 노력하는 것보다 더 많은 것을 얻게 합니다. 이 기도는 영혼을 즐겁게 하고 더욱 풍요롭게 합니다. 영혼은 단순한 묵상기도로써 모든 빛과 은총, 그리고 덕의 원천에 더욱 가까워져 풍성한 열매를 맺게 됩니다." [91]

단순한 묵상기도는 다음 두 가지 중요한 행위를 갖는다. 즉 하느님을 바라보는 것과 그분을 사랑하는 것이다. 영혼은 사랑할 목적으로 하느님과 그분의 거룩함을 바라보고, 더 잘 바라보기 위해서 사랑하는 것이다.

만일 단순한 묵상기도를 정감적(情感的, affective) 묵상 또는 추리적(推理的, discursive) 묵상과 비교한다면, 우리는 보슈에가 사용한 표현에서 나타나는 세 모습의 단순화(單純化)를 볼 수 있다.

1365 (1) 첫 번째 단순화(simplification)는 묵상기도 안에서 차츰 감소된다. 이 단순화는 초보자들의 묵상에 빈번하게 큰 자리를 차지하는 추리를 없애 준다. 그리고 이 단순화는 경건한 감정에 습관들여진 초보자들을 신앙의 기초인 진리에 대해 확신을

---

91) Bossuet, 믿음으로 묵상기도를 하기 위한 쉽고 빠른 방법과 하느님의 단순한 현존에 대하여. 예수의 토마스, *De contemplatione divina*; Ven. Libermann, *Ecrits spirit., De l'oraison d'affection; Instruct. aux missionaires*, ch. V, art. II; P. Poulain, *Grâces d'oraison*, ch. II; D. V. Lehodey, *Les voies de l'oraison*, IIe Part., ch. VIII; A. Tanquerey, *L'oraison de simplicité, Vie spirit.*, déc. 1920, p. 161-174.

갖게 한다. 이 단순화는 영성생활과 그 기본인 진리와 그리스도인의 참된 덕의 필요성과 본질을 알게 한다. 그리고 묵상기도에서 단순화는 초보자들의 마음에서 감사와 사랑, 회개와 굴욕의 감정이 솟아나게 한다. 그리고 다시는 죄를 짓지 않겠다는 굳은 결심과 열렬한 기도를 하게 한다. 묵상기도의 단순화는 초보자들에게 그리스도인의 주된 덕의 실천에 대한 방법들을 심사숙고하게 한다.

ㄱ) 그러나 영혼에게 이와 같은 단순화의 확신이 굳어지면서, 이 확신은 일상적인 사고방식의 일부가 된다. 그래서 초보자들이 묵상기도에서 단순함을 회상하려면 큰 어려움 없이 쉽게 그 순간을 가질 수 있게 된다. 그 결과 초보자들은 위에서 말한 것처럼 영혼 안에 경건한 감정이 재빨리 솟게 되며, 단순한 묵상기도는 차츰 정감적(affective) 묵상기도가 되기 시작한다.

1366　ㄴ) 그런가 하면, 묵상기도에서 단순화는 영혼에게 짧은 순간에도 진리를 지성(知性)의 직관(直觀)으로 바라보게 한다. 단순화의 묵상은 영혼을 창조의 첫 근원을 일종의 직관을 통하여, 어려움 없이 알게 한다. 그런데 영성생활의 근원적인 진리를 오랫동안 묵상할 때, 그 진리는 영혼에게 확실해지면서 빛을 발하게 된다.

그래서 묵상기도에서 단순화를 통해 영혼은 세심하게 분석할 필요 없이, 흐뭇하고 쉽게 총괄적인 진리를 알아듣게 된다. 그러나 묵상기도의 초기에 영혼은 오랫동안 하느님께 아버지란 모습을 적용시키는 노력이 필요하다. 즉 묵상의 단순화는 영혼에게 한 눈에 아버지의 풍요로움을 바라보게 하고, 그분 안에서 수많은 요소들을 음미하도록 사랑 안에 오랫동안 머물게 한다.

ㄷ) 때때로 하느님과 신성한 사물에 대한 바라봄이 영혼을 하느님의 현존 안에 살며시 정겹게 머물게 한다. 묵상기도의 단순화는 성령의 작용을 통해 영혼을 더욱더 온순하게 하고, 때로는 그냥 바라보는 것으로 그칠 때도 있다. 그때 영혼은 의지나 지성의 활동을 증가시키지 않고서도, 하느님의 질서를 실천하기 위해 그분께 자기 자신을 내어 맡긴다.

1367 (2) 두 번째 단순화는 감정에서 일어난다. 묵상기도에서 초기에는 감정이 풍요롭고 다양하며 재빠르게 영혼 안에 다가온다. 즉 사랑·감사·기쁨·동정·죄에 대한 고통, 그리고 더 잘하려는 열망과 도움 등을 청한다.

ㄱ) 그러나 얼마 가지 않아, 묵상기도의 단순화에서 영혼은 단 하나의 감정이 5-10분 동안 지속된다. 예를 들어, 우리 아버지이신 하느님께서는 우리의 마음 속에 강렬한 사랑을 자극하신다. 또 많은 말의 표현 없이, 묵상의 단순화는 영혼을 짧은 순간에 양육하고 그 안에 용기를 남긴다.

물론 이와 같은 생각이 묵상기도 전체를 가득 채우는 데 충분하지는 못하다. 그래서 영혼은 나태(懶怠)나 분심(分心)에 빠지지 않기 위해 다른 감정으로 넘어가야 한다. 그러나 단순한 묵상기도에서 각 감정은 넓은 자리를 차지하므로, 묵상의 초기 단계처럼 감정을 증가시킬 필요는 없을 것이다.

1368 ㄴ) 단순한 묵상의 감정 가운데, 어떤 것은 마음에 끊임없이 되돌아오면서 영혼을 지배하는 것으로 끝난다. 이 묵상기도에서 그 감정의 대상은 영혼 안에 다른 생각들을 첨가한다.

어떤 영혼에게, 단순한 묵상기도는 주님의 수난(受難)에 대한 생각이, 다른 희생과 사랑의 감정들과 함께 동화(同和)될 것이다. "지금 내가 살고 있는 것은 나를 사랑하시고 또 나를 위해서 당신의 몸을 내어 주신 하느님의 아들을 믿는 마음으로 사는 것입니다."[92]

또 다른 영혼들에게, 단순한 묵상기도는 성체 안에 현존하시는 예수님이 그들 생각과 감정의 중심이 될 것이므로, 그들은 끊임없이 이렇게 기도할 것이다. "성체 안에 숨어 계시는 하느님께 봉헌하오니 저의 간청을 들어 주소서"(Adoro te, devote, latens Deitas).

단순한 묵상기도는 영혼 안에 현존하시는 하느님 생각에 사로잡혀, 그들은 하루종일 하느님께 영광 드릴 것만을 생각한다.

"아버지와 나는 그를 찾아가 그와 함께 살 것이다…. 하느님의 성전은 거룩하며 여러분 자신이 바로 하느님의 성전입니다…. 여러분은 자기 몸으로 하느님의 영광을 드러내십시오"(Apud eum veniemus et mansionem apud eum faciemus;*f* templum Dei sanctum est, quod estis vos;*f* glorificate et portate Deum in corpore vestro).[93]

그런가 하면 단순한 묵상기도에 대하여 마술리에(P. Massoulié) 신부는 다음과 같이 설명하고 있다. "단순한 묵상기도에서 영혼은 하느님의 현존 안에 있음을 영예롭게 생각할 뿐만 아니라, 하느님을 모시는 것을 행복하게 생각할 때가 옵니다. 이 생각은 강하게 영혼에 스며들어, 영혼으로 하여금 하느님 안에 깊은 잠

---

[92] 갈라 2, 20. "dilexit me et tradidit semetipsum pro me."
[93] 요한 14, 23; 1고린 3, 17; 6,20.

심(潛心)으로 들게 합니다. 그래서 단순한 묵상은 영혼 안에 들어와서, 성전(聖殿)처럼 거주하시는 흠숭(欽崇)하는 성 삼위의 권위와 사랑의 하느님을 바라보게 합니다.

이때 영혼은 하느님을 더 할 나위 없이 흡족하게 바라봅니다. 그리고 하느님을 소유하는 기쁨을 누립니다. 나아가 영혼은 이 땅에서 존재할 수 있는 모든 열망이 하느님 안에서 완성되는 것을 보면서, 형언할 수 없는 안식을 거기서 찾습니다. 하느님을 소유하는 것보다 영혼이 바라고 열망할 수 있는 더 큰 것이 어디에 있겠습니까?"[94]

1369 (3) 세 번째 단순화는 온 삶에 확대된다. 보슈에는 이 묵상기도의 실천은, 어디에나 현존하시는 하느님과 어떤 죄에 빠지더라도 우리를 떠나지 않으실 예수 그리스도께 대한 믿음의 행위를 갖게 한다. 이 단순한 묵상기도를 통해 믿음의 행위는 영혼에게 하루종일 계속된다. 그리고 이 묵상은 일상적인 자기 일에 종사하면서, 하느님을 바라보고 사랑하면서 그분께 일치하게 한다. 단순한 묵상기도는 전례기도(priéres liturgiques)와 구송기도(priéres vocales) 속에서 어떤 말마디보다는 우리 안에 살아 계시는 하느님의 현존에 더욱 전념하게 한다.

단순한 묵상기도에서 영혼은 무엇보다 먼저 하느님의 사랑을 증거하려고 애쓴다. 그리고 그의 양심 성찰(良心省察)은 매우 단순해진다. 또 양심은 재빨리, 즉시 자신의 범한 죄를 곧바로 뉘우친다. 단순한 묵상은 영혼을 열성적인 기도의 정신으로 하느님께 영광을 드릴 열망을 갖게 한다(ad majorem Dei gloriam).

---

94) Traité de la véritable oraison, 3ᵉ Part, ch. X.

단순한 묵상기도는 사랑과 믿음의 정신이 스며들지 않는 가장 평범한 행위까지 하느님께 재물로 드린다. "하느님께서 기쁘게 받으실 만한 신령한 제사를 드리십시오"(offerre spirituales hostias, acceptabiles Deo).[95]

제2절
단순한 묵상기도의 유익성

1370 단순한 묵상기도의 큰 유익(有益)은, 이 기도를 통해 모든 삶을 하느님 안에 일치되게 한다. 그렇게 함으로써 영혼은 하느님의 더 큰 영광과 자신의 영적 유익을 위해, 신적 삶과 가까워지게 되는 것이다.

(1) 이 묵상기도를 통해 하느님께서는 하루 종일 찬미를 받으신다. 이 묵상기도는 하느님을 향한 영혼의 정감적이며 일상적인 모든 존경보다도 더 깊이 하느님을 사랑하고 알게 한다. 그리고 이 단순화는 영혼이 자기 자신을 잊어버리고, 피조물들도 잊게 한다. 이미 제1341항에서 보았듯이, 단순한 묵상기도는 지식(science)의 은사의 영향 아래 피조물들을 보면서 언제나 하느님과 연관지어 바라본다.

이로 인하여, 이 묵상기도는 영혼의 영성생활을 경신덕(敬神德)의 연장으로 사랑과 감사의 행위가 되게 한다. 그리고 마리아와 함께 다음과 같이 노래를 부르게 된다. "내 영혼이 주를

---

95) 1베드 2, 5.

찬송하나이다"(magnificat anima mea Dominum).[96]

1371 (2) 단순한 묵상기도를 통해 영혼은 성화(聖化) 된다.

ㄱ) 이 묵상기도는 영혼이 오랫동안 한 진리에 관해 주의를 집중시키면서 사랑을 동반하게 되므로, 그는 더욱 열렬히 하느님을 사랑하게 되고, 하느님과 내적으로 더욱 일치한다. 이로써 묵상기도는 영혼 안에 신적 완덕과 주님의 덕을 끌어들인다.

ㄴ) 묵상기도에서 모든 피조물은 창조주께 올라가기 위한 사다리로 보인다. 미약함과 불완전으로 가득 찬 피조물들은 신적 완덕을 반영(反映)할 때와, 또 우리에게 모든 선의 근원으로 올라가도록 외칠 때 그 가치를 지닌다.

ㄷ) 이 묵상기도는 영혼으로 하여금 매우 쉽게 겸손을 실천하게 한다. 즉 하느님의 빛으로, 영혼은 확실하게 자신의 허무(虛無)와 죄를 보고, 잘못을 겸손하게 고백하게 한다. 그리고 이 묵상기도는 영혼에게 모든 영광과 영예를 홀로 받으실 자격이 있는 분으로 찬송할 수 있음을 기뻐하게 한다. "하느님께만 영예와 영광이 돌아갈 것이며, 나에게는 오직 수치와 혼란만 돌아오라"(Soli Deo honor et gloria, mihi autem ignominia et confusio).

단순한 묵상은 형제보다 자기 자신을 더 사랑하는 교만에서 벗어나, 스스로 죄인들 가운 데 가장 끝자리에 앉게 한다. 그리고 이 묵상은 모든 굴욕(屈辱)과 시련(試鍊)을 사랑으로 참아 받는 준비를 시켜 준다.

---

96) 루가 1, 46.

제Ⅰ부 단순한 일치의 길 103

그래서 참으로 단순한 묵상기도는 특별히 우리 영혼을 성화하고 또 하느님을 찬송하도록 도와준다.

1372   단순한 묵상기도에 대한 어려움의 해결

ㄱ) 가끔 사람들은 단순한 묵상기도를 나태(懶怠, oisivet)를 조장하는 같은 종류로 분류하면서 이 기도를 비난한다.

이점에 대하여 성녀 예수의 데레사는 다음과 같이 반론(反論, objection)한다. "그럼 추리 작용을 이용할 수 있는 분들의 경우로 되돌아갑시다. 나는 그분들에게 묵상기도 시간 동안 내내 그 작용을 계속하지 말도록 권합니다. 이 수업은 퍽 공로가 있고 감미로워서, 이를 위해서는 쉬는 날도 없고 일을 빠질 만한 한 순간도 없는 것처럼 그들은 생각합니다.

그렇잖으면 그들은 곧 시간을 허비한다고 상상합니다. 그렇지만 나로선 그 시간의 낭비가 아주 소중한 이익같이 생각됩니다. 그러니 아까 말씀드린 대로, 그들은 오성(悟性)을 너무 고달프게 하지말고 주님 앞에 머무는 것이 더 좋습니다. 또 주님과 이야기하고 주님과 함께 머무는 것이 더 좋습니다.

그리고 주님께 이야기하고 주님과 함께 있는 것을 기뻐하십시오. 긴 이야기를 늘어놓으려고 머리를 쓰지 말고 단순하게 자기 영혼에 필요한 것을 말하도록 하십시오. 사실 이 경우에 가장 좋은 것은 주님은 우리가 주님 앞에 머무는 것을 참으시기 어려우시리라는 점 등을 살펴서 말씀드리는 일입니다.

늘 같은 양식을 주어 영혼이 지치지 않도록 위와 같은 것들 중에서 어떤 때는 이것을, 다른 때는 저것을 가려서 함이 좋을 것입니다. 이런 양식은 상쾌한 맛이 있어 퍽 유익합니다. 여기에 익숙해지면 맛을 들이게 되고 영혼에게 생명을 주어 가장 귀중한 선익(善益)을 가져다주는 강한 양분을 길어 냅니다."[97]

사실 영혼은 단순한 기도에서 차츰 추리(推理)하기를 그치고, 하느님을 바라보고 사랑하며 찬미한다. 만일 한 순간 영혼이 침묵한다면, 그 이유는 하느님께 헌신(獻身)하고 그분의 말씀을 듣기 위해서이다. 그리고 하느님께서 말씀하시기를 그치면, 영혼은 단순한 기도 안에서 경건한 감정을 되찾게 된다.

1373 ㄴ) 단순한 묵상에서 고정된 생각에 주의를 집중하는 것은 분명 머리를 피로하게 하고 긴장하게 한다. 만일 우리가 단순한 묵상기도에 준비 없이 시작한다면 이 기도에 실질적인 위험이 따를 것이다.

그래서 보슈에는 이와 같은 묵상기도의 자세를 피해야 한다고 말한다.

"단순한 묵상기도에서는 이성(理性)을 학대하거나, 마음을 너무 자극하지 않도록 조심해야 합니다. 이 묵상에서 진실하고 근본적이 아닌 격렬한 상상을 피해야 합니다. 그 대신 묵상기도를 통해 영혼에게 겸손하고 단순하게 제시되는 것을 취해야 합니다. 뿐만 아니라, 하느님의 작용에 자신을 맡기면서, 하느님께서 영혼을 이끄시는 대로 가만히 내어 맡겨야 합니다."[98]

즉 단순한 묵상기도는 영혼을 무리한 노력이 아닌, 은총의 이끌림에 조용히 따르도록 한다. 이 묵상기도는 영혼에게 하나의 생각이 무르익고 나면, 처음 관심을 두었던 것을 방해하지 않고

---

97)「천주 자비의 글」ch. XIII, p. 171. - Cf. P. Dupont, *Vie du P. Balthazar Alvarez*, ch. XLI.
98) *Opuscule de la meilleure mani reéde faire oraison*, t. VII, éd. Vivés, p. 501.

다음 생각으로 넘어가게 한다. 이렇게 함으로써 단순한 묵상기도는 영혼을 피곤하게 하기 보다, 성령의 작용에 순응하게 하고, 영혼은 달콤한 휴식을 갖게 한다.

제3절
단순한 묵상기도를 실천하는 방법

1374 (1) 단순한 묵상기도를 위한 부르심

일반적으로 단순한 묵상기도를 실천하려면, 제1296항의 일치의 길에서 지적한 조건들을 충족시켜야 한다. 그럼에도 불구하고, 위와 같은 종류의 묵상기도에 전념하는 것이 문제일 때, 영혼은 단순하게 하느님의 은총에 이끌리게 되는 것으로 충분하다.

그런데 이 단순한 묵상기도로 불림을 받은 영혼들은 다음 두 가지 징표로써 그것을 요약할 수 있다.

ㄱ) 첫째, 추리(推理) 묵상과 다양한 감정들을 통해 영혼은 단순한 묵상기도에서 얻을 수 있는 약간의 유익함을 만날 수 있다. 물론 적당하게 살기를 결심한 미지근한 영혼들이 아니라, 바르게 묵상하려고 열심히 노력하는 영혼임을 전제로 한다.

ㄴ) 둘째, 하느님의 현존 안에서, 그분께 시선을 고정하면서 묵상기도를 단순하게 실천할 때, 그 영혼은 묵상의 수련(修鍊)을 통해 그 유익함을 만난다.

단순한 묵상기도의 실천에서, 영혼이 다양한 감정들로 인해 큰 어려움을 느끼는 것을 볼 때, 영적 지도자는 이 묵상기도의 개요(概要)를 영혼에게 제시하면서 인내 안에서 실천하도록 권고해야 한다. 그렇게 함으로써, 만일 그 영혼들에게 이 단순한 묵상기도에 좋은 효과를 가져온다면 이 기도를 계속해도 좋다.

1375 (2) 단순한 묵상기도에 대하여

단순한 묵상기도는 하느님을 바라보고 사랑하는 것이 전부이므로, 솔직히 말해 이 단순한 묵상기도를 위한 특별한 방법론(方法論)은 없다. 그럼에도 불구하고 이 단순한 묵상기도에 불림을 받은 영혼들이 하느님의 눈길 안에 있도록 도와주기 위해서는 몇 가지 권고(勸告)를 줄 수 있다. 이 권고들은 회개하는 영혼들의 초자연적인 성품과 자세와 성격에 어울린다.

ㄱ) 단순한 묵상기도는 영혼이 몇몇 신심적(信心的) 대상에 대하여 그들의 감정들을 고정시키게 한다. 그리고 이 기도는 영혼에게, 십자가나 감실(龕室), 또는 하느님께 대한 생각을 집중시킬 수 있는 경건한 그림이나 시선을 고정시키기를 권고한다.

아르스의 본당 신부(Curéd'Ars)인 성 비안네는, 이 점에 대하여 다음과 같이 말한다. "올바르게 단순한 기도를 실천하기 위해서는 많은 말이 필요 없습니다. 감실 속에 선(善)하신 하느님께서 계심을 우리는 잘 알고 있습니다. 그러므로 우리는 하느님께 마음을 열고, 그분의 거룩한 현존 안에서 즐거워하는 것, 이것이 바로 가장 훌륭히 단순화된 묵상기도입니다." [99]

ㄴ) 단순한 묵상기도에서 상상력이 풍부한 영혼들은 그 전에 했던 것처럼 세심하게 복음의 장면들을 그려보지 않는다.

예를 들어, 올리브 동산에 계신 주님 또는 갈바리아에 계시는 주님을 대충 그려볼 수 있다. 그 다음에는 우리를 위해 고통을

---

99) *Vie* par Monnin, 1. V, ch. IV.

당하신 분을 사랑 안에서 바라보면서 다음과 같이 말할 수 있다. "주님은 나를 사랑하시고, 나를 위해 당신 몸을 내어 주셨습니다"(dilexit me et tradidit semetipsum pro me).[100]

1376 ㄷ) 많은 영혼은 단순한 묵상기도에서 성서의 한 구절이나 경건한 기도를 천천히 암송(暗誦)하면서 맛본다. 그리고 이와 같은 묵상들을 영혼의 양식(糧食)으로 삼기를 즐겨 한다.

이미 제993항에서 보았듯이, 성 이냐시오는 자신의 기도 둘째 방법에서 이 단순한 묵상을 권고한다. 그리고 많은 영혼들의 체험은 위와 같은 방법으로 단순한 묵상기도에 초대되었다는 사실을 인정한다.

그래서 이 묵상은 이미 성서를 음미(吟味)하고 있는 영혼들에게 가장 아름다운 성서 구절을 선택하기를 권고한다. 그리고 이 묵상은 성서 구절의 의미를 되씹으면서[101] 성령의 뜻에 따라 이 말씀을 영혼들이 선용(善用)하도록 권고한다.

1377 ㄹ) 단순한 묵상기도는 정감적인 영혼들에게, 하느님을 사랑하는 데 그 원인이 된 행위를 실천하라고 권고한다. 예를

---

100) 갈라 2, 20. 성녀 예수의 데레사의 「천주 자비의 글」, ch. XIII에서 이 묵상기도의 한 예를 제시한다. 십자가 위의 예수님을 묵상하도록 자매들에게 초대한 후, 성녀는 이렇게 덧붙인다. "그렇지만 이런 생각을 한없이 계속하여 지치게 하지는 맙시다. 추리의 작용을 접어 두고 구세주 곁에 머뭅시다. 만일 할 수 있다면 주님께서 우리를 보고 계시다는 것, 그리고 우리는 그분의 벗이 되어 있음을 바라보도록 합시다. 임께 아룁시다. 우리의 애절한 소망을 여쭈고 스스로 낮추어 임과 함께 즐깁시다. 또한 우리는 임 앞에 머물기에 천만부당한 자기 자신을 잊지 맙시다. 영혼이 이런 행동을 하게 될 때 비록 그것이 묵상의 시초라 하더라도 거기서 많은 유익을 얻을 것입니다*if*."
101) P. S. Jure는 이런 종류의 작은 문집을 만든다. 사람들에게 가르치신 스승 예수님, 또한 V.P. Chevrier, *Le disciple*에서도 영감을 받을 수도 있다.

들어, "저는 주님을 온 마음으로 사랑합니다. 오 저의 하느님, 당신은 선하심 자체이시고, 사랑의 하느님이시며(Deus caritas est), 무한한 아름다우심이기 때문이옵니다…."

그리고 때로는 영혼이 오랫동안 몇 가지 생각을 음미(吟味)하거나, 예수님께 말을 건넨다. 즉 예수님은 우리의 사랑이시라는 자격에서 말한다. 이와 같이 영혼은 이 묵상기도 안에서 다음과 같이 주님께 말씀드릴 수 있다.

"저는 당신을 사랑합니다. 오 예수님, 당신은 저의 주님이시므로, 당신께 순종하고자 합니다. 저의 목자(牧者)시여, 저는 당신을 따르고, 제 영혼은 당신으로 양육(養育)되길 원합니다. 저는 제 영혼의 의사(醫師)이신 당신을 믿습니다. 저의 구세주시여, 저는 당신을 찬양하고 신뢰합니다.

저의 머리이신 분께 지체(肢體)로써, 저는 당신과 합체(合體)되기를 원합니다. 또 저의 가장 충실한 친구이신 당신을, 모든 것 위에 사랑하오며, 영원히 사랑하기를 원합니다."

또 우리는 올리에 신부가 제자들에게 남긴 단순한 묵상기도의 초보적인 방법을 사용할 수도 있다. 이 묵상에서 영혼은 예수님을 애정 어린 눈으로 바라보게 한다.

"지극히 거룩하신 하느님께 존경과 경배를 드립니다. 저는 진정한 마음으로 주님을 사랑하고 찬양하는 감정을 드리도록 노력합니다. 그리고 다른 모든 의무를 주님께 드린 후, 저는 당신 앞에서 조용히 머물겠습니다…."

이와 같은 단순한 묵상기도는 예수님을 마음에 모시게 한다. 그리고 영혼은 성령께 신적 모형과 일치되도록 우리 마음에 오시길 간청한다. "예수님의 은총으로 영혼은 생기를 얻었기에,

그 분께 우리 자신을 봉헌해야 합니다. 그 다음, 영혼은 예수님의 경건함에 잠기기 위해 잠시 그분 곁에 잠시 조용히 머물 것입니다…."

이 묵상기도는 예수님을 우리 손안에 모시게 한다. "예수님의 신적 의지가 당신의 지체인 우리 안에 완성되고, 지체인 우리는 머리이신 분께 순종해야 합니다. 우리 삶 모두는 예수 그리스도께서 영혼에게 주시는 분에 의해서만 움직여야 합니다. 그분은 성령의 힘으로 우리 영혼을 가득 채우시면서, 영혼 안에서 주님이 원하시는 모든 것이 작용되게 하십니다."[102]

1378 ㅁ) 단순한 묵상기도에서 의지가 생각을 지배하는 영혼들이 있다. 그러한 영혼들에게 생각을 장황하게 늘어놓을 수 없다. 그러는 한편 때로 묵상은 영혼을 분심(分心)과 건조(乾燥) 속에 빠지게 하여 경건한 감정을 겨우 마음에서 뽑아 낼 때가 있다. 이러한 영혼들에게 알 맞는 단순한 묵상기도를, 삐니(P. Piny) 신부는 다음과 같이 묘사한다.

"이 단순한 묵상기도는 영혼에게 묵상 시간 내내 하느님을 자기 자신보다 더 사랑하기를 원하게 합니다. 그리고 사랑의 정신으로 기도하게 되기를 원하고, 그분의 뜻에 모든 것을 맡기게 되기를 원하게 됩니다….

사랑은 모든 덕행에 유익함과 일치를 가져다 줍니다. 만일 우리가 진정으로 사랑하기를 원하면, 사랑하게 될 것입니다. 또 만일 우리가 참된 의지로써 우리를 사랑하시는 그분의 뜻에 사랑으로 일치하기를 원한다면, 우리의 의지를 통해 그분과 일치

---

102) *Introduction*, ch. IV.

할 수 있을 것입니다. 왜냐하면 사랑은 사실 의지의 정감적 행위에 지나지 않기 때문입니다."[103]

1379 ㅂ) 단순한 묵상기도 속에서도, 영혼은 정감적 묵상기도에서처럼 무미건조(無味乾燥)와 분심에 빠질 위험이 얼마든지 있다. 단순한 묵상에서 영혼이 겪는 시련(試鍊)은 항상 하느님께 자신을 봉헌(奉獻)하게 한다. 그리고 영혼은 어떤 일이 있더라도, 하느님의 뜻에 완전히 순종하면서 그분의 현존에 머물도록 해야 할 것이다.

단순한 묵상기도에서 분심은 하느님께 생각을 집중시키는 것을 방해할 수는 있지만, 의지를 방해할 수는 없다. 그러므로 영혼은 이 묵상기도에서 떠돌아다니는 상상(想像)에도 불구하고, 잠심(潛心) 안에서 묵상을 계속할 수 있다.

1380 (3) 단순한 묵상기도의 준비와 결론

(가) 만일 우리가 단순한 묵상기도를 잘했는가를 자문(自問)해 보려면, 먼저 묵상의 주제를 정성껏 준비해야 한다.

성 프란치스코 살레시오는 성녀 샹딸(Chantal)에게 단순한 묵상기도를 잘 준비해야 한다고 권고했다는 사실을 우리는 잘 알고 있다.

"단순한 묵상기도를 준비할 때, 그냥 단순하게 하느님을 바라보는 묵상에 이끌리지 않도록 해야 한다고는 말하지는 않습니다. 그러나 아무런 준비와 봉헌(奉獻)과 짧은 기도를 통해 은총 구하는 행위도 없이, 이 묵상 방법으로 하느님 앞에 나가는 것은 영

---

103) L'oraison du coeur, ch. I.

혼에게 매우 어려울 것입니다. 그렇지만 이와 같은 모든 준비가 마치 묵상을 위한 규칙이어야 한다는 점에 대해서는, 솔직히 나는 약간의 불쾌감을 가지고 있다는 것을 고백합니다."[104]

단순한 묵상기도에 대한 성 프란치스코 살레시오의 권고는 매우 지혜롭다. 즉 묵상에서 하나의 주제(主題)만을 준비하는 것이 성령의 뜻이라면, 영혼에게 다른 주제를 불러일으키는 것을 방해하지는 못한다. 그리고 만일 묵상에서 성령이 영감(靈感)을 일으키지 않으신다면, 영혼은 자신이 준비한 주제에 몰두하면 된다.

1381 (나) 단순한 묵상기도에 대한 준비는, 묵상 끝에 영혼이 갖는 기도의 결심에까지 그 영향을 미친다. 묵상 전날 저녁에 어떤 결심을 하는 것은 매우 좋다. 또 성령이 영혼에게 다른 결심을 제시하거나, 아니면 단순히 하루종일 마음을 하느님께 드리는 것도 좋다.

그러나 묵상에서 주제를 자기 스스로 결심하는 것도 매우 유용할 것이다. 어떠한 상황에서도 불구하고 묵상은 영혼에게 모든 주제를 단순화시킬 것이다. 묵상에서 가장 좋은 결심은 자주 같은 주제를 갖는 것이 좋다고 말할 수 있다.

예를 들어, 단순한 묵상기도에서 하느님의 눈길 아래 매일의 삶을 사는 것, 그분께 아무것도 거절하지 않는 것, 또는 모든 것을 사랑으로 실천하는 것 등이다. 그래서 이와 같은 방법으로 기도하지 않는 영혼에게 묵상을 위한 결심은 매우 모호하게 보일 수 있다.

---

104) 편지 1610년 3월 11일, t. XIV, p. 266.

그러나 단순한 묵상기도를 통해 하느님께서 이끄시는 영혼들에게는 위에서 말한 방법이 매우 정확할 것이다. 왜냐하면 낮 동안 성령이 보내시는 영감을 통해 영혼은 그분의 뜻을 실천하기 때문이다.

제4절
주입적 관상과 단순한 묵상기도와의 관계

 이 주제에 관한 공통 교의(教義)를 자세히 설명하기 위해
 (1) 단순한 묵상기도는 사실상, 습득적(習得的) 관상의 입문이다.
 (2) 단순한 묵상기도는 주입적(注入的) 관상을 위한 훌륭한 준비자세이며, 또 가끔 영혼은 주입적 관상에까지 도달하기도 한다.

1382 (1) 단순한 묵상기도는 하나의 관상이다.
 ㄱ) 이점에 대하여 보슈에의 생각은 이 단순한 묵상기도를 묘사(描寫)한 후, "영혼이 추리(推理)를 벗어나면서, 성령이 부여하는 신적 충동과 작용들에 예민하고 주의 깊게 평화를 유지하는 것은 달콤한 관상에 이용됩니다."라고 하였다. 여기에서 성인은 관상의 본질과 비교하면서 단순한 묵상기도에 대한 결론을 내린다.
 관상(觀想)은 이미 제1298항에서 말한 바와 같이, 영혼이 갖는 진리에 대한 단순한 직관(直觀)이다. 그런데 보슈에는 단순한 묵상기도를 이렇게 말한다. "단순한 묵상기도는 영혼의 단순한 바라봄이며 하느님을 향한 충만한 사랑의 배려입니다." 이러한 이

유에서 사람들은 이 단순한 기도를 관상이라 부른다.

ㄴ) 단순한 묵상기도는 초기에 습득적 관상이지 아직 주입적 관상이 아니므로, 묵상기도가 때로는 불규칙적(不規則的)이며 매우 빈약하다. 그러므로 습득적 관상은 짧은 순간 밖에 지속되지 못하고, 즉시 감정과 다른 생각으로 대체(代替)된다.

단순한 묵상은 오랜 기간 동안 단순하게 믿음의 눈으로 하느님을 바라보고 사랑하는 데 영혼을 조금씩 적응시킨다. 그리고 이것은 마치 예술가가 작품의 세부적인 여러 요소들을 연구했던 것을 바라보는 것처럼, 영혼은 총괄적(總括的)으로 하느님을 바라보고 사랑하는 것과 같다.

단순한 묵상기도에는 능동적 은총(grâce opérante)이 하느님의 특별한 개입은 아니다. 그러나 이 묵상에는 강한 믿음과 성령의 은사(恩賜)들의 작용이 전제되는 심리적이고 일상적인 진행 과정이 있는 것 같이 보인다.

1383 (2) 단순한 묵상기도는 주입적 관상을 위해 매우 중요한 준비 단계이다. 이 묵상기도는 영혼을 은총의 움직임에 매우 온순하고 주의 깊은 상태로 이끈다. 왜냐하면 "성령의 작용이 확실하기 때문이다"(facile mobilis a Spiritu Sancto).

그러므로 이 묵상기도는 선하신 하느님께서 우리의 마음을 가다듬으시고, 더욱 당신을 단순하게 바라보도록 하신다. 그리고 하느님께서는 열렬한 사랑을 영혼에게 주시며, 영혼을 사로잡고 만족하셨을 때, 비로소 영혼은 단순한 묵상기도의 두 번째 단계로 들어간다. 이 기도에 대하여 보슈에는 다음과 같은 묘사를 인용한다.

"단순한 묵상에서는 즉시 다른 자세나 또는 여러 가지 행위를 증가시키려 해서는 안 됩니다. 단지 영혼은 하느님의 현존 안에 주의 깊고 단순하게 머물고 있어야 합니다. 주님이 은총을 내려 주시는 그 만큼 영혼은 주의 깊게 참된 신심을 계속하면서, 영혼에게 주어지는 것 외에 다른 방법을 시도하려고 서둘지 않습니다.

왜냐하면 단순한 이 묵상기도는 하느님과 직접 갖는 기도로써, 개별적인 일치를 통해, 영혼을 차츰 수동적이 되도록 하기 때문입니다. 말하자면 하느님께서는 단 한 분뿐이신 스승이 되시고, 매우 각별하게 영혼 안에서 작용하십니다. 그리고 이 묵상에서 영혼이 미지근할수록, 하느님께서는 더욱 힘있게 영혼 안에서 작용하십니다.

왜냐하면 하느님의 작용은 영혼에게 휴식이므로, 이 묵상기도를 통해 영혼은 어떤 면에서 하느님을 닮게 되며, 그분 안에서 좋은 결과를 얻게 됩니다…."[105]

위에서 우리가 강조한 표현들은, 분명하게 영혼의 소극성(消極性)과 하느님의 힘있는 작용을 가리키는 표현들이다.

여기에서 우리는 하느님을 사랑하는 영혼보다, 하느님께서 영혼 안에 더욱 힘있게 작용하시는 고요의 기도로 끝나는, 단순한 묵상과 주입적 관상 사이의 관계를 짚어 보아야 한다.

1384 믿음을 통하여 획득할 수 있는, 단순화된 정감적(affective) 묵상기도와 성령의 은사를 통하여 영혼의 협력과 함께 나타나는 고요의(quiètude) 기도 사이에는 틀림없는 연속성(連續性)

---

105) 그의 소품 No V.

이 있다.

 이 두 기도 사이에는 본질적인 차이점이 있는 데, 하나는 습득적이며 다른 하나는 주입적이다. 그러나 이 기도 사이에는 중개자(仲介者)가 있다. 그것은 영혼이 믿음을 통해 단순하게 하느님을 바라보는 데서 시작된 단순한 묵상기도가 하느님의 마음에 들었을 때, 성령이 영혼을 지배하는 것으로 끝난다는 것이다. 물론 단순한 묵상기도에 도달했을 때에도, 영혼 스스로는 오를 수 없는, 무상(無償)의 은사에 늘 머무는 주입적 관상기도로 변모(變貌)되는 것이 필수적인 것은 아니다.

 그러나 일반적으로 하느님께서는 영혼이 주입적 관상에 잘 준비되었을 때 언제나 영혼을 하느님 안에서 변모시켜 주신다. 왜냐하면 하느님께서는 아무것도 거절하려 하지 않는 용기 있는 영혼들과의 더욱 완전한 일치를 원하시기 때문이다.

제1부 결 론

1385 제1부 일치의 길에 나타난 성령의 은사와 단순한 묵상기도의 여러 형태는, 영혼에게 이미 더할 나위 없이 매우 유익하다.

 ① 평소 하느님과 다정스럽게 일치하는 영혼은 잠재적 방법이나 드러난 방법으로든, 성령의 은사의 도움으로 영혼은 더욱 높은 덕을 실천하려 노력한다. 탁월(卓越)한 성령의 은사는 영혼으로 하여금 신적인 속성(屬性)과 기질 때문에 완덕을 추구하게 한다.

 이러한 덕의 실천은 영혼을 하느님과 일치 안에 머물게 한다.

그 결과 영혼은 하느님을 위하여 그분과 함께 은총의 작용으로 활동하면서 기쁘게 고통을 겪는다.

② 이와 같은 영혼의 자세는 묵상기도를 매우 단순하게 한다. 이때 영혼은 자신 안에 현존하시면서 도와 주시는 아버지이신 하느님을 믿음의 눈으로 바라본다. 그리고 하느님을 바라보면서, 영혼은 그분을 진정으로 사랑한다. 때때로 하느님께 대한 이 사랑은 영혼에게 묵상 안에서 고귀한 열정으로 나타나기도 한다. 그런가 하면 어떤 때 하느님 사랑은 영혼 안에 의지의 순수한 행위로써 나타나기도 한다.

왜냐하면 묵상기도에서 영혼은 시련(試鍊)과 메마름을 갖기 때문에, 이렇게 밖에 말할 수 없을 것이다. "저의 하느님, 저는 당신을 진정으로 사랑합니다. 아니 적어도 저는 당신을 진정으로 사랑하고 싶습니다. 제가 어떤 희생을 치르더라도, 사랑으로 당신의 뜻을 행하고 싶습니다."

③ 보통 잠재적(潛在的)인 상태로만 영혼 안에 작용하던, 지식·통찰·지혜의 은사가 빛처럼 드러나고, 영혼에게 한순간 감미로운 휴식을 주는 순간들이 있다.

이와 같은 상태를 두고, 일종의 주입적 관상의 입문이라 한다.

제II부

주입적

관상[106)]

우리는 먼저 주입적 관상(注入的 觀想, contemplation infuse)에 관한 일반적 개념들을 소개한 뒤, 이 관상의 여러 단계를 살펴 보기로 한다.

---

106) 성 토마스, 2부 2편, 180-182문; 성 보나벤뚜라, *De triplici viaiâ: Ltinerarium mentis ad Deum*; H. Suso, *Le livre de la sagesse*; Le livre de la vérité; B^x J. Ruysbroeck, *L'ornement des noces spirituelles*; Gerson, *La montagne de la contemplation; La théologie mystique spéculative et pratique*; Denys Le Chartreux, *De fondte lucis et semitis vitae; De contemplatione*; L. de Blois, *Institutio spiritualis*; D. A. Baker, *Sancta Sophia*; 성녀 예수의 데레사, 「천주 자비의 글」;「완덕의 길」;「영혼의 성」; 성 십자가의 요한, 「가르멜의 산길」;「어둔 밤」;「사랑의 산 불꽃」; 성 프란치스코 살레시오,「하느님의 사랑」, 1. VI-VII; Alvarez de Paz, *De vitâ spirituali*, t. III, lib. V; M. Godinez, *Praxis theologioe mysticoe*; P. Lallemant, *Doctrine spirituelle*, VIIe Principe; scaramelli, *Direttorio mistico*; Ribet, La Mystique divine; P. de Maumigny, *Pratique de l' oraison mentale*, t. II; P. Poulain, *Les grâces d'oraison*; D. V. Lehodey, *Les Voies de l'oraison*, IIIe P. A. Saudreau, *Les degrés*, t. II; *L'état mystique*; A. Meynard, Tr. de la vie intérieure, t. II; P. Lamballe, *La contemplation;* Mgr Farges, *Les Pnénomènes mystiques;* F.-D. Joret, *La contemplation mystique d'après saint Thomas*; R. Garrigou-Lagrange, *Perfect, chrét. et contemplation*.

제1장 주입적 관상에 대한 일반적 개념

주입적 관상을 이해하기 위해서는
(1) 이 관상의 본질,
(2) 이 관상의 유익함,
(3) 이 관상으로 부르시는 성소의 징표를 알아보기로 한다.

제1절
주입적 관상의 본질

먼저, 우리는 주입적 관상에 대한 정의를 내린 후, 이 관상에서 영혼이 갖는 하느님의 몫과 자신의 몫을 설명할 것이다.

I. 주입적 관상의 정의

1386 (가) 옛날의 영성가들은 습득적(習得的) 관상과 주입적(注入的) 관상 사이를 뚜렷하게 특별히 구분하지는 않았다. 이 주제에 관한 성 토마스의 여러 논문에서 볼 때, 우리는 관상이란 하느님 사랑을 지향하고, 이 사랑에서 유래하는 신적인 것과 하느님께 대한 직관적인 영혼의 단순한 바라봄이라고 결론 내릴

수 있다.[107]

이 점에 대하여 성 프란치스코 살레시오는 다음과 같이 관상에 대한 정의를 내린다. "관상이란 영혼이 신적인 것에 대하여 마음으로 항구하고 단순하게 사랑스러운 주의를 기울이는 것입니다."[108]

(나) 현대의 영성가들은 일반적으로 습득적 관상과 주입적 관상의 두 종류 간에 차이를 두고 있다. 교황 베네딕도 14세는 주입적 관상을 다음과 같이 묘사하면서 정의를 내린다.

"주입적 관상은 영혼에게 신적인 것을 사랑하고자 하는 의지와 이해하려는 지식을 특별한 방법으로 적용시킵니다. 그리고 이 관상에서 영혼은 의지를 통해 하느님의 사랑을 포옹하면서, 지식을 생명의 빛으로 밝힙니다.

그리고 성령의 은사인 지혜(sagesse)와 통찰(intellectuelle)을 통하여 영혼은 관상의 행위에 협력합니다. 그래서 주입적 관상이란 하느님으로부터 오는 신적인 것에 대한 감미로운 사랑이 동반된, 영혼의 단순한 바라봄입니다."

이 주입적 관상에 대한 정의는, 하느님의 역할과 성령의 은사가 영혼 안에 동시에 미치는 능력의 역할을 잘 보여주는 매우 완성된 개념이다. 여기서 우리는 하느님 안에서 사랑과 인식에 전념하게 된 영혼의 능력들이 이 신적인 움직임에 자유롭게 협

---

107) 「신학대전」 2부 2편, 180문, a. 3, o et ad I; a. 7. o et ad I: "Contemplatio pertinet ad ipsum simplicem intuitum veritatis… principium habet in affectu, in quantum videlicet aliquis ex caritate ad Dei contemplationem incitatur; et quia finis respondet principio, inde est quod etiam terminus et finis vitae contemplativae habet esse in affectu, dum scilicet aliquis in visione rei amatae delectatur, et ipsa delectatio rei visae amplius excitat amorem."
108) 「하느님의 사랑」 1. VI, c. 3.

력하는 것을 볼 수 있다.

이러한 관점에서 볼 때, 위와 같은 주입적 관상에 대한 정의는 영혼에게 결코 메마른 관상이 아니라, 감미로운 관상임을 깨닫게 한다.

그런 이유에서 만일 이 두 가지 관상을 모두 포함하는 정의를 내리고자 한다면, 주입적 관상은 영혼을 능동적이기보다 수동적으로 움직이게 한다. 그리고 영혼을 사로잡는 특별한 도움의 은총(grâce actuelle)과 성령의 은사를 통해 관상을 실현한다. 이러한 뜻에서 주입적 관상은 하느님과 신적인 것에 대하여 영혼으로 하여금 정감적이고 지속적으로 하느님을 단순하게 바라보게 하는 것이라고 할 수 있다.

이 정의를 잘 이해하기 위해서는, 관상에서 하느님의 몫과 영혼의 몫을 바르게 인식해야 한다.

II. 주입적 관상에서 하느님의 몫

주입적 관상에서 하느님께서는 주요한 몫을 가지신다. 왜냐하면 하느님만이 영혼을 사로잡을 수 있으시고, 영혼을 수동적(受動的) 상태에 놓으실 수 있기 때문이다.

1387 (1) 하느님께서는 많은 영혼을 관상으로 부르신다. 왜냐하면 많은 신비가(神秘家)들의 증언(證言)에 따르면, 관상에는 본질적으로 하느님께서 주시는 무상(無償)의 은총이 있기 때문이라고 한다.

성녀 예수의 데레사는 자주 이 기도를 초자연적(超自然的)이라고 부른다. 성녀는 로드리고 알바레스(P. Rodrigue Alvarez) 신부와의 두 번째 진술에서, 이 단어를 다음과 같이 설명한다. "제가 체험한 첫 번째 기도는 초자연적이었습니다. 제가 초자연적이란 용어를 쓸 때는, 우리가 아무리 노력하고 아무리 부지런하다고 해도 얻을 수 없는 것이지만, 그것을 받아들일 준비는 할 수 있으며, 이런 준비야말로 매우 중요하다고 말할 수 있습니다."[109]

성녀 예수의 데레사는 우리가 더 잘 이해할 수 있도록 묵상 기도에 대하여 다음과 같은 비유를 들어 말한다. "하느님께서 한 발짝씩 한 발짝씩 인도하신 끝에, 드디어 어린 비둘기를 둥지에 두어 쉬게 하십니다."[110]

이 점에 대해서는 십자가의 성 요한의 가르침과 같다. 성 요한은 관상을 능동(能動)과 수동(受動)의 두 형태로 구분한다. 참된 관상기도에서 말하는 수동적이란, "영혼은 아무것도 하지 않은 채, 다만 하느님께서 그 안에서 일하시고 영혼은 수동적인 상태에 있음을 말합니다."[111]

성인은 자주 관상기도를 두 종류로 구분하려 한다. "수동적인 관상과 능동적인 관상 사이에는, 하느님의 일과 인간의 일, 초자연적인 활동과 자연적인 활동 사이에 존재하는 것과 같은 매우 다른 점이 있습니다…. 그 가운데 수동적 상태에 있는 영혼들은 스스로 작용하지 않고, 성령의 영향 아래 움직입니다. 이때 성령은 영혼의 관상 상태에 주된 요인이 되며 영혼을 이끌

---

109) *Oeuvres*, t. II, Relation LIV, p. 295.
110) 「천주 자비의 글」 ch. XVIII. p. 161.
111) 「가르멜의 산길」 1. I, ch. 13. p. 88

어 줍니다.

그리고 하느님께서 각 영혼에게 주신 정신에 따라, 성령은 영혼을 신법(神法)과 믿음을 통해 단순한 도구로 끊임없이 돌보십니다."[112] 그런데 만일 관상기도에서 하느님이 모든 주도권(主導權)을 갖고 영혼을 움직이신다면, 하느님이 관상의 주된 요인이 되시고 영혼은 다만 그분의 도구일 뿐이다.

이와 같은 관상의 상태에서 영혼은 스스로 작용하지 못하고, 또 공로적(功勞的)일 수 없는 사실은 명백하다. 그래서 영혼에게 하느님은 공로의 대상이 되신다. 말하자면, 영혼이 영원한 영광과 성화 은총(grâce sanctifiante) 안에 들어가려고 노력할 때 공로적일 수 있다. 하느님께서 영혼에게 관상 안에 주시는 무상(無償)의 은총은, 영혼이 관상에 불림을 받았다고 생각하는 모든 영성 학파의 의해서 인정되었다.

소드로(Saudreau) 신부는 묵상기도가 영혼의 노력으로 얻을 수 있는 기도임을 제시한 후, 덧붙여 이렇게 말한다. "영혼은 묵상기도처럼 누구나 신비적 기도에 들어갈 수는 없습니다. 만일 영혼이 매우 공로적인 상태에서 하느님의 특별한 배려로 높여지지 않는 한, 우리가 어떤 노력을 하든 영혼은 관상기도에 도달하지 못할 것입니다."[113]

1388 (2) 물론 관상기도의 방법이나 순간, 그리고 그 기도에 지속되는 시간을 결정하는 것도 하느님이시다. 관상기도는 하느

---

112) *Vive flamme*, Strophe III, v. 3, n. 8-9.
113) 「신비적 단계」 2ᵉ éd., 1921, p. 19-20. - 이것은 P. Janvier(*Carême 1923*, Retraite, 2ᵉ Instr.): "주입적 관상은 특별하고 탁월한 은총이다. 이 관상은 스스로의 노력으로는 도달하지 못한다. 다만 하느님께서 당신의 마음에 드는 영혼에게 필요한 만큼 주신다."

님만이 영혼을 신비적 또는 수동적 상태로 놓으실 수 있다. 그리고 관상을 통해 의지의 자유로운 동의와 함께 영혼의 능력 안에서 활동하기 위해 우리의 능력을 감싼다. 이것을 두고 하느님께서 영혼을 거룩하게 소유하시는 것이라고 한다. 그리고 하느님께서는 모든 은사의 최고 권위자이시므로, 당신이 원하실 때 원하시는 대로 영혼 안에 개입하신다.

1389 (3) 관상기도에서 하느님의 작용에 대해, 특히 신비가들이 말하는 것은 영혼의 깊은 내면(內面)에서 또는 우리 의지 안에서 그분이 활동하신다는 것이다. 여기에서 우리가 이해해야 할 점은 관상기도에서 지식(知識)과 의지(意志)는 매우 중요한 역할을 한다는 점이다. 즉 지식은 추리(推理)하는 지식이 아니라, 지혜와 통찰의 은사 아래, 영혼이 단순한 시선으로 진리를 꿰뚫어 보는 지식이다. 그러나 의지는 이 기도의 가장 단순한 행위 안에서 영혼으로 하여금 신적인 것을 맛보고 사랑하게 한다.

또 블루와(Blois)는 관상이 이루어지는 영혼의 상태에 대하여 다음과 같이 말하였다. "관상은 영혼의 능력들이 그 기도에 원천이 됩니다…. 영혼 안에 있는 능력들은 그 자체로써 유일하며, 하느님께서는 관상기도를 통해 영혼을 완전한 침묵과 평온으로 다스리십니다.

왜냐하면 영혼은 어떤 모습으로도 스스로 관상기도에 도달할 수 없기 때문입니다. 그리고 이 관상의 중심에는 영혼을 옷 입히는 신적 형상(形象)이 숨어 있다고 하였습니다." [114]

1390 (4) 하느님께서는 관상기도에서 영혼 안에 사랑과 인식

---

114) *L' institution spirit.*, ch. XII, t. II des Oeuvres, p. 101-103, éd. 1913.

을 동시에 일으키신다. 그런데 이 인식은 긍정과 부정으로 되어 있다.

ㄱ) 관상기도에서 분명한 긍정은 영혼 안에 모호하게 남아 있으면서도 체험적이기 때문에, 그 영혼을 강하게 충동한다. 그래서 하느님께서는 관상기도에서 영혼 안에 다음 네 가지 긍정을 주된 방법으로 사용하신다.

① 관상기도는 영혼이 이미 가지고 있으면서도 이제껏 감명을 받지 않았던 모든 인식에 대해, 은사의 빛을 통하여 주의를 끌게 한다. 관상에서 영혼은 하느님이 사랑이심을 알고 있었지만, 신성한 빛은 영혼에게 이 인식을 맛보고 이해하게 한다. 그렇게 함으로써 관상은 하느님의 사랑을 온전히 파악하고 영혼 안에 스며들게 한다.

② 관상기도는 영혼 안에서 긍정과 부정의 인식을 이끌어 내면서 똑같은 빛을 준다. 그래서 영혼에게 하느님은 모든(tout) 것이고 우리 자신은 아무것도(rien) 아니라는 것을 인식하게 한다. 이러한 이유에서 성령은 영혼에게 겸손만이 우리의 절대 의무라는 사실을 이해시킨다. 즉, 나는 존재(存在)하는 자이며, 너는 무(無)이다!

③ 관상은 영혼 안에 주입적(注入的)인 것들을 일으키게 한다. 왜냐하면 이 주입적인 것들은 하느님으로부터 오기 때문이다. 그래서 영혼 안에 신적인 일들이 가장 완전하고 놀라운 방법으로 관상기도을 통해 나타난다. 그것은 명확한 계시(啓示, révélation) 또는 환시(幻視, visions) 속에서 일어난다.

④ 성 토마스는[115] 사도 바오로가 인정하고, 몇몇 교부들이 인

---

115) 「신학대전」 II부 2편, 제175문, a. 3, ad I.

정한 것처럼, 하느님께서 관상기도를 통해 영혼에게 참된 행복의 환시를 일시적으로 허락하시면서 확신을 주신다고 하였다.

관상기도에서 부정적인 직관(直觀)을 통해 얻는 인식은 하느님의 초월성(超越性)을 보여 주고, 영혼이 바르게 이해를 하도록 도와 준다. 이 인식에 대해서는 다음 제1398항에서 더 깊게 기술할 것이다.

1391 ㄴ) 하느님께서는 관상기도를 통해 영혼 안에 지울 수 없는 사랑을 심으신다. 이 사랑은 영혼에게 직관적으로 하느님이 어떤 분이시며, 유일한 최고선(最高善)이심을 이해시키고, 자석(磁石)처럼 끌어당기게 한다. 그러나 관상기도 안에서 이 사랑은 자유를 침해하지 않으면서, 저항할 수 없는 강한 방법으로 영혼을 끌어당긴다.

이때, 영혼은 열렬히 하느님께로 향하게 된다. 관상기도에서 이 사랑의 열정과 함께 영혼은 행복에 이르지만 아직은 부자유스럽다. 왜냐하면 이 전망은 흐릿하므로 영혼에게서 자유를 완전히 빼앗지 않았기 때문이다.

그래서 블루와(Blois)에 따르면, 영혼은 영원한 사랑의 심연 속에서 자기를 잃고, 하느님 안에 온전히 흘러들기 위해 자신으로부터 나와야 한다고 한다. "여기에서는 영혼이 도취되어 있는 사랑을 제외하고는, 아무것도 느끼거나 인식하지 못하며, 자신에게서 죽고, 하느님 안에서 살게 됩니다. 그래서 영혼은 신적 어두운 밤과 고독 속에서 길을 잃습니다.

그러나 여기서 자신을 잃는다는 것은 오히려 자신을 되찾는다는 것입니다. 왜냐하면 영혼이 하느님을 사랑하기 위해서는 인간적인 모든 것에서 온전히 이탈해야 하기 때문입니다. 이것은 마치 철이 불로 인해 불의 형상을 받아, 불 속에서 변하듯이, 영혼은 하느님 안에서 온전히 바뀌고 변모되어야 합니다. 그러나 이 신격화된 영혼은 용해된 철이 그 본질을 잃지 않듯이, 그 본질은 잃지 않습니다.

이와 같은 현상은 처음에 차가웠던 영혼이, 차츰 뜨겁게 타오르는 것과 같습니다. 이것을 두고 영혼이 어두움에서 매우 강렬한 빛으로 건너간다고 합니다. 이러한 결과로 인해 무감각했던 영혼에게, 이제는 오직 하느님 사랑만이 있을 뿐입니다.

이제 모든 것은 거룩한 사랑의 불로 인해 타 버리고 용해(溶解)되어, 하느님께로 건너간 영혼은 아무런 매개체(媒介體)도 없이 그분과 일치할 수 있습니다. 그 결과 영혼은 완전히 하느님과 하나가 됩니다. 그것은 마치 금과 청동이 녹아서 하나의 금속이 되는 것과 같습니다.

이것은 영혼이 사랑과 열정, 그리고 솔직함을 통해 하느님께로 돌아서는 그만큼, 영혼은 더 깊이 하느님께 나아갈 수 있게 됩니다. 이와 같은 하느님 사랑의 추구에서 영혼은 자신의 가장 개인적인 유익조차 완전히 단념하게 됩니다."[116]

Ⅲ. 주입적 관상에서 영혼의 몫

하느님의 은총을 통하여 주입적 관상에 부름 받은 영혼은 신적 작용에 자유로이 응답한다.

---

116) L. de Blois, *L'Institution spirituelle*, ch. XII, §2. p. 89-90.

1392 (1) 영혼은 마치 어린이가 기쁘게 자발적으로 어머니의 팔에 안기듯이, 하느님으로 감동되고 장악되도록 자신을 자유로이 내버려 둔다. 이때 주입적 관상에서 영혼은 활동적인 동시에 수동적이다.

ㄱ) 그러나 주입적 관상에서 영혼은 수동적이다. 이러한 뜻에서 영혼은 묵상 안에서 그전처럼 자발적으로 행동하기에는 무능력(無能力)하다. 그리고 영혼은 주입적 관상 시간에 더 이상 추리적으로 그의 능력들을 실행할 수 없다. 그로 인하여 영혼은 자신을 지배하는 강한 원리에 종속하며, 그의 시선을 정신과 마음을 관상하는 대상에 고정시키면서 사랑을 맛보게 된다. 그리고 이 관상은 영혼이 해야 할 것을 암시(暗示)해 주고, 더 나아가 영혼이 행동하도록 강한 충동을 준다.

그럼에도 불구하고, 주입적 관상의 단계에서 영혼이 완전하게 무기력(無氣力)해 지는 것은 아니다. 다만 영혼에게 능력들의 연결 현상이 단계적으로 나타날 뿐이다. 그리고 특히 황홀경(恍惚境, extase)과 같은 높은 관상에 이르렀을 때 영혼의 능력은 보다 완전하게 나타난다. 그래서 순수 관상의 시초인 고요(quiétude)의 기도에서, 영혼은 구송(口誦, vocalement) 기도와 묵상(默想)기도를 함께 병행하는 것이 불가능하다고 생각한다.[117]

관상기도에서 하느님께서는 영혼과 일치하시면서, 오성(悟性)을 고정시키지만 완전히 중단시키지는 않으시고, 다만 능력들이 영향을 미치지 못하게 하신다. 하느님께서는 영혼으로 하여금 한 대상에게만 시선을 고정시키면서 생각을 멈추게 하신다. 그

---

117) 성녀 예수의 데레사, *2e Relat. au P. Rodrigue*, Oevres, t. II, p. 295-296;「완덕의 길」31장. 7항.

리고 주입적 관상기도는 영혼이 힘든 노력을 하지 않고서는 어떤 말도 할 수 없도록 입술에서 말을 거두신다.[118]

1393 ㄴ) 그렇다고 영혼이 이전처럼 말을 할 수 없는 안일(安逸)함에 빠지는 것은 아니다. 신적 움직임의 영향 아래, 영혼은 하느님을 바라보고 사랑하면서 말 없이 매우 활동적으로 움직인다.

왜냐하면 주입적 관상기도에서 영혼은 자신의 힘보다 열 배나 되는 영적인 힘의 영향을 받기 때문이다. 그래서 이 관상기도에서 영혼은 하느님께로 자신이 들어올려지는 영혼의 변화를 느끼게 된다. 이것은 하느님께서 주입적 관상기도를 통해 영혼에게 주시는 능동적 은총(grâce opérante)의 결과이며, 영혼은 이 은총을 기쁘게 받아들인다.

1394 (2) 이와 같은 주입적 관상의 단계에서, 하느님께서는 인간의 말로는 설명할 수 없는 일종의 체험적(體驗的) 인식으로 이해되는 살아 있는 실체(實體)로써 그 모습을 나타내신다. 이 관상은 결코 영혼이 하느님을 인식하는 것을 축소하거나 확대시키지는 않는다.

이 주입적 관상은 하느님께 대한 명확한 환시(幻影, vision)가 아닌, 단순한 직관(直觀)으로 영혼이 하느님을 인식하게 한다. 주입적 관상에서 영혼은 어둠 속에 있으면서도, 하느님과 긴밀한 접촉을 갖는다. 물론 하느님과 영혼의 이 접촉은 사랑의 열정을 맛보게 하며, 그분의 현존(現存)을 느끼게 한다.

---

118) 성녀 데레사, 2ᵉ *Relat.*, 1. c. p. 296-297.

관상기도를 통해 영혼이 체험한 인식을 성 베르나르도보다 더 잘 기술(記述)한 사람은 없다. "하느님의 말씀이 내게 오셨고, (이런 것을 말하다니 나는 미치광입니다.) 이 말씀이 여러 번 내게 오셨습니다. 이 말씀이 나를 자주 찾아오셨음에도 불구하고, 나는 말씀이 도착한 정확한 순간을 느끼지 못했습니다. 그러나 나는 말씀이 내 안에 계신다고 느낀 기억은 있습니다. 나는 가끔 말씀이 나에게 오심을 느낄 수 있었지만, 말씀이 언제 내 안에 들어오시고 나가시는가를 느낀 적은 없습니다….

그럼에도 불구하고, 나는 그 말씀을 읽었다는 사실을 기억합니다. 말씀 안에 내가 살아 움직이고 있다는 것입니다. 말씀에 의해 감동되고, 말씀을 위해 살고, 말씀이 머물고 있는 영혼은 행복하여라! 그러나 나는 내 마음대로 그 길에 들어갈 수 없으므로, 여러분은 내 대신 어떻게 그분의 현존을 알 수 있는가를 물어 주십시오. 말씀은 나의 삶을 충만하게 하므로, 말씀이 존재하자마자, 자고 있는 내 영혼을 깨웁니다.

말씀은 바위같이 단단하고, 병든 내 마음을 깨뜨리고 누그러뜨리며 빼앗습니다. 말씀은 내 영혼으로 하여금 하느님을 찬미하게 합니다. 또 이 말씀은 내 모든 능력으로 그분의 거룩한 이름을 찬미하게 합니다. 말씀은 메마른 내 마음에 물을 주고 교육하고 어두운 곳을 밝게 합니다. 그리고 말씀은 닫혀진 마음을 열게 하고, 차가운 것을 덥게 해 주며, 비뚤어진 것을 바로 세워 주고, 울퉁불퉁한 곳을 편편하게 합니다.

그러므로, 신적 신랑은 내 안에 들어오면서, 당신의 발걸음과 목소리로 인해, 외적인 징표를 느끼게 하지는 않습니다. 나는 그분의 움직임이나 감각에 의해서, 당신의 현존을 느끼는 것이 아니라, 내 마음의 움직임으로 압니다. 나는 관능적인 쾌락이나 죄에 대한 혐오감(嫌惡感)을 느끼면서, 은총의 능력을 알게 됩니다.

감춰져 있는 잘못을 미워하고 밝히면서, 나는 그분의 지혜(知慧)를 깊이 찬미합니다. 나는 내 삶을 새롭게 하면서, 그분의 선하심과 온유하심을 체험합니다. 그리고 그 체험의 열매인 내적 쇄신(刷新)이 나로 하여금 그분과 비교할 수 없는 아름다움을 인지(認知)하게 합니다." [119]

성 베르나르도가 위에서 말한 하느님의 말씀을 들으면서, 우리는 영혼을 성화(聖化)시키는 그분의 활동과 현존을 동시에 느낀다.

즉 주입적 관상을 통해 영혼 안에 주어진 하느님의 말씀은, 일반적으로 믿음과 참된 행복 사이를 중개(仲介)하는 인식에 있다.

1395 (3) 주입적 관상은 영혼이 스스로를 자주 인식하는 것보다 더 깊이 하느님을 사랑하게 한다. 이 관상에서 영혼의 의지는 결국 지성(知性)과 다른 방법으로 하느님께 도달한다. 그리고 이 지성은 하느님으로부터 받는 지적인 개념과 표현에 따라서만 진리를 인식한다. 관상기도에서 마음과 의지는 있는 그대로의 현실을 목표로 삼는다. 그래서 주입적 관상기도에서 우리의 지성은 이 세상에서 하느님의 본성을 발견하지 못함에도 불구하고, 하느님을 사랑할 수 있게 한다.

때로 주입적 관상은 하느님을 에워싸고 있는 어둠조차 그분을 향한 영혼의 사랑을 부채질하게 한다. 그리고 이 관상은 영

---

119) ***Serm. in Cant.***, LXXIV, 5-6.

혼으로 하여금 하느님의 현존을 열렬하게 갈망하게 할 뿐이다. 이 관상기도에서 마음의 열정을 통하여, 하느님을 볼 수 없는 신비가(神秘家)는 그분의 얼굴이 가려진 신비를 접하게 된다. 그 결과 이 관상은 영혼으로 하여금 하느님의 무한하신 본질(本質) 안에서 사랑하게 한다.[120]

그럼에도 불구하고 이 관상기도에서는 사랑에 앞서 오는 몇 가지 인식이 있다. 따라서 만일 몇몇 신비가들이 이 인식을 부정(否定)한다면, 그것은 그들이 특별히 감동 받은 것만을 강조하기 때문이다. 그래서 주입적 관상에서 영혼은 신비의 상태에 있을 때조차, 그가 알지 못하는 것을 사랑할 수 없다. "미리 인식하지 않으면 아무것도 욕심내지 않는다"(nil volitum quin praecognitum.).

1396 (4) 주입적 관상기도에도 영혼의 기쁨과 고민이 뒤섞여 있다. 귀한 손님의 방문을 만끽할 수 있는 기쁨이 있는가 하면, 하느님을 온전히 소유할 수 없는 고민도 있다. 하느님의 계획과 신비생활의 단계와 성격에 따라, 관상기도에서 영혼 안에는 기쁨과 고민이 서로 교차(交叉)되기도 한다.

이처럼 주입적 관상기도에서도 영혼의 밤이라 부르는 매우 고통스러운 단계가 있는가 하면, 즐겁고 감미로운 단계가 있다. 십자가의 성 요한과 성녀 샹딸(Chantal)처럼, 신비생활의 시련(試鍊)을 체험하고 특별히 묘사(描寫)하는 영혼들이 있는가 하면, 성녀 예수의 데레사와 성 프란치스코 살레시오처럼 관상에 도취

---

[120] Joannes A S. Thoma, in I^{am} II^{ae}, q. 68-70, disp. 18, n. 11-12; Joret, *Vie spirituelle*, sept. 1920, p. 445-456.

(陶醉)하는 기쁨에 대해 더 호의를 갖고 상술(詳述)하는 성인도 있다.

1397 (5) 주입적 관상에 대해서는 많은 신비가들이 말로 표현할 수 없다고 한결같이 고백하고 있다.

이 관상기도에 대하여 십자가의 성 요한은 다음과 같이 말한다. "영혼이 이 지혜(知慧)를 식별하고 이름을 짓는 것은 불가능하다고 말합니다. 무어라고 이름할 수도 없으며, 무어라고 말하고 싶지도 않고, 그토록 숭고한 지견(知見)과 정묘(精妙)한 영적 감동을 적절하게 표현할 만한 수법이나 양식(樣式)을 발견하지 못합니다. 그러므로 기를 쓰고 표현을 하려 하고 아무리 많은 용어를 구사한다 하더라도, 지혜는 언제나 비밀스러울 뿐 말로 다하지 못할 것입니다….

마치 일찍이 본 일이 없고 그와 비슷한 것도 보지 못한 사람이 무엇을 보았을 때, 그것을 알고 맛보면서도 아무리 애를 써야 무어라 말할 수도 없는 것과 같으니, 감각을 통하여 파악한 일이 이러하다면 감각을 통하지 않고 들어온 것을 어떻게 표현할 수 있겠습니까?"[121]

주입적 관상에서 영혼이 하느님 체험에서 느낀 것을 묘사하는 것이 불가능한 이유를 두 가지로 설명한다. 먼저 정신의 측면에서 볼 때, 영혼은 신적 어둠 속으로 빠져들고, 애매하고 불확실한 방법으로 하느님을 인식하기 때문이다. 다른 측면은, 영혼의 가장 인상적인 현상(現象)은 하느님을 향한 강한 사랑인데, 역시 그분을 체험하긴 하지만 기술(記述)할 수 없다는 것이다.

---

[121] 「어둔 밤」 1. II, ch. 17. p. 157.

1398 (가) 또 드니(Denys)의 표현인, 신적 어두움이 의미하는 것을 먼저 살펴보기로 하자.

"감각과 지식의 세계에서 해방된 영혼은 인식할 수 없는 신비한 어둠 속으로 들어갑니다. 그리고 학문적인 모든 것을 포기하면서, 영혼은 볼 수도 알 수도 없는 분 안에서 길을 잃어 버립니다. 그리고 영혼은 관상기도 안에서 자신이나 다른 어떤 것에도 속하지 않고, 최고의 권위를 가진 분께 완전히 소속됩니다.

관상의 기도에서 영혼은 지식을 포기함으로써, 자신의 가장 고귀한 생명을 통해 숨어 계시는 그분과 일치할 수 있습니다. 그래서 영혼은 주입적 관상기도를 통해 오성(悟性)이 얻지 못할 인식을 지식에서 해방된 무지(無知)에서 얻습니다." [122]

그러므로 주입적 관상에 도달하기 위해, 영혼은 하느님을 지각(知覺)할 수 없는 감각적 인식에서 이탈해야 한다.

관상기도를 통해 영혼은 하느님에 대해 가정(假定)하거나 추상(抽象)을 통해서만 알 수 있는 이성적 인식을 넘어서야 한다. 이러한 이유에서 영혼은 이 세상에서 하느님을 직접 볼 수 없다. 그러므로 주입적 관상기도에서 영혼이 하느님과 일치하기 위해서는 부정(否定)의 길(voie de négation)을 통할 수밖에 없다.

성 토마스는 부정신학(否定神學)에서 말하는 부정의 방법으로 하느님과 영혼의 일치를 설명한다. "부정에서 부정으로 갈수록, 영혼은 피조물보다 더 탁월하게 높이 올려지며, 이 세상에서 할 수 있는 한도 내에서 하느님과 일치합니다. 왜냐하면 현세의 삶에서 우리의 지식은 신적 본질을 볼 수 없고, 단지 하느님이 아

---

122) *Théologie mystique*, ch. I, §3, trad. Darboy.

닌 것을 인식할 뿐입니다. 이 세상에서 가능한 하느님과 영혼의 일치는, 모든 피조물을 능가하는 하느님을 영혼이 바르게 인식할 때 비로소 완성됩니다."[123]

하느님을 바르게 알기 위해서, 이 세상의 개념을 그분께 적용하기에는 우리가 너무 불완전하다. 그러므로 주입적 관상기도를 통해 영혼이 인식하는 모든 것들을 제거한 후에야, 하느님을 만날 수 있다고 한다. 이때 영혼은 신적 어두움 속에 있으며, 비로소 하느님께서 그 영혼 안에 머무신다.[124]

이 점에 대하여 우리는 어떻게 부정적 직관(直觀)이 하느님의 사랑을 밝혀 줄 수 있는가를 질문해 볼 수 있다. 그 대답은, 부정적 직관을 통하여 하느님의 것이 아니라, 하느님이 아닌 것을 알게 된다는 것이다. 즉 부정적 직관은 신적 초월의 깊은 인상을 영혼 안에 일으키게 한다. 그러므로 하느님만이 영혼을 채울 수 있다는 것을 알게 되고, 그분의 선하심과 위대하심을 표현할 수 없는 강렬함으로 사랑하게 된다.

주입적 관상기도는 영혼을 은총의 작용 아래 둔다. 이 관상은 영혼을 가득 채우는 깊은 신심·사랑·신뢰의 행위를 용솟음치게 한다. 그리고 이 주입적 관상기도는 영혼에게 일반적으로 큰 기쁨을 가져다 준다.

1399 (나) 주입적 관상기도가 어려운 이유는, 이 관상에서 맛보는 하느님 사랑을 영혼이 어떻게 표현할지를 잘 모른다는 사실이다.

---

123) *Comment. de div. nomin.*, c. XIII, lect. 3.
124) 성 토마스, *I Sent.*, dist. 8, q. I, a. I, ad 4.

성 베르나르도는 말하기를, "주입적 관상기도는 그 기도 자체가 하느님께 대한 사랑의 노래입니다. 영혼이 마음 안에 일으키는 사랑을 체험하지 않고서는 아무도 이 사랑을 이해할 수 없을 것입니다. 이 사랑을 맛본 사람만이 알 것이며, 체험하지 않은 사람은 이 사랑을 맛보려고 하지도 않습니다. 이 사랑은 어떤 입술의 떨림이 아니고, 마음의 노래입니다. 이 사랑은 결코 입술의 소리가 아니고, 진정한 마음의 기쁨입니다.

하느님 사랑은 영혼 안에서 의지가 조화를 이루는 것이지, 절대로 목소리의 조화가 아닙니다. 하느님 사랑은 그분 밖에서는 들을 수 없고, 이 사랑은 공공연하게 떠들썩하지 않습니다. 이 사랑의 노래는 노래하는 이와 노래를 듣는 이, 즉 신랑과 신부만이 들을 뿐입니다. 관상기도에서 하느님 사랑은 영혼 안에 정결하게 새겨져 있는 감미로움을 표현합니다. 이 하느님 사랑은 신랑과 신부의 애정적 일치이며, 혼인의 노래입니다.

아직 어린 영혼 또는 지금 막 회개한 영혼은 위에서 말한 혼인의 노래를 부를 수 없습니다. 이 혼인의 노래는 잘 훈련되고 진보된 영혼만 부를 수 있기 때문입니다. 그러기에 이 노래는 하느님의 은총 안에서 영적 진보와 덕의 공로를 통해 신랑에게 어울리는 영혼들이 부를 노래입니다." [125]

1400 (6) 십자가의 성 요한은 그의 저서 「어둔 밤」에서 첫 번째 밤에 나타난 주입적 관상 중에 영혼이 메마르고 약할 때, 영혼은 자신의 그 나약함을 잘 인식하지 못한다고 한다. 이 점에 대해서는 나중에, 관상기도가 영혼에게 미치는 효과를 공부하면

---

125) *Serm. in Cantic.*, I, n. 11-12.

서, 그 존재를 확인할 수 있을 것이다. 관상이 감미로울 때, 관상이 아직 약할 때, 초기 상태에 있는 영혼은 이 나약성을 항상 증명하지 못한다. 왜냐하면 단순한 묵상기도와 주입적 관상기도와의 차이점을 찾기가 어렵기 때문이다. 그리고 이 차이점을 영혼이 알아차리지 못하는 사이에 가끔 관상과 묵상기도를 혼동한다.

그러나 주입적 관상이 영혼 안에 강렬해졌을 때, 그는 나약성을 인식한다. 성녀 예수의 데레사가 기술(記述)한 초자연적 기도는[126] 모두 이 관상에 속한다고 말할 수 있다. 관상의 다양한 단계를 설명하면서 이 점에 대해서는 다시 논의하겠다.

1401 결 론

지금까지 우리가 말한 주입적 관상의 본질적 요소는, 영혼 안에서 이루어지는 모두 수동적(受動的) 작용이라 결론지을 수 있다. 이 주입적 관상에서 영혼은 자유와 활동을 잃어 버리지 않고서도, 성령의 인도를 받아 감동하며 그 지도를 받아 행동한다.

그러나 이때 영혼이 느낀 하느님의 현존 또는 하느님 현존의 인식이 모든 관상의 본질적 요소라고 말해서는 안 된다.[127] 왜냐하면 이 인식은 아직 영혼의 첫 번째 「어둔 밤」에서 십자가의 성 요한이 기술한 메마른 관상이라고 확실하게 전적으로 말할 수 없기 때문이다. 그러면서도 하느님 현존 체험은 주입적 관상기도의 중요한 요소들 가운데 하나이다. 고요의 기도에서 변모(變貌)된 일치의 기도까지, 성녀 예수의 데레사가 말한 관상의

---

126) 「완덕의 길」 제31장. 성녀 예수의 데레사는 고요의 기도를 초자연적이라 한다.
127) 또한 P. Poulain (*Grâces d'oraison*, ch. V)은 관상의 근본적인 요소를 하느님의 현존을 느끼는 것에 두었다. 열등한 단계 속에서 하느님은 모호한 방법으로만 그분의 현존을 느끼게 한다고 덧붙인다.

모든 단계 속에서 그 기도의 요소를 찾을 수 있기 때문이다.

제2절
주입적 관상의 유익성

정확히 말해, 주입적 관상에서 영혼은 하느님과 더욱 일치하고 가장 효과적인 은총의 작용 아래 있기 때문에, 이 관상은 단순한 묵상기도의 유익함을 능가한다.

1402 (1) 주입적 관상기도를 통해 하느님께서는 영혼으로부터 더욱 찬양을 받으신다.[128]

ㄱ) 주입적 관상은 하느님의 무한하신 초월성을 표현하는 기도의 순간뿐만 아니라 온종일, 그분의 권위(權威) 앞에 영혼을 무릎꿇게 하면서, 찬양하고 감사하게 한다. 이로 인하여, 이 관상기도에서 영혼이 하느님의 위대하심을 희미하게나마 보게 될 때, 영혼은 그분 앞에서 경건한 마음과 감탄에 사로잡힌다. 이러한 영혼의 모습은 나중에 제1444항에서 말할 고요의 기도처럼, 영혼은 감정을 자신 안에서 억제할 수 없어, 하느님께 감사하고 찬미하도록 모든 피조물을 초대한다.

ㄴ) 주입적 관상기도에서 하느님께 대한 찬미는 성령의 작용을 통해 영혼에게 더욱 직접적으로 권고(勸告)된다. 그 결과 관상기도 중에 영혼은 하느님께 영광을 드리고, 그분을 더욱 기쁘게 해 드린다. 그리고 성령을 통하여 먼저 겸손과 큰 열정으로

---

128) 십자가의 성 요한, *Vive flamme*, 3 Str., v. 5 et 6.

하느님을 흠숭(欽崇)하게 된다.

성령은 하느님을 흠숭하는 것이 영혼의 의무이며, 또 그분의 영광을 노래하기 위해 영혼이 창조되었음을 이해시켜 준다. 주입적 관상기도 중에 성령은 영혼이 큰 열정으로 하느님의 사랑을 노래하도록 새로운 선과 그윽한 향기로 그 영혼을 가득 채운다.

1403 (2) 영혼은 주입적 관상기도를 통해 더욱 거룩해진다. 이 관상기도는 많은 빛과 사랑과 덕을 영혼 안에 심어 주기 때문에 흔히 이 관상을 완덕에 이르는 지름길이라 부른다.

(가) 주입적 관상은 영혼을 성화시키고 이루 말할 수 없는 방법으로 하느님을 알게 한다. 그래서 십자가의 성 요한은 그의 저서 「사랑의 산 불꽃」에서 다음과 같이 말한다. "이 주입적 관상기도를 통해 하느님께서는, 영혼의 특별한 행위 없이도, 사랑의 인식과 지혜를 영혼에게 주십니다." [129]

물론 영혼은 이 사랑의 인식을 통해 성화된다. 주입적 관상은 앞서 우리가 독서나 개인적인 숙고(熟考)를 통하여 배웠던 것을 체험으로 알게 한다. 그리고 이 관상은 영혼으로 하여금 연속적인 행위를 분석했던 것을 종합적으로 보게 해 준다.

이것을 십자가의 성 요한은 다음과 같이 잘 설명해 준다. "하느님께서는 유일하시고 단순하신 당신 실존(實存) 안에 당신 속성의 모든 덕과 탁월함을 지니고 계심을 알아야 합니다. 하느님께서는 자비로우시고 선하시며 지혜로우십니다. 정의로우시고 강하시며, 사랑이 넘치는 그분은 영혼들이 알지 못하는 다른 모

---

129) 십자가의 성 요한, *Vive flamme*, 3 str., vers. 3, n. 6.

든 무수한 속성(屬性)과 덕(德)을 소유하십니다.

하느님께서는 당신의 단순한 실존 안에 계시므로, 당신과 일치된 영혼에게 당신 속성(屬性)에 대한 인식을 어느 정도 보여 주시는 것을 기뻐하십니다. 그러면 영혼은 하느님 안에서 이 모든 덕과 탁월함 즉 전능(全能), 전선(全善), 자비(慈悲) 등을 분명하게 볼 수 있는 것입니다. 마찬가지로 영혼은 하느님의 모든 속성(屬性)을 성부·성자·성령이신 한 위격(位格) 안에서, 하느님의 실존 자체를 알아보는 것입니다.

모든 속성은 하느님 자신이십니다. 그래서 이미 말한 대로, 하느님께서는 무한한 빛이시고, 셀 수 없는 속성들과 덕들 안에서 빛과 열을 쏟으십니다. 이렇게 함으로써 하느님의 속성은 영혼을 비추는 사랑의 등불인 것입니다." [130]

이때 비로소 우리는 성녀 예수의 데레사의 말을 이해할 수 있을 것이다. "그러나 만일 주님께서 친히 오성(悟性)의 작용을 멈추게 해 주신다면 찬탄할 만한 어떤 대상을 마련해 주시어 추리(推理) 작용을 거치지 않고도 사도신경(使徒信經)을 한번 외울 만한 사이에, 우리가 몇 년을 걸려 온갖 힘을 다해 애써서 이해하는 것보다 훨씬 더 많은 진리를 나타내 보이십니다." [131]

물론 주입적 관상기도에서 하느님의 빛이 영혼에게 명확하게 보이지 않고 혼합된, 매우 구별하기 힘든 경우가 있다. 그러나 그때라도 이미 제1398항에서 설명했듯이, 하느님의 빛은 영혼에 깊은 감명을 준다.

---

130) *Vive flamme*, 3ᵉ str., v. I.
131) 「천주 자비의 글」 XII, p. 160.

1404 (나) 주입적 관상기도에서 영혼은 하느님의 빛을 따라 매우 열렬한 사랑을 낳는다. 십자가의 성 요한에 따르면, 이 사랑은 다음 세 가지로 특징지을 수 있다.

ㄱ) 먼저 영혼은 스스로 하느님을 사랑하는 것이 아니라 하느님을 통해 그분을 사랑한다. 이 사랑은 영혼이 정말 감탄할 탁월(卓越)함이 있다.

왜냐하면 영혼은 성부와 성자께서 서로 사랑하시듯, 성령을 통하여 하느님을 사랑하기 때문이다. 이 사랑에 대하여 성자께서는 요한 복음에서 이렇게 말씀하신다. "그것은 아버지께서 나를 사랑하신 그 사랑이 그들 안에 있고, 나도 그들 안에 있게 하려는 것입니다."[132]

ㄴ) 두 번째 사랑의 탁월함은, 영혼이 하느님 안에서 하느님을 사랑하는 것이다. 왜냐하면 이 열렬한 일치 안에서, 영혼은 하느님의 사랑에 몰두하게 되고, 하느님께서는 뜨거운 사랑으로 영혼에게 몰두하시기 때문이다.

ㄷ) 마지막 이 사랑의 탁월함은, 영혼이 하느님을 그 모습대로 사랑하는 것이다. 말하자면 하느님께서는 영혼에게 너그러우시고 선하시며, 영광스럽게 나타나시기 때문이다. 그리고 영혼은 본질적으로 하느님께서 우리의 모든 것이기 때문에 더욱더 그분을 열렬하게 사랑해야 한다.

이제 우리는 성 프란치스코 살레시오와 함께 다음과 같이 말할 수 있다. 하느님을 위한 영혼의 이 사랑은 체험적인 인식에 그 기초를 두고 있기 때문에 더욱 열렬하다. 이와 같이 "떠오르

---

132) 요한 17, 26.

는 태양의 아름다움을 찬미하는 좋은 시력을 가진"[133] 영혼은, 말로만 들어서 알고 있는 태생 소경보다 빛을 더 사랑한다. 주입적 관상기도로 하느님의 사랑을 누리는 영혼은 지식을 통해 하느님을 아는 영혼보다 훨씬 더 하느님을 사랑하게 된다.

"선(善)에 대한 체험은 영혼이 가질 수 있는 모든 지식보다 영혼을 더욱 사랑스럽게 해 주기 때문입니다."라고 젠느(Gênes)의 성녀 카타리나는 말한다. 성녀는 하찮은 신학자 오샴(Ocham)보다 하느님을 훨씬 더 사랑하였다. 신학자 오샴은 하느님을 지식으로 더 잘 알고 있었지만, 성녀는 체험으로 하느님을 더 잘 알고 있었다. 그리고 성녀의 이 체험은 세라핌(séraphique)적 사랑 속에 영혼이 커 나가도록 이끌었다.

성녀는 관상기도를 통해 하느님 사랑이 증가하는 것은, 사랑이 관상기도를 보다 쉽게 하며 관상이 하느님 사랑을 더욱 자라게 하기 때문이라고 말한다. "왜냐하면 사랑으로 인해 영혼이 관상적 관심을 갖게 되면 이 관심은 하느님과 영혼 사이에 더 크고 더 열렬한 사랑을 낳습니다. 그리고 이 하느님 사랑이 사랑하는 것을 지나갈 때, 영혼은 결국 완덕의 옷으로 단장하게 됩니다….

사랑은 사랑하는 사람의 아름다움을 주의 깊게 늘 바라보게 합니다. 그리고 이 사랑의 시선은 더 강렬한 사랑을 하도록 강요합니다."[134]

위에서 성녀 카타리나가 말한 뜻은, 어떻게 많은 성인이 그처럼 하느님과 이웃을 뜨겁게 사랑할 수 있었는가를 설명해 주고

---

133) *Amour de Dieu*, 1. VI, ch. 4.
134) Ibid., ch. 3

있다.

1405 (다) 주입적 관상기도는 영혼으로 하여금 사랑을 실천하게 한다. 이 사랑은 모든 윤리덕, 특히 하느님 뜻에 일치하면서 겸손하게 자기 포기(拋棄)를 실천하게 한다. 관상기도를 통해 가끔 신비가(神秘家)들이 맛보았던 엄청난 시련(試鍊) 속에서도, 영혼은 영적 평화와 기쁨을 누리게 된다. 이 점에 대해서는 앞으로 제1440항 등에서 주입적 관상의 여러 단계를 분석하면서, 더 자세히 살펴 볼 것이다.

제3절
관상으로 부르시는 성소의 징표

1406 우리는 지금 여기에서 모든 세례자들을 관상에서 멀어지게 하고 일반적인 부르심에 논쟁의 대상이 되는 문제는 옆에 두기로 한다. 우리는 가능한 한, 관상 성소(聖召)에 기반을 두고, 다음 두 가지 문제를 설명하고자 한다.
   Ⅰ. 하느님께서는 누구에게 관상의 은총을 주시는가?
   Ⅱ. 관상의 성소에 대한 개인적 징표는 무엇인가?

Ⅰ. 하느님께서는 누구에게 관상의 은총을 주시는가?

1407 (1) 이미 제1387항에서 말했듯이, 관상은 본질적으로 하느님께서 영혼에게 무상(無償)으로 주시는 은총이다. 그러기에

하느님께서는 당신께서 원하시는 영혼에게, 당신이 원하시는 때에, 당신께서 원하시는 방법으로 관상의 은총을 주신다. 그럼에도 불구하고, 일반적이고 정상적인 방법은, 하느님께서 보시기에 잘 준비된 영혼에게 관상의 은총을 주신다는 사실이다.

예외로, 특별한 방식으로 악마(惡魔)의 손아귀에서 영혼을 구하기 위해, 하느님께서는 가끔 덕(德)이 없는 영혼들에게도 관상을 허락하신다.

이 점에 대하여 성녀 예수의 데레사는 다음과 같이 말한다. "하느님께서는 당신 것으로 삼으시고자 관상의 길로 이끄시는 영혼들이 있습니다. 그들이 못쓰게 된 것을 보시더라도, 그들이 나쁜 상태에 있고 덕이 부족하다 하더라도 맛과 기쁨과 잔정을 주시어 이들의 마음을 움직이게 하시고, 때로는 잠시 동안이나마 관상에 들어가게 해 주십니다.

이렇게 함으로써, 영혼들이 마음을 바로잡아 앞으로는 자주 당신을 누리려 하는지를 시험해 보시려는 것입니다."[135]

1408 (2) 그런가 하면, 어릴 때부터 하느님께서 관상으로 부르신 특별한 은총을 받은 영혼들도 있다. 예를 들어, 성녀 리마(Lima)의 로사와 성녀 아기 예수의 데레사가 바로 그들이다. 또 덕의 진보와는 관계없이 매우 빨리 관상에 진보하고, 이끌리는 영혼들도 있다.

이것을 성녀 예수의 데레사는 다음과 같이 설명한다. "그에 대해 지금 기억나는 한 영혼이 있습니다. 삼일만에 하느님은 크나큰 선으로 그 영혼을 부유하게 만드셨는데, 만일 이미 진보한

---

135) 「완덕의 길」 16장. p. 128.

수년 간의 경험이 늘 성장하는 진보와 합쳤더라도 나는 믿을 수 없었을 것입니다. 나는 그 영혼의 진보를 불가능한 것처럼 바라보았습니다. 또 석 달만에 이같이 된 영혼도 있었답니다. 이들은 둘 다 아직 매우 어렸습니다.

다른 한 영혼은 아주 오랜 수련 끝에서야 이 은총을 받는 것을 보았습니다…. 우리에게 은혜를 베푸시는 매우 열정적이고 크신 주인의 한계를 정할 수는 없습니다."[136]

1409 (3) 그러나 일반적으로 하느님께서는 이탈(離脫)과 덕의 실천, 묵상기도를 위한 수련(修鍊)과 정감적 묵상기도의 실천으로 준비된 영혼을 관상에로 들어올리시기를 좋아하신다.

이것은 성 토마스[137]의 가르침이다. 성인은 윤리덕의 실천을 통해 욕정(欲情)을 죽인 다음에야 영혼은 관상에 이를 수 있다고 말한다(제1315항 참조).

십자가의 성 요한 역시 성 토마스의 사상을 긍정한다. 성 요한은 이와 같은 교의를 「가르멜의 산길」과 「어둔 밤」에서 자세히 말한다. 관상에 도달하기 위해서는 가장 보편적이고 가장 완전한 가난을 실천해야 한다는 것이다. 그런데도 관상가(觀想家)가 매우 적은 이유는, 영혼이 자기 자신과 피조물에서 완전히 이탈하는 사람이 매우 적기 때문이라고 덧붙인다.

"이리하면, 영혼은 순전한 영적 빈곤 속에 자리잡게 되고, 그때 영혼은 순수하고 단순하게 되며 성자(聖子)의 것인 순수하고 단순한 신적 지혜 속에서 변모될 것입니다."[138]

---

136) *Pensées sur le Cantique des Cantiques*, ch. VI.
137) 「신학대전」 2부 2편, 180문, a. 2.
138) 「가르멜의 산길」 l. II, 13장.

성녀 예수의 데레사는 끊임없이 관상으로 되돌아오면서, 특히 겸손을 강조한다. "이상의 궁방(宮房)에서 할 일이 끝난 다음에 할 일은 겸손 오직 겸손인 것입니다. 우리가 주님께 바라는 모든 것을 당신이 들어 주시는 것은 이 겸손 때문입니다…

나더러 말하라면, 하느님께서 이 은혜를 내려 주시는 사람들이란 이 세상 모든 것을 버린 사람들이라 말하고 싶습니다. 버린다는 말은 실제로 빈털터리가 된다는 뜻이 아닙니다. 신분이 이를 허락하지 않고 또 그럴 수도 없습니다. 마음으로 버린다는 뜻이니 하느님께서 그런 사람들을 특별히 부르시어 내적 생활에 정신을 쓰도록 해 주시는 것이며, 우리가 당신의 뜻을 거역하지 않는다면, 주님은 이 은혜뿐만 아니라 보다 더 높은 데로 우리를 불러 주실 것입니다." [139]

1410 (4) 영혼이 관상기도에 이르기 위해서는 다음과 같은 주요한 덕을 실천해야 한다.

ㄱ) 이 관상은 영혼을 어지럽게 하고 죄로 이끌 수 있는 모든 것을 완전히 끊어 버리는 마음의 순결을 필요로 한다.

예를 들어, 영혼의 습관적인 결점(缺點)은 하느님과의 일치를 방해한다.

십자가의 성 요한의 글을 인용하면 "보통으로 말을 많이 하는 버릇, 절대 버릴 마음이 없는 어느 것에 대한 집착… 예를 들면 사람, 옷, 책, 방 같은 것에 대한 집착, 그리고 음식과 쓸데없는 대화와 무엇에서 만족을 느끼려 함과 알고 싶어하고 듣고 싶어하는 그 외의 여러 가지 것들입니다."

---

[139] 「영혼의 성」 제4궁방, II~III장, p. 88, 92-93.

성인은 다음과 같이 그 이유를 든다. "여기 한 마리의 새가 묶여 있다고 합시다. 가늘거나 굵거나 간에 묶은 줄이 끊어지지 않아 새가 날지 못한다면… 이와 같이 어느 것에 집착을 끊지 않는 영혼은, 비록 덕이 많다 하더라도 하느님과 이루는 합일의 자유에 도달하지는 못합니다."[140]

1411 ㄴ) 마음의 순결에서 볼 때, 호기심은 영혼을 사방으로 흩어 버리며 불안과 걱정으로 이끈다. 그러기에 관상에 이르기 위해 직무에 충실하는 영혼들은 자주 자신의 호기심을 절제(節制)해야 하고, 그 동기를 정화(淨化)시켜야 한다.

마음의 순결은 묵상기도 안에서 영혼에게 추리(推理)를 버리고 줄일 줄 알게 한다. 그리고 이 순결은 하느님께 단순한 사랑의 시선만을 갖게 하면서, 영혼의 감정을 단순하게 한다. 이 주제에 대하여, 십자가의 성 요한은, 자신들이 지도하는 모든 영혼에게 자기 중심적인 추리 묵상만을 끊임없이 강요하는 어설픈 지도자들을 심하게 나무란다.[141]

1412 ㄷ) 관상의 부르심에 충실히 응답하기 위해 자기 포기와

---

140) 「가르멜의 산길」 I권, 11장, p. 79-80.
141) "그는 더 이상 알지 못하고 묵상을 하기 때문에 영혼에게 다음과 같이 말할 것입니다. 자, 그런 휴식 따위는 집어치우십시오. 그 묵상은 순전히 무위에 지나지 않으며 시간 낭비니 차라리 주제를 잡고 묵상을 하십시오. 그리고 내적인 행위를 실천하십시오…. 그 외 다른 모든 것은 착각이며 기만일 뿐입니다…. 이같이 말하는 영적 지도자들은 잠심이라든가 영혼의 영적 고독과 그 특성들을 조금도 이해하지 못하며, 이 고독 가운데서 하느님께서는 우리에게 숭고한 도유를 통해 영혼을 부요하게 해 주심을 모릅니다. 이들은 하느님의 도유에 매우 천박한 영성 수련의 다른 향유를 섞고 포개 놓으며, 이를 행하도록 강요합니다"(*Vive flamme*, 3ᵉ strophe, v. 3, n. 8, p. 216-217). 성녀 예수의 데레사는 또한 일요일까지 추리적 묵상을 하게 하는 지도자들에 대해 불평했다(「천주 자비의 글」 XIII장).

의지의 절제를 통한 영혼의 순수성을 확립해야 한다(제480항-제497항).

ㄹ) 관상을 위해 영혼은 모든 것을 복음적 권고에 따라 살 수 있도록 강한 믿음이 있어야 한다(제1188항).

ㅁ) 관상의 은총을 얻기 위해 우리의 모든 행위를 기도로 바꾸어 놓을 수 있는 경건한 침묵이 요구된다(제522항-제529항).

ㅂ) 끝으로, 관상을 위해 영혼은, 특히 모든 시련(試鍊)을 기쁘게 받아들이고, 자기희생과 열렬하고 너그러운 사랑(제1227항-제1235항) 등을 실천해야 한다.

Ⅱ. 관상의 성소에 대한 개인적 징표는?

1413 한 영혼이 의식적이든 무의식적이든 관상기도를 할 준비가 되었을 때, 추리(推理) 묵상을 떠나야 한다는 것을 하느님께서 영혼에게 알려 주시는 순간이 온다.

이 점에 대하여 십자가의 성 요한은 영혼이 이 순간을 알 수 있는 징표가 세 가지 있다고 말한다.[142]

(1) 첫 번째 관상의 성소에 대한 징표는 다음과 같다. "상상력을 가지고 추리 묵상을 도저히 할 수 없고 그전처럼 통 맛이 없음을 발견합니다. 전 같으면 으레 감성이 뿌리를 내리고 단물을 빨았던 것이 이제는 도리어 아무런 맛도 없습니다. 그러나 묵상을 하는 중에 아직도 재미가 있고 추리도 할 수 있으면 그 동안은 묵상을 놓을 때가 아닙니다. 영혼이 평화와 고요 속에

---

142) 세 가지 징표에 대한 설명은 「가르멜의 산길」 제2권 13장에 있다.

안정될 수 있는 그 때라야 하는 데 이 점에 대해서는 세째 징표에 가서 이야기할 것입니다."[143]

성인은 덧붙여서 이 싫증의 원인은, 영혼이 이미 추리 묵상으로 하느님의 일에서 발견할 수 있는 영성의 가치를 모두 받았기 때문이라고 한다. 그래서 영혼은 이제 그전처럼 추리 묵상을 다시 더 할 수 없을 뿐만 아니라, 전 같으면 느꼈을 재미와 맛을 새삼 느낄 수 없는 것이 바로 징표가 되는 것이다. 이제 영혼에게는 새로운 기도 방법이 필요하게 된 것이다.

1414 (2) 두 번째 관상의 성소에 대한 징표는, "마음의 안팎을 가릴 것 없이 개별적인 어느 일에 대해 상상하거나 감정을 두기가 딱 싫어짐을 보는 것입니다. 오가는 상상마저 없다는 말은 아닙니다(정신 집중이 잘된 때라도 상상력은 묶여 있지 않습니다). 다만 그런 일에 일부러 재미를 붙이지 못한다는 것입니다."[144]

이것을 십자가의 성인은 다음과 같이 설명하고 있다. "이 때를 맞아 영혼이 기도를 드릴 때, 마치 물을 곁에 둔 사람처럼, 애쓰지 않고서도 시원하게 마실 따름입니다. 이미 지나간 사유나 영상이 필요치 않습니다.

이러므로 영혼이 하느님의 현존에 놓이는 즉시, 아스라하고 사랑겹고 화평스럽고 조용한 깨우침이 생겨, 영혼은 슬기와 그윽한 맛을 음미하게 됩니다. 이렇듯 조용하게 있는 것을 사람들이 일부러 묵상을 시킨다거나 부분적인 인식에 머리를 쓰게 할

---

143) 「가르멜의 산길」 제2권 13장 2.
144) 「가르멜의 산길」 제2권 13장 3.

때, 그 영혼이 헛수고를 하고 언짢음을 느끼는 데에는 까닭이 있습니다.

마치 젖먹이가 어머니의 가슴에 착 달라붙어서 열심히 젖을 빨고 있는데, 그를 젖가슴에서 떼어놓고는 새삼스레 젖을 모아 먹이려고 부지런히 젖통을 쥐어짜게 하는 것과 같은 것입니다."[145]

1415 (3) 세 번째 관상의 성소에 대한, "가장 확실한 징표는 이것입니다. 영혼은 하느님을 사랑으로 우러러 보면서 혼자 있기를 좋아합니다. 이런저런 생각도 없이, 그윽한 평화와 고요와 안식 속에서, 기억·이성·의지의 작용이나 이리저리 오가는 추리의 움직임도 없이 오직 하나 우리가 사랑스럽다 일컫는 공변된 지견(知見)이 있을 따름, 그 밖의 남은 것들이야 무엇이건 알려고 하지 않는 법입니다."[146]

"그러나 여기서 주의할 일은, 지금 말하는 이 지견(知見, connaissance)이 때로는 어찌나 섬세하고 미묘한지, 한껏 맑고 순수하고 완전하면 할수록 그만치 영(靈)스럽고 그윽해서, 영혼이 그 불림을 받지마는 낌새를 채지도 느끼지도 못한다는 것입니다. 그렇습니다. 지견 자체가 한껏 맑고 순수하고 완전할수록 더욱 그렇다는 것은 방금 말한 그대로입니다.

그러면 그렇게 되는 때가 언제인가 하면 지견이 아주 말끔한 영혼 안에 들어올 바로 그 때인 데, 그 경우 영혼은 이성과 감성이 파악할 수 있는 부분적인 지각을 초월합니다…. 지견이 한

---

145) 「가르멜의 산길」 제2권 14장 2.
146) 「가르멜의 산길」 제2권 13장 4.

껏 맑고 순수하고 완전할수록 이성이 이를 더욱 느끼지 못하고 깜깜하게 보이는 것은 이 때문입니다. 그 반면 이 지견 자체가 덜 맑고 덜 순수할수록 이성에는 더 밝고 더 크게 보이는 법인데, 어느 알 만한 꼭두에 지견이 뒤섞이고 씌워져서 이성이나 감성이 가로막기 때문입니다.

이것은 다음의 비유로 그 뜻을 잘 알아들을 수 있습니다. 유리창으로 햇살이 들어올 때, 그 빛살에 먼지와 미립자가 자욱할수록 우리 시각에는 만져질 듯이 더욱 밝게 느껴집니다. 하지만 미립자가 없다면, 덜 느껴집니다."[147]

이와 같은 현상이 영혼의 시각(視覺)인 영적인 빛에도 일어난다. 그 빛이 한껏 밝을 때면, 이성의 눈을 어둡게 만들어 준다. 그러나 영혼 안에 들어오는 빛이 몇 가지 지성을 반사한다면, 인식하기 쉽게 되고, 영혼은 더 밝다고 느낀다.

1416 여기서 우리는 십자가의 성 요한과 함께, 관상의 성소에 대한 이 세 가지 징표가 매우 안심할 수 있기 때문에, 영혼은 묵상을 버리고 관상으로 들어가도 좋다는 것을 지적한다.

성인은 덧붙여서, 관상에 들어가는 영혼이라도, 관상의 첫 순간에는 추리 묵상을 가끔 이용하는 것이 매우 유익하다고 말한다. 만일 영혼이 관상의 고요 속에 아직 익숙하지 않을 때, 그에게 추리 묵상은 더 필요할 것이다. 그러므로 지견(知見)에 대한 관상기도의 습성(習性)을 얻기까지 영혼은 추리 묵상을 이용해야 한다.[148]

---

147) 「가르멜의 산길」 제2권 14장 8.
148) 「가르멜의 산길」 2권 13장.

결 론 : 관상의 열망에 대하여

1417 주입적 관상은 완덕으로 나아가는 탁월한 방법이므로, 많은 영혼이 열망하도록 허락되어 있다. 그러나 하느님의 뜻에 순종하는 포기를 통해 겸손해야 한다는 조건이 붙는다.

ㄱ) 영혼이 관상을 열망하는 것은, 그 관상 기도에 수많은 영적 유익이 있기 때문이다(제1402항). "관상은 영혼에게 마치 물을 주는 것과 같아서 덕을 자라게 하고, 굳건하게 하며, 거기에서 완덕을 얻게 한다."[149]

ㄴ) 그러나 영혼이 하느님으로부터 관상의 은총을 받기 위해서는, 자신이 아직 너무나 부당하다는 확신을 갖고 있어야 한다. 이 말은 하느님의 영광과 영혼의 선익(善益)을 위해서만 관상해야 하기에 참된 겸손의 열망이 있어야 한다는 것이다.

ㄷ) 관상은 영혼이 하느님을 기쁘게 해 드리는 모든 조건을 따르는 데 있다. 그러므로 그 조건이 비록 비현실적(非現實的)이라도, 결코 서둘러서는 안 된다. 관상은 일반적으로 영혼에게 대신덕(對神德)과 윤리덕의 실천을 전제로 한다는 사실을 되새기게 한다. 그러기에 우리가 이미 지적한 덕행을 오랫동안 실천하기 전에, 영혼이 관상을 열망한다는 것은 매우 주제넘은 것임을 상기(想起)할 것이다.

만일 관상이 영혼에게 말로 다할 수 없는 기쁨을 준다면, 어떤 어렵고 고통스러운 시련(試鍊)이 따르더라도, 용감한 영혼들

---

[149] Congrès carmélitain de Madrid, thème VI.

만이 하느님의 은총으로 이 관상을 지탱할 수 있다는 사실을 알아야 한다.

  이 점에 대해서는 관상의 여러 단계를 묘사할 때 더 상세하게 지적할 것이다.

제2장 관상의 여러 단계

1418 주입적 관상의 모습은 모든 영혼에게 똑같지 않다. 하느님께서는 여러 은사를 통하여, 영혼들의 다양한 성향(性向)과 기질(氣質)에 따라 관상의 은총을 주시기 좋아하신다. 또 하느님께서는 관상하도록 도와 주시면서 딱딱한 틀 속에서 영혼의 행동을 제재(制裁)하지 않으신다. 그래서 많은 신비가(神秘家)의 글을 읽어 보면, 관상의 매우 다양한 형태들을 찾을 수 있다.[150]

그럼에도 불구하고, 관상은 이러한 영혼의 다양성을 통해 확실한 일치를 갖게 한다. 이 영혼의 일치는 영성 저자들로 하여금 신비가들을 통해 언급된 단계들을 분류하게 해 준다.

우리는 여기에서 여러 저자들이 선택한 모든 분류(分類)를 전부 다루지는 않겠다.[151] 왜냐하면, 여러 저자들이 보는 관점에

---

150) Cf. *La Mère Suzanne-Marie de Riants de Villerey; Ami du Clergé*, 1923년 8월 2일, p. 488.
151) M. J. Ribet, *Mystique divine*, t. I, ch. X, 은 주된 분류를 세고 있다. Alvarez de Paz는 이를 15개로 꼽는다. 진리의 직관, 영혼의 힘이 갖는 내적인 집중·침묵·휴식·일치, 하느님 말씀의 청취·영적 수련·황홀경·육체적 발현·상상적인 발현·지적 환시·신적 어두움·하느님의 발현·하느님의 직관적 환시(Schram은 더 완전하고 더 불명료한 리스트를 준다). P. Scaramelli는 12단계로 나눈다. 정신 수렴·영적 침묵·무념 무상·사랑에 취함·영적 잠·사랑의 갈증과 불안·신적 접촉·단순한 신비적 일치·황홀경·완전하고 안정된 일치. - P. Phillippe de la T. Ste Trinité는 이를 여섯 단계로 나눈다. 정신 집중·무념무상·일상적인 일치·신적 직관·황홀경·영적 결혼 등이다.

따라 다소 많은 단계로 구분했으나, 실제로는 같은 모습의 다양한 형태를 구성한 것을 여러 단계로 나눌 수 있기 때문이다.

1419 많은 영성가들은, 성녀 예수의 데레사와 십자가의 성 요한을 하느님과 영혼의 신비적 일치에 대해 가장 유명한 신비신학 박사들로 인정한다. 그러기에 우리는 여기서 이 두 성인이 말하는 관상의 여러 단계를 분류하면서 그 조화를 시도(試圖)하고자 한다. 이와 같은 관상의 여러 단계는 영혼 안에 하느님의 나라가 차츰 커 나간다는 사실을 뜻한다.

(1) 일반적으로 관상에서는 영혼들이 본성적(本性的) 활동에 따른 자유로운 감각들과 열등 의식의 요인들을 일단 옆에 제쳐 둔다. 그 이유는 영혼으로 하여금 하느님 안에 전적으로 사로잡히게 하는 데 있다. 이것을 우리는 고요(quiétude)의 기도라 한다.

(2) 그런가 하면 관상에서 외적인 감각을 그 활동 속에 내버려두고, 내적인 모든 능력들을 영혼이 장악할 때, 이것을 충만한 일치(union pleine)라 한다.

(3) 관상에서 영혼이 외적 또는 내적인 모든 능력을 동시에 장악할 때, 이것을 황홀한 일치(union extatique), 즉 영적 약혼(約婚)이라 한다.

(4) 끝으로, 관상에서 일시적인 방법이 아닌 안정되고 영속적인 형식으로, 영혼이 내적 외적 요인들을 모두 장악할 때, 이것을 영적 결혼(結婚)이라 한다.

이와 같이 성녀 예수의 데레사는 관상의 네 가지 단계를 위에서 말하는 것처럼 구분하였다.

이 점에 대하여 십자가의 성 요한은, 관상의 네 단계에다가 영혼이 갖는 두 개의 밤이라 하는 수동적(受動的) 시련을 덧붙인다. 그 첫째는, 영혼이 일종의 메마르고 고통스러운 가운데 갖는 고요의 기도이다. 둘째는, 영혼이 영적 결혼에 앞서 총괄적으로 모두를 포함하는 수동적 시련인데, 충만한 일치와 황홀한 일치 안에 있다.

이제 우리는 이 관상의 단계를 다음과 같은 순서에 따라 살펴볼 것이다.
    제1절 고요의 일치 기도,
    제2절 충만한 일치 기도,
    제3절 황홀한 일치 기도(영적 약혼),
    제4절 변모된 일치 기도(영적 결혼).

제1절
고요의 일치 기도

일반적으로 고요의 일치 기도는, 영혼이 하느님 안에서 감미로움을 느끼기 전, 먼저 메마른 형태로 나타난다.

I. 메마른 고요의 기도 또는 감각의 밤

1420 우리는 주입적 관상기도를 위해 무엇보다 먼저 마음의 순수성(pureté)을 가져야 한다고 말하였다. 그런데 완덕으로 진보한 영혼들조차 아직 많은 불완전한 성향(性向)을 그대로 간직

하고 있음을 볼 수 있다. 이미 우리가 제1264항에서 보았듯이 많은 진보자들도, 그들의 나약함으로 인해 칠죄종(七罪宗)이 자기 안에 다시 태어남을 느낀다.

관상의 더 높은 단계로 영혼들을 준비시키고 정화하기 위해, 하느님께서 다양한 시련(試鍊)을 보내시는데, 이것을 수동적 시련이라 부른다. 하느님께서는 영혼의 정화(淨化)를 위해 이 시련을 주시기에, 영혼은 인내 안에서 이 시련을 순수하게 받아들여야 한다.

십자가의 성 요한이 「어둔 밤」에서 기술한 것보다, 이 시련에 대하여 정확하게 표현할 사람은 아무도 없다. 그래서 성인은 영혼의 이 어두운 밤을 가리켜 시련의 밤이라 부른다. 어떤 한도 내에서 감각적 능력을 영혼에 복종시키기 위해, 그것을 방해하는 것은 하느님의 작용이기 때문이다. 이때 영혼은 일종의 어두운 밤에 잠기게 된다.

성인은 영혼의 어두운 밤을 두 개의 밤으로 구분한다. 첫째 밤은, 특히 영혼으로 하여금 모든 감각적인 것으로부터 이탈(離脫)하게 하는 데 관여한다. 그래서 이 밤을 감각적(感覺的) 밤이라 부른다. 그리고 둘째 밤은, 영혼을 이기적인 사랑과 영적인 위로(慰勞)에서 떼어 내게 한다.

1421 우리는 여기에서 첫 번째 밤만을 다루기로 한다. 십자가의 성 요한은 말하기를 "하느님께서는 영혼을 이 감성의 밤에 두심으로써 감각을 낮은 부분에서 정화시키어 영에 맞추고 일치하도록 하십니다."[152]

---

152)「어둔 밤」 I편. 11장.

감성의 밤은 복잡한 영혼의 상태이며, 빛과 어두움, 하느님의 강한 사랑과 메마름이 예기치 않게 뒤섞이기 때문에 현실적으로 무능력하다. 그래서 이 감성의 밤에서 영혼의 상태는 허울좋은 자기 모순(矛盾, contradiction)에 빠지기 때문에 분석하기 매우 힘들다.

따라서 십자가의 성 요한에 대한 저서들은, 우리가 다음과 같이 제시하려는 맥락에서 읽어야 할 것이다.

(1) 영적 밤의 구성 요소,
(2) 영적 밤에 동반되는 시련,
(3) 영적 밤에서 영혼이 정화되는 유익.

(1) 영적 밤의 구성 요소

1422 (가) 영적 어두운 밤에서 가장 중요하고 첫째 가는 것은, 하느님께서 영혼에게 부여하기 시작한 주입적 관상이다. 그러나 이 관상은 매우 비밀스럽고 어두운 방법으로 오기 때문에, 영혼은 이 관상을 잘 인식하지 못하고 고통과 괴로운 느낌만을 받는다.

이에 대한 십자가의 성 요한의 말은 다음과 같다. "감성에게는 어둡고 메마른 관상의 시초입니다. 이 관상은 이를 하는 사람도 모르게 은밀한 것으로 보통으로는 감성을 비우고 메마르게 하는 동시에, 사람으로 하여금 고요히 혼자 있게 하고 또 그 길에 있기를 좋아하게 만듭니다. 따라서 그 사람은 어느 개별적인

---

153)「어둔 밤」 1편 9장. 6.

것을 생각할 수도 없고 생각할 마음조차 없게 됩니다." [153]

이와 같은 영혼의 상태를 더 잘 이해시키기 위해 성인은 다음과 같은 비유를 든다. "목재에 불이 붙을 때에 맨 처음으로 하는 일은 말리기로, 습기를 밖으로 내뿜게 하고 목재에 배어 있는 수분이 우러나게 합니다. 다음에는 어둡고 검고 보기 흉한 색깔이 되면서 고약한 냄새까지 나기 마련인 데, 차차 말라 들어가면서 불이 당겨지고 불과 상극인 모든 어둠과 더러움을 밖으로 몰아냅니다. 그러다가 마지막에는 나무를 태워 열을 올리고 변화시켜서 불 자체와 같이 아름답게 만듭니다." [154]

이처럼 주입적 관상에 나타난 영혼에 대한 하느님의 불도 이와 같다고 할 수 있다. 이 불은 영혼을 당신께 동화(同化)시키기에 앞서 먼저 불과 상극(相剋)이 되는 일체의 요소들을 없애 준다. 그래서 영혼으로 하여금 더러움을 내몰아 검고 어둡게 하여 평소보다 훨씬 더 추하고 지겹게 만들어 준다.

그 결과 하느님의 불은 영혼에게 자신 안에 그토록 추한 악이 있는 줄을 몰랐음을 인식하게 한다. 그래서 관상은 하느님께서도 보아 주실 수 없고 지겨워하신다는 확신을 영혼 안에 심어 주신다. [155]

1423 (나) 영적 밤에서 위험스런 은밀한(latente) 관상은 영혼에게 큰 메마름을 가져다 준다. 이 관상은 위로가 빼앗긴 감각적

---

154) 「어둔 밤」 2편 10장.
155) 다음의 비유로 이를 잘 이해할 수 있으리라 생각된다. 한 잔의 물을 맨눈으로 관찰할 때, 아무런 걱정되는 것이 보이지 않는다. 그러나 이 물잔을 만일 현미경으로 본다면, 거기 있는 수많은 미세한 세균들로 인해 경악을 일으키게 될 것이다. 그런데 관상은 마치 현미경과 같아서 잘못을 더 잘 보도록 도와 주는 구실을 한다.

인 능력에서뿐만 아니라, 이전처럼 추리 형식으로 더 이상 묵상할 수 없는 것을 통해 메마름을 준다.

영혼에게 이 감성의 밤은 매우 고통스럽다. 지금까지 빛에 익숙해 있던 영혼들이 이제 어둠 속에 잠기게 되었기 때문이다. 그래서 수많은 감정이 마음에서 솟고 추리(推理)할 줄 알던 영혼들은 이제 그 능력을 잃어 버렸기 때문에, 주입적 관상기도는 영혼에게 매우 고통스러운 것이 된다.

이와 같이 감성의 밤에 나타나는 현상은 덕의 실천에서도 마찬가지다. 지금까지 영혼이 덕을 쌓기 위해 기쁘게 실천하던 노력이, 이제는 영적 어두운 밤에서 고통이 따르고 두렵게 된다.

1424 그러나 이 영적 밤에서 영혼의 정화를 위한 메마름은, 영혼의 미지근함과 부주의로 인해 야기된 메마름과는 구분되어야 한다. 십자가의 성 요한은 이 구분을 위해 다음 세 가지 징표를 든다.

① 첫째, 영적 밤에서 영혼의 메마름은 하느님의 일에서 맛과 위로를 얻지 못하는 것처럼, 피조물에서도 아무런 낙(樂)을 얻지 못하는 것이 그 첫 번째 징표이다. 그러나 이와 반대로 영혼이 미지근하고 부주의한 경우에는, 하느님의 일이 아닌 다른 것에 마음이 끌리거나 맛을 들이려 한다.

성인은 덧붙여서, 어찌했던 영혼이 신적인 것에 전혀 영적 맛을 못 느끼는 메마름은 어떤 자연적인 불쾌감이나 육체적 우울함에서 올 수 있다는 것이다. 그러기 때문에 우리는 첫 번째 징표를 통해 두 번째 징표에 나타난 조건들을 잘 살펴 볼 필요가 있다.

② 둘째, 영의 밤에서 영혼의 메마름은 하느님께 대한 불안과 걱정과 불편이 동반된 기억을 일상적으로 간직한다. 그러기 때문에 영혼은 하느님의 일에서 맛을 느끼지 못한다. 거기에 영혼은 스스로 하느님을 섬기지 않아서 영적으로 퇴보한 것이라 믿고, 행여 하느님을 잊을세라 애타게 찾는다.

이와 반대로 영혼의 미지근하고 부주의함에서 오는 메마름은 하느님의 일에 자신을 바치지 않고 또 마음의 열정도 없다. 그리고 영혼의 미지근함은 의지와 마음을 나른하게 풀려 버리게 한다. 그 결과 영혼은 본성(本性)의 모든 것이 싫어지고, 어둠의 밤을 통한 관상으로 인해 하느님을 열심히 섬기려는 열정을 어디에서도 찾아볼 수 없다.

③ 셋째, 영혼의 메마름에 대한 마지막 징표는 아무리 스스로 할 일을 다해도 그전처럼 상상(想像)의 감각으로 추리를 통한 묵상을 도저히 할 수 없다는 것이다. "그 이유는 다음과 같습니다. 여기서부터는 하느님께서 당신을 주시기 시작하시지만 그전처럼 감성을 통하지 않고 순수 영을 통하여 하시기 때문입니다.

다시 말해서 그전에는 개념을 분석 종합하던 추리를 통해서 묵상을 하던 것이 이제는 추리의 지속이 없는 순수 관상을 하게 되어 하느님께서는 이 순수 관상의 길로 당신을 주시기 때문입니다."[156]

그러나 위에서 말한 영혼의 메마름에 대한 무능력(無能力)함이 항상 규칙적인 것이 아니고 가끔 일상적인 묵상기도로 되돌아오기도 한다. 그러나 일반적으로 영혼의 무능력은 대개 영적인 일

---

156) 「어둔 밤」 1편 10장.

에서만 존재한다.

1425 (다) 영적 어두운 밤에서 영혼은 하느님 사랑 안에 일치하기 위해, 고통과 인내가 필요한 메마름과 합류한다. 처음에 영혼은 이 사랑의 일치에 대한 원의(願意)를 느끼지 못한다. 그러나 이 원의는 "조금씩 커 가서, 영혼은 어디서 어떻게 그런 사랑과 정이 일어나는지를 알지도 깨닫지도 못한 채 하느님 사랑에 더 정이 붙고 불이 붙게 됩니다.

다만 스스로 아는 바는 이따금씩 그 불꽃과 타오름이 자기 속에서 어찌나 세차게 일어나는지 사랑에 헐떡이며 하느님을 그리워한다는 것입니다…. 이 은밀한 관상으로 인해 걱정과 조바심이 있게 되는 것이니, 이래야만 감성, 즉 자연적 힘과 애착의 감성적인 부분이 메마름을 통하여 정화되고 어느듯 영 안에는 하느님 사랑이 불타오르게 되는 것입니다.

하지만 그럴 때까지는 결국 치료 중에 있는 사람처럼 모든 것이 괴로울 뿐이니 이 어두운 밤은 메마른 감성의 정화일 뿐입니다."[157]

그 결과 영혼은 더 이상 피조물을 원하지 않고, 하느님만을 향하게 된다. 이러한 하느님 사랑에 대한 영혼의 노력은 어디까지나 아직 나약하고 막연하다. 그래서 이때 영혼은 자신 안에 부재(不在)하시는 하느님께 대한 향수(鄕愁)를 갖고 있다. 이러한 이유로 영혼은 더욱 하느님과 일치하기를 원하며 그분을 소유하기 원한다. 만일 영혼이 감미로운 고요의 기도를 체험하지 못했다면, 영혼에게 하느님 사랑은 모호한 매력이 되고, 희미하게나

---
[157] 「어둔 밤」 1편 11장.

마 그 필요성을 느낄 뿐이다. 그러나 만일 영혼이 하느님과 이 신비적 일치를 맛보았다면, 그는 이 일치로 되돌아가기 위해 확고한 열망을 갖게 될 것이다.[158]

(2) 영적 밤에 동반되는 시련

1426 일반적으로 영성 저자들은 영적 밤에 동반되는 영혼의 시련(試鍊)을 매우 무섭게 묘사(描寫)한다. 관상에 불림을 받은 영혼들은, 무거운 십자가를 지고 간 성인들과 같은 시련을 겪었기 때문이다.

그러나 아직 어두운 밤의 시련에서 시작 단계에 불림을 받은 관상의 영혼들은 시련을 가볍게 겪는다. 그렇지만 겁 많은 영혼들은 십자가에 대한 두려움 때문에 이 시련의 길에 들어가기를 주저한다. 그래서 겁을 없애고 안심하기 위해 이 시련을 아는 것은 영혼에게 매우 유익하다. 하느님께서는 영적 밤에 동반되는 시련의 크기에 따라, 영혼에게 주어진 은총을 가감(加減)하신다는 사실을 기억하자.

(가) 영적 밤에 오래 지속되는 메마름 외에도, 영혼은 무서운 유혹(誘惑)으로 고통을 당한다.

① 믿음에 대한 유혹 : 어두운 밤의 시련에 대해 영혼이 아무것도 느끼지 못하므로, 그는 스스로 아무것도 믿지 않는다고 상상하게 된다.

② 희망에 대한 유혹 : 어둔 밤의 시련에서 위로를 빼앗긴 영

---

158) Dom Lehodey, *Les Voies de l' Oraison*, p. 260.

혼은 스스로 버려졌다고 믿고, 실망과 권태에 사로잡히게 된다.

③ 정결(貞潔)에 대한 유혹 : 어두운 밤의 시련에서 영혼에게 "사탄의 악한 천사, 즉 간음(姦淫)의 신이 덮쳐서 지겹고 사나운 유혹으로 감각을 매질하고 더러운 생각과 아울러 상상을 통해 보이는 환상을 가지고 영혼을 못 견디게 하므로 때로는 죽기보다 더한 고통을 치르게 됩니다."[159]

④ 인내에 대한 유혹 : 시련의 밤에서 영혼은 때로 자기 자신과 모든 원수들을 모독하면서 중얼거리는 성향이 생긴다. 그런데 이 모독의 생각이 어찌나 힘차게 상상력을 움직이는지 그 모독이 입 밖으로 튀어나오기까지 한다.

⑤ 평화에 대한 유혹 : 밤의 시련에서 영혼은 세심과 의혹으로 꽉 채워져서, 그들의 판단이 헝클어질 대로 헝클어져 아무것에도 만족할 수 없게 된다. 그 결과 영혼은 어떤 의견과 이성적 생각을 따를 수도 없게 된다. 이것이 바로 어두운 밤에서 영혼이 갖는 가장 큰 고통 가운데 하나이다.

1427 (나) 영적 밤의 메마름에서 영혼은 많은 사람들로부터 시련을 받는다.

① 가끔 악한 사람들은 온갖 종류의 박해를 다른 영혼들에게 퍼붓는다. "그리스도 예수를 믿고 경건하게 살기를 원하는 사람은 누구나 박해를 받게 될 것입니다"(Et omnes qui pie volunt vivere in Christo Jesu, persecutionem patientur).[160]

② 또 영혼이 겪는 밤의 시련 상태를 잘 이해하지 못하는 장

---
159) 「어둔 밤」 1편 14장.
160) 2디모 3, 12.

상(長上)이나 형제들은 오래 지속되는 메마름과 실패에 대하여 나쁜 인상을 받을 수 있다.

③ 때로는 밤의 시련 상태를 영혼의 미지근함으로 혼동하거나, 이 어려움을 위로하기엔 무기력(無氣力)한 영적 지도자로 인해 시련이 더욱 커질 수 있다.

(다) 밤의 메마름에서 외적인 악은 가끔 내적 고통을 증가시킨다.

① 영혼은 때로 의사(醫師)를 어리둥절하게 하는 희귀한 병의 희생자가 된다.

② 영혼이 처한 무능력 때문에, 또는 내적 고통 안에 집착되어 있기 때문에, 영혼은 이전처럼 밤의 시련에서 성공할 수 없다. 그 결과 영혼은 다른 사람이 눈치를 챌 만큼, 스스로 얼빠진 것을 느낀다.

③ 밤의 메마름은 영혼이 불완전한 상황 속에 놓이는 것을 순간적으로 잃어 버리게 한다. 한마디로 말해, 하늘과 땅이 모두 공모(共謀)하여 이 가련한 영혼에 대항한다는 것처럼 느끼게 한다.

많은 경우, 영적 메마름에서 일어나는 이 시련들은 영혼에게 매우 자연스럽게 나타난다. 그러나 이 메마름은 하느님께서 완덕에 이르도록 열심한 영혼들에게 보내는 시련(試鍊)의 틀을 벗어나지 않는다. 그 대신 몇몇 영혼들에게는, 이 메마름의 시련이 매우 신비적(神秘的)일 수가 있다. 이제 우리는 이 시련의 갑작스러움과 격심함, 그리고 영혼 안에 낳는 다행스런 효과를 알아보기로 한다.

(3) 영적 밤에서 영혼이 정화되는 유익들

영적 밤에서 영혼의 시련이 비록 어둡고 고통스럽다 할지라도, 수동적 관상 안에 들어왔다는 자체가 영혼에게는 엄청난 유익(有益)이다. 이러한 사상에 대하여, 십자가의 성 요한이 부차적(副次的)이라 부르는 다른 유익이 있다.

1428 (1) 영적 밤의 메마름에서 영혼은 자신과 자기의 비참함을 바른 체험(體驗)으로 인식한다.

"이로써 영혼은 자신에 대한 만족은커녕 자신을 값없이 알게 되는 것이니 제 힘으로는 아무것도 할 수 없고, 하지 못한다 함을 보기 때문입니다. 그래서 하느님을 더 많이 존중하게 됩니다…. 하느님과의 사귐에 있어 지존하신 분을 모실 때에 항상 그래야 하는 것처럼 정성과 공경을 다하게 되는데 재미있고 편안할 때는 그렇지 않았습니다. 왜냐하면 재미나던 그 열심은 하느님께 대한 욕구를 필요 이상으로 대담하게 그리고 버릇없고 볼썽사납게 만들기 때문입니다."[161] 이러한 결과, 영적 밤에서 영혼은 경신덕(敬神德)의 승리를 거두게 된다.

1429 (2) 영적 밤의 메마름을 통해 영혼은 하느님께 대한 인식이 더욱 순수해지고 참되게 된다. 그래서 영혼은 사랑의 감각적인 맛을 잃어 버리게 된다. 그 결과 이제 영혼은 더 이상 인간적 위로(慰勞)를 찾지 않는다. 이 관상의 영혼은 오직 하느님의 마음에만 들고 싶어한다.

"득의(得意)의 시절엔 아마도 그러기 일쑤이던 자만 자족을 하

---
161) 「어둔 밤」 1편 12장, p. 64-65.

지 않고, 자신에 대한 염려와 두려움을 가지고 일하면서, 전혀 자기 만족을 가지지 않으니, 여기에 거룩한 두려움이 있고 이 두려움이 덕을 보존하고 키우는 것입니다."[162]

1430 (3) 영적 밤의 메마름은 영혼으로 하여금 정제(精製)된 방법을 통해 칠죄종(七罪宗)을 치료하게 한다(제1263항 참조).

ㄱ) 그래서 이 어두운 밤의 메마름에서 영혼은 하느님과의 관계뿐만 아니라, 형제들과의 사이에서도 겸손을 실천한다. "영혼은 이다지도 메마르고 비참한 자신을 발견할 때, 그전처럼 자기가 남보다 낫거나 뛰어나다는 생각을 애당초 하지 않고, 도리어 남이 자기보다 낫다는 것을 알게 되는 것입니다.

이런 데서 이웃사랑이 생기는 것입니다. 전 같으면 자기만을 감싸고 남을 가벼이 하던 것을 이제는 판단함이 없이 다만 자기의 비참함을 알고 눈 앞에 두고 있으니, 남의 단점에 눈을 돌릴 틈도 사이도 없는 것입니다."[163]

ㄴ) 어두운 밤의 메마름에서 영혼은 영적 절제(節制)를 실천한다. 이 어두운 밤에서 영혼은 더 이상 감각적 위로로 양육될 수 없음을 알게 된다. 그로 인하여 영혼은 조금씩 위로(慰勞)와 창조된 모든 것에서 흥미를 잃고, 영원한 것에만 전념하게 된다. 이것을 두고 이제 영혼 안에 영적 평화가 시작된다고 말한다.

왜냐하면 피조물에 대한 애착(愛着)과 위로는 우리의 마음에 혼란을 가져다 주기 때문이다. 영적 밤은 영혼이 갖는 평화 속에서, 아무런 맛도 위로도 주지 않는 수련에 열심하도록, 굳셈

---

162) 「어둔 밤」 1편 13장, p. 74.
163) 「어둔 밤」 1편 12장, p. 68.

과 참을성을 기르게 도와 준다.

ㄷ) 밤의 메마름은 영혼의 갈망·성냄·나태 등과 같은 악습에 반대되는 덕을 실천하게 함으로써 그 악에서 벗어나게 한다. 이 관상에서 영혼은 유혹과 메마름의 작용으로 겸손하고 유연하게 되어, 자기 자신과 이웃에게까지도 유순하게 된다.

왜냐하면 참된 겸손은 다른 영혼의 장점을 감탄(感歎)하게 하기 때문이다. 그런가 하면 영혼이 자신의 잘못을 깨달을수록, 이것을 고치려는 노력과 일의 필요성을 더욱 절실히 느끼게 된다.

1431 (4) 끝으로, 하느님께서는 이 수동적 관상에서 밤의 메마름 안에 약간의 영적 위로를 영혼 안에 섞으신다. 그리고 영혼이 영적 위로에서 벗어나게 되었을 때, 비로소 하느님께서는 순결한 사랑과 강렬한 지적 빛을 영혼에게 주신다. 이와 같은 하느님의 은혜에 대해 영혼은 처음에 영적 위로를 느끼지 못하지만, 점차로 이 은혜는 그 어느 때보다 더욱 풍요롭고 위로가 됨을 느낀다.

요약하자면, 이 어두운 밤의 메마름은 영혼을 하느님 사랑 안에서 순결하게 한다. 그리고 영혼은 영적 위로 때문에 더 이상 작용하지 않고, 오직 하느님만을 기쁘게 해 드리고자 한다. 어두운 밤에서 영혼은 감각적 은혜를 받을 때처럼, 자만(自慢)도 헛된 자기만족도 없다. 그리고 영혼에게는 서두르는 움직임도 강한 본성적(本性的)인 자만도 없다. 그리하여 어두운 밤의 메마름을 통해 영혼 안에는 이미 영적 평화가 마음을 지배하기 시작한 것이다."[164]

---

164)「어둔 밤」2편 13장.

결 론 : 어두운 밤의 시련 동안 지녀야 할 자세

1432 영적 지도자는 어두운 밤의 시련(試鍊)을 지나는 영혼들에게 진정한 헌신과 많은 친절을 보여 주어야 한다. 영혼이 이 정화의 시련을 통해 순수하고 겸손해져서, 더욱 굳건하게 덕을 실천해야 하기 때문이다. 그래서 영적 지도자는 영혼에게 하느님 뜻에 맞게 정화의 시련에서 벗어나야 한다고 말해 주면서, 그들을 위로하고 가르쳐야 한다.

ㄱ) 영적 밤의 시련에서 마음에 새겨야 할 주된 자세는 온전히 하느님께 내어 맡기는 것이다. 영혼은 이 밤의 시련이 매우 공로가 된다는 것을 인정하면서 그분께 순종한다.

영혼은 고통 가운데 계신 예수님과 일치하면서, 겸손하게 그분의 기도를 되새긴다. "아버지, 아버지께서는 하시고자만 하시면 무엇이든 다 하실 수 있으시니, 이 잔을 저에게서 거두어 주소서! 그러나 제 뜻대로 마시고 아버지 뜻대로 하소서"(Pater mi, si possibile est, transeat a me calix iste; verumtamen non sicut ego volo, sed sicut tu).[165]

ㄴ) 한편 어두운 밤의 메마름에도 불구하고, 영혼은 고통 가운데서도 기도를 그치지 않으셨던 예수님과 일치하면서, 꾸준히 기도해야 한다. "마음의 고통과 싸우면서도 굽히지 않고 더욱 열렬히 기도하였다"(factus in agoniâ prolixius orabat).[166]

우리는 성녀 예수의 데레사의 말을 기억해 보자. "묵상기도의 길로 들어선 사람은 잘못에 떨어지는 일이 있을지라도 절대로

---
165) 마태 26, 39.
166) 루가 22, 43 참조.

묵상기도를 그쳐서는 안 됩니다. 기도는 그가 다시 일어나는 데 도움이 되는 방법인 것입니다.

묵상기도 없이 다시 일어나기란 어려울 것입니다. 나처럼 악마에게 속아 겸손이라는 구실 밑에 이 수업을 그만두는 일이 없기를 바랍니다." [167]

1433 ㄷ) 어두운 밤의 시련에서 영혼이 묵상기도에 대한 무력(無力)함에 봉착했을 때, 되도록 추리 묵상으로 다시 되돌아가기를 원해서는 안 된다. 영혼은 자신이 아무것도 하지 않는다고 생각될 때조차, 조용히 휴식 안에 머물러야 한다. 그리고 영혼은 하느님께 차분하고 정감적(情感的)인 시선을 주는 것만으로 만족해야 한다.

이것은 마치 "얼굴을 그리고 색칠하는 초상화가(肖像畫家)와 같으니, 만약에 무슨 일이 있어서 그 얼굴이 흔들리면 화가는 아무 일도 못하고, 하고 있던 일도 뒤죽박죽이 되고 말 것입니다. 이와 비슷하게 영혼이 마음의 평화와 무위(無爲)에 있고자 하면서 동시에 어느 작업이나 애착이나 유념에 마음이 있으면, 그 영혼은 마음이 흩어지고 불안해져서 감성의 메마름과 허전함을 느끼게 될 것입니다." [168]

이와 같이 하느님께서는 우리 영혼 안에 당신의 초상을 그리려 할 때, 영혼은 조용히 평화 속에 있어야 할 것이다. 어두운 밤의 시련은 평화로 인해 영혼 안에 사랑이 불붙게 되며, 그 결과 영혼은 더욱 주님의 사랑으로 불타오르게 될 것이다.

---

167) 「천주 자비의 글」 제8장. p120.
168) 「어둔 밤」 1편 10장. p. 57.

위에서 말한 바와 같이, 밤의 시련에서 영혼의 조용한 휴식(休息) 상태는 결코 한가로움이(désoeuvrement) 아니다. 이 휴식은 영혼의 나태(懶怠)나 마비(痲痺) 상태와는 종류가 다르다. 그러므로 영혼은 밤의 시련에서 분심(分心)을 쫓아 버리려고 노력해야 한다. 그리고 영혼이 만일 묵상기도를 하기 위해서, 휴식하는 것을 두려워하지 않는다면, 묵상은 즉시 열성적인 노력 없이도 다시 가능하게 될 것이다.

1434 ㄹ) 어두운 밤의 시련에서 영혼은 지속적으로 덕(德)을 가꾸어야 하는 것이 명백하다. 특히 영혼의 시련 상태에 알맞은 덕을 가꿔야 한다. 즉, 겸손과 포기, 인내와 이웃에 대한 사랑 등이다. 그리고 하느님의 뜻에 온순하게 일치하면서 신뢰 가득찬 기도를 통해, 모든 것을 하느님께 맡겨야 한다. 우리가 용기있게 이와 같은 덕을 실천한다면, 이 완덕의 단계는 영혼에게 가장 큰 행복을 가져다 줄 것이다.

ㅁ) 하느님의 계획 속에서 어두운 밤의 시련을 겪는 기간은 영혼에게 매우 다양하다. 이 영혼의 시련은 하느님과의 일치의 단계에 따라, 또는 영의 불완전한 정도에 따라, 영혼을 정화(淨化)하는 시련기(試鍊期)가 정해진다. 일반적으로 영혼의 시련기는 대개, 2년에서 15년까지 연장될 수 있다고 영성 저자들은 말한다.[169]

그러나 어두운 밤의 시련 동안 영혼은 숨을 쉴 수 있는 여유

---

169) Card. Bona(*Via compendii ad Deum*, c. 10, n. 6)에 따르면 아씨시의 성 프란치스코는 정화의 시련기를 2년 동안 지냈고, 성녀 예수의 데레사는 18년; B^{te} Claire de Montefalco는 15년; 볼로뉴의 성녀 카타리나는 5년; 빠지의 성녀 마들렌은 먼저 5년, 그리고 16년을 더 지냈고 V. Balthazar Alvarez는 16년을 지냈다고 전한다. - 이 숫자들은 물론 영혼이 보통 감미로운 위로를 갖는 감각적이고 영적인 두 가지 정화의 기간들을 말한다.

가 있다. 이 기간 동안 영혼은 숨을 돌리고, 하느님을 누리며, 새로운 영적 싸움을 위해서 힘을 축적(蓄積)해야 한다. 영혼은 인내와 신뢰를 통해 하느님께 자신을 온전히 맡겨야 한다. 이와 같은 자세는 시련을 겪고 있는 영혼에게 영적 지도자가 권고해야 할 일을 요약한 것이다.

II. 감미로운 고요의 기도

1435 관상의 여러 단계에서, 먼저 우리는 감미로운 고요의 기도와 그 다음 기도의 단계에 대해서, 성녀 예수의 데레사의 책을 이용할 것이다. 성녀의 이 책은 우리가 한눈에 볼 수 있도록 확실하게 관상기도에 대하여 기술하고 있다. 성녀는 이 관상기도에 여러 이름을 정해 주고 있다. 감미로운 고요의 기도는 영혼으로 하여금 분명하게 영적 맛을 통하여 하느님의 현존을 처음 만나게 한다. 그러기 때문에, 우리는 이 고요의 기도를 말하는 「영혼의 성」, 제4궁방에서,[170] 신적인 맛을 느낄 수 있을

---

170) P. Gratien와 P. Velasquez의 요구로, 죽기 5년 전에, Tolède의 수도원에서 1577년에 기술된 「영혼의 성」은 영성생활의 일곱 단계에 맞는 주된 묵상기도의 일곱 단계를 명확함과 정밀함으로 기술한 성녀의 모든 작품의 총괄이며 완성이다. 삼위일체 축일 전날 밤, 성녀는 하느님께서 성녀에게 제시하신 이 책의 근본적인 생각이 무엇이었는지를 묻는다. 하느님은 성녀에게 일곱 궁방을 지닌, 성의 모습을 한 크리스탈의 현란한 구형 유리처럼 은총의 상태에 있는 영혼을 보여 준다. 일곱 번째 방의 한 복판에 찬란한 빛을 발하시는 하느님이 계신다. 그래서 모든 방이 빛을 발하게 되며, 중심부에 가까운 방일수록 더 빛을 발하게 된다. 성의 밖에는 그 구역을 배회하는 이들을 공격하려는 독살스러운 짐승들과 더러움들 그리고 어두움만이 있을 뿐이다. 이 묵상기도의 현관은 우리를 우리 자신 안으로 들어가게 하며 하느님을 찾게 한다. 대죄를 지으면 이 성체에서 나오게 되는데, 성녀는 무시무시한 묘사를 하고 있다(첫째 궁방, I장).
성에는 일곱 궁방이 있는데 처음의 두 방은 정화의 길에 관계되며, 세 번째 방은 빛의 길에, 그리고 네 번째 방부터는 주입적 관상을 시작한다.

것이다.

그리고 「천주 자비의 글」 제14장에서, 성녀는 이 고요의 기도 둘째 단계를 설명하면서 우물에서 물을 길어서 영혼의 밭에 물을 주는 방법으로 관상기도를 설명한다. 그러나 다른 영성가들은 이것을 침묵의 관상기도라 하는데, 그 이유는 사실 영혼이 수다스럽기를 멈추기 때문이다.

이제 우리는 관상기도의 단계를 다음 세 가지로 구분한다.

(1) 수동적 거둠의 기도,

(2) 엄밀한 의미에서 고요의 기도,

(3) 고요의 기도 능력.

(1) 수동적 거둠(recueillement)의 기도

1436 (가) 거둠의 기도 본질

이 거둠의 기도는 은총의 도움을 받아 영혼의 노력으로 얻어지는 능동적(actif)인 거둠과 구별하기 위해 이렇게 불려진다(제1317항). 수동적(passif) 거둠은 "오성의 힘을 빌려 하느님이 내 안에 계시다는 상상을 하거나, 또는 하느님이 내 안에 계신다는 상상을 통해 이루어지는 것으로 알아서는 안 됩니다."[171] 이 수동적 거둠의 기도는 영혼의 능력 위에 신적 은총의 직접적인 작용을 통해 이루어지는 것이다.

이 때문에 성녀 예수의 데레사는 자신이 체험한 초자연적인 첫 묵상기도를 이같이 말한다. "내가 말하는 묵상기도는 영혼

---

171) 「영혼의 성」 제4궁방, 3장, p. 92.

안에 느끼는 내적 거둠이라고 하겠습니다. 왜냐하면 영혼은 외적 감각을 지니고 있는 것처럼 다른 내적 감각 또한 지니고 있어서, 그것을 통해 영혼은 외부의 소음에서부터 멀리 떠나 안으로 깊이 들어가고 싶어하는 것 같기 때문입니다.

그래서 이러한 거둠은 눈을 감고서, 그가 그때 몰입되어 있는 일, 즉 고독 속에서 하느님과 친교를 나누는 일이 아닌 것은, 어떤 것도 듣거나 보거나 이해하고 싶지 않다는 소망을 가지게 합니다. 이 상태에서는 감각이나 기능을 하나도 잃지 않습니다. 모두 완전한 상태로 남아 있으니까요.

모든 감각과 기능이 그런 식으로 남아 있는 것은, 영혼이 하느님 안에 몰입할 수 있게 하려는 것입니다."[172]

다른 곳에서 성녀는 이 점에 대하여 매우 상냥한 비유로 설명한다. "이 궁(宮) 안에 살고 있던 것들, 다시 말해서 감각이나 능력이 이 성을 떠나서 몇 날이고 몇 해고 행복을 등진 다른 족속과 함께 살고 있다가, 떠난 지 오래 된 후에 비로소 자기의 불행을 깨닫고 다시금 그 성을 가까이 하게 됩니다. 그렇다고 그 성 안으로 들어갈 주제도 못 됩니다.

그 때 궁 안에 계시는 임금님이 그들의 착한 뜻을 보시고는 어여삐 여기시는 마음을 누를 길 없어 당신께로 그들이 돌아오기를 간절히 바라시게 됩니다.

그리하여 마치 어지신 목자처럼, 부드럽기 짝이 없는 휘파람을 부시는 것입니다. 그들은 들릴락말락한 그 휘파람 소리를 듣고 '집으로 돌아오라. 이제 더 가엾이 헤매지 말라' 하는 목소

---

172) *Relat. au P. Rodrigue Alvarez*, Oeuvres, t. II, p. 295.

리를 알아차리게 됩니다. 이 목자의 휘파람 소리는 묘한 힘을 가지고 있어서 그들은 지금까지 빠져 있던 바깥 사물을 깨끗이 버리고 마침내 성 안으로 들어오게 되는 것입니다. 나는 문득 지금처럼 설명을 잘해 본 적이 없다는 생각이 듭니다."[173]

성 프란치스코 살레시오는 또 다른 비유를 든다. "자석을 바늘 사이에 놓으면, 즉시 모든 바늘 끝이 자석 쪽으로 향해 달라붙습니다. 이처럼 주님이 우리 영혼 안에 당신의 감미로운 현존을 느끼게 하시면, 우리의 모든 감각과 능력은 하느님께로 향하게 되고, 영혼은 표현할 수 없는 감미로움에 젖어들기 위해 달려갑니다."[174]

우리는 이 수동적 거둠을 다음과 같이 정의 내릴 수 있다. 수동적 거둠의 기도는 하느님 안에 성령의 특별한 은총으로 생기는, 영혼의 온유하고 정감적인 의지와 지성에 전념하는 기도이다.

1437 (나) 수동적 거둠의 기도에 대해 지녀야 할 태도

수동적 거둠의 은혜는 일반적으로 고요(quiétude)의 기도를 위한 전주곡(前奏曲)이다. 그럼에도 불구하고 수동적 거둠은 예를 들어, 착복·서원·신품 때처럼 영혼 안에 매우 열정적으로 일어나지만 때로는 일시적일 수 있다. 이러한 점에서, 우리는 수동적 거둠의 기도에서 다음과 같은 두 가지 실천적인 결론을 내릴 수 있다.

ㄱ) 만일 하느님께서 영혼을 거둠의 기도 안에 담그신다면,

---

173) 「영혼의 성」 제4궁방, 3장, p. 91.
174) Am. *de Dieu*, 1, VI, ch. 7.

그는 이해력(entendement)을 고정시키기 위해 노력하지 말고, 조금씩 산만한 오성(悟性)을 붙잡아야 한다.

"억지를 쓰거나 수선을 피움이 없이 이성의 추리를 멈출 것, 그러나 이성 자체를 묶어 놓거나 생각을 끊으라는 것이 아니고, 도리어 생각은 인간 자신이 하느님 앞에 있다는 것과 그분이 누구이시라는 것을 깨우치는 것입니다. 깨달음을 스스로 느껴서 황홀경에 도달한다면 매우 좋은 일이지만, 그게 무엇인지 캐려 들어서는 안 됩니다. 인간의 마음에 내려진 은혜이기 때문입니다. 이 순간, 마음은 사랑에 겨운 몇 마디 말 외에는 아무런 힘도 들이지 않은 채 마냥 즐겁게 버려 두어야 할 것입니다."[175]

ㄴ) 그러나 하느님께서 우리 마음 안에 말씀을 하시지 않으신다면, "임금님이 우리를 보시는지, 말씀을 듣고 계신지 도무지 모를 때면 바보처럼 그대로 있을 일이 아닙니다. 이것은 오성을 침묵시키려는 사람들이 흔히 당하는 일로서, 영혼은 전보다 훨씬 더 메마른 상태에 빠지게 됩니다. 더구나 상상력은 아무것도 생각지 않으려고 억지를 쓰기 때문에 혼란을 일으키게 마련입니다."[176]

거둠의 기도는 영혼으로 하여금 하느님의 영광만을 생각하면서, 자신의 이익이나 위로를 잊어 버리게 한다. 이 거둠의 기도를 통해 하느님께서는 인간 오성(悟性)의 기능을 멈추게 하신다. 이 거둠은 영혼이 도달할 수 있는 그 이상의 인식에 빛을 내리게 한다.

---

175) 「영혼의 성」 제4궁방, 3장, p. 95-96.
176) 「영혼의 성」 제4궁방, 3장, p. 94.

(2) 엄밀한 의미에서 고요의(quiétude) 기도

1438 (가) 고요의 기도 본질

고요의 기도에서 영혼의 지성(知性)과 의지는, 하느님 현존에 대한 매우 강렬한 기쁨과 감미로운 휴식을 맛보게 하여 그분께 사로잡히게 한다. 이 기도에서 오성과 추리(推理) 또는 기억과 상상은 영혼 안에 자유롭게 남아 있지만, 가끔 이들이 분심(分心)의 원천이 된다.

ㄱ) 이 점에 대하여 성녀 예수의 데레사의 말은 이 고요의 기도에 대한 초자연적 성격과 영혼의 의지가 하느님을 통해 어떤 방법으로 이해되는지를 보여 준다.

"고요의 기도는 초자연적인 것이어서, 우리가 아무리 힘써도 우리 힘으로는 미치지 못하는 것입니다…. 그렇습니다. 그것은 영혼이 스스로 고요 속으로 스며드는 것입니다. 아니 그보다는 주께서 마치 의인 시메온에게 하시었듯이 그 영혼을 당신 앞에 두시어 그의 모든 기관을 고요하게 만드시는 것입니다. 여기서 영혼이 얻는 깨달음은 외적 기관으로 얻은 그것과는 아주 달라서 이미 하느님 곁에 있고, 조금 더 가면 하느님과 결합되어 하나 되기에 이릅니다. 이것은 육체나 영혼의 눈으로 볼 수 있는 것이 아닙니다.

자기가 주님의 나라 안에 있으며, 적어도 그 나라를 주실 임금님 곁에 있다는 것을 깨닫습니다. 그러나 어떻게 해서 깨닫는지는 모르므로 영혼은 황공한 나머지 감히 아무것도 청하지 못하게 됩니다.

여기서는 의지만이 사로잡혀 있고, 이 의지에 고통이 있다면 그것은 다시 자유로워질까 두려워하는 그것일 것입니다. 그에게 슬픔을 주는 것이라고는 아무것도 없고, 또 있을 것 같지도 않은 생각이 듭니다. 이러한 상태가 계속되는 한 영혼은 더 없는 즐거움과 만족을 느끼면서 이에 빨려 들어가 더 바랄 것이 없게 되어 오직 사도 베드로와 함께 행복에 겨운 목소리로 이렇게 말할 따름입니다. 주여, 여기 초막 셋을 지었으면 합니다." [177]

고요의 기도에서 의지만이 사로잡혀 있을 때 다음 두 가지 능력이(오성과 기억) 영혼을 혼란에 빠지게 할 수 있다고 성녀는 다음의 말을 덧붙인다. "의지는 그런 것에 상관하지 말고 자신의 평화와 고요 중에 머물러야 합니다. 그렇지 않고 의지가 이 능력을 모으려고 애를 쓰면 자신마저 다른 두 가지 능력과 함께 헤매게 됩니다." [178]

고요의 기도에서 특히 상상은 가끔 길을 잃고, 귀청을 찢는 소리로 우리를 피로하게 한다. 이때 상상은 진짜 덜컥대는 밀방아와 같다. "덜컥대는 밀 방아는 저 혼자 돌아가게 내버려 둡시다. 우리는 오성과 의지를 쉴새없이 써 가면서 우리네 방아를 찧읍시다." [179]

1439 ㄴ) 고요의 기도에서 생겨나는 영적 기쁨은 능동적 묵상 기도에서 영혼이 맛보는 것과는 아주 다르다. 성녀 예수의 데레사는 능동적 묵상기도의 위로(慰勞)나 만족감과 관상으로 인해

---

177)「완덕의 길」31장, p.223-225. 성녀는 의지에 대해서만 말한다. 왜냐하면 능력들의 여왕인 의지가, 관상이 인식보다는 사랑의 행위임을 특히 알아야 하기 때문이다. 그러나 의지가 지성에 의해서만 밝아지므로, 지식은 또한 어떤 측면에서는 신적 지배 아래 있어야 한다.
178)「천주 자비의 글」14장, p. 124.
179)「영혼의 성」제4궁방, 1장, p. 81.

생기는 신적 맛을 비교하면서 이 두 가지 차이점을 설명한다. 그것은 다름 아닌 고요의 기도와 능동적 묵상기도에서 오는 차이이다.

① 고요의 기도에서 오는 신적 맛은 하느님의 작용에서 직접 오지만 그 만족감은 은총의 도움을 받은 우리의 노력에서 온다.

이 점을 이해시키기 위해 성녀는 물통 두 개의 비유를 든다. "하나는 먼 데서부터 수도관을 통해서 그리고 사람의 힘으로 끌어오는 것입니다." 영혼은 능동적 묵상을 통해 맛보는 기쁨이기에 소리를 내게 마련이다.

또 다른 통의 물은 바로 생수이신 하느님으로부터 오기 때문에, 영혼의 가장 그윽한 속으로부터 솟아나는 것이므로, 아무 소리 없이 가득 채워진다. 이것은 관상의 위로로써 "물은 말할 나위 없는 평화와 감미로움을 가지고 우리의 가장 그윽한 속으로부터 솟아나는 것입니다."[180]

② 그리고 관상의 기쁨은 능동적 묵상기도의 그것보다 훨씬 더 크다. "제가 우리 가장 깊은 속이라고 말한 그 샘에서 저 천상의 물이 바야흐로 솟아날 때, 우리의 마음 전체가 넓어지고 채워지면서 말로 표현할 수 없는 은혜가 내려지는데, 그 은혜가 어떠한지는 이를 받는 영혼조차 알지 못합니다.

영혼은 그 어떤 향내를 맡습니다. 그것은 마치 마음 깊은 곳에 화롯불이 있어 거기에 던져진 짙은 향과도 같습니다."[181]

그러나 성녀는 이 비유를 매우 불완전한 것이라고 말한다. 「천주 자비의 글」에서 성녀는 이 기쁨이 천상의 것과 비슷하며,

---
180) 「영혼의 성」 제4궁방, 2장, p 84-85.
181) 「영혼의 성」 제4궁방, 2장 p. 86.

영혼은 지상의 것에 대한 소망을 잃어 버린다고 주장한다. "실제로 영혼은 자기가 즐기는 행복의 한 순간이라도 지상에서는 찾을 수 없다는 것을 알게 되는 것입니다. 부귀나 권세도, 명예나 쾌락도 그런 만족감과 참된 충족을 일순간이라도 제공할 수 없습니다…."

이 기쁨의 주된 원인은 하느님의 현존을 느끼는 것이다.

"하느님은 이때 당신의 위대하심을 나타내시고자 하십니다. 주님은 당신이 영혼에게 아주 가까이 계시므로, 영혼이 이제는 심부름꾼을 보낼 필요도 없고 소리를 높일 필요도 없이 직접 주님께 말씀드릴 수 있다는 것을 알려 주십니다. 영혼은 무척이나 주님 가까이 있게 되었으므로 주님은 그의 입술이 겨우 달싹거리기만 해도 그를 이해하십니다."

하느님께서는 언제나 우리와 함께 계신다. 그러나 영혼 안에서 당신은 특별한 현존으로 계신다. "이 지존하신 임, 우리의 주님이신 하느님은 당신이 우리의 기도를 윤허하신다는 것을 일깨워 주시고 당신 현존의 효과를 느끼도록 하시려 합니다. 그분은 영혼에게 안팎의 큰 만족을 베푸시면서 특별한 양식으로 영혼 안에서 일하시려는 당신의 뜻을 나타내십니다."[182]

1440 ㄷ) 고요의 기도는 영혼에게 해방감을 가져다 주며 뛰어난 덕의 체질(體質)을 갖게 한다. 예를 들어 하느님을 거스르는 두려움, 지옥에 대한 두려움, 고행과 십자가, 그리고 세속(世俗)의 기쁨에 대한 멸시에서 이탈하게 한다.

① "지옥의 무서움에도 그다지 마음이 조이지 않습니다. 하느

---

182) 「천주 자비의 글」 14~15장, pp. 125-126.

님을 거스른다는 것이야 그전보다 더 무서운 느낌이 들지마는, 여기서는 노예적 공포심을 가져지고 하느님을 누릴 그때를 기다리며, 든든한 마음을 가지게 되는 것입니다.

② 전 같으면 건강을 해칠까봐 꺼려지던 고행도 이제는 하느님 안에서라면 무엇이든 다 할 수 있다고 생각하고, 지금까지 가져 보지 못한 용기를 내어 지독한 고행이라도 할 마음이 생기게 됩니다. 전 같으면 무섭기만 하던 고생도 이제는 대단치 않게 되어 버립니다. 믿음이 한껏 성성해져서, 당신을 위한 고생이라면 하느님께서 은혜를 주시어 끈질기게 견디리라는 것을 알기 때문입니다. 그뿐이 아닙니다. 때로는 그런 고생을 애타게 바라기까지 합니다. 하느님을 위해서 무엇이고 해보리라는 의지가 굳세어진 까닭입니다.

③ 하느님의 위대하심을 깊이 알아 갈수록 자신의 비참함을 더욱 느끼게 됩니다.

④ 이미 하느님의 맛을 느껴 본 다음인지라 온 세상이 초개같이 여겨지고, 그리하여 한 걸음 한 걸음 세상 것을 멀리하노라면 자기를 지배하는, 힘도 더욱 커지는 것입니다. 결국 모든 덕에 있어 진보가 따르고 다시 하느님을 거스르는 일이 없는 한, 그 덕은 커 가기만 할 것입니다.

하느님을 거스르는 일이 있으면 제아무리 꼭대기까지 올랐다 해도 영혼은 모든 것을 잃고 말 것입니다."[183]

1441 고요의 기도에 대한 정의(定義)

위에서 말한 성녀의 묘사(描寫)에서, 고요의 기도는 영혼 가까

---

183) 「영혼의 성」 제4궁방, 3장, p. 97-98.

이에 현존하시는 하느님을 느끼고 맛보게 한다. 그래서 고요의 기도는 뛰어난 영혼에게 나타나는 불완전한 수동적 묵상기도이지만, 역시 초자연적 묵상기도라고 결론지을 수 있다.

그래서 우리는 고요의 기도를 초자연적 묵상기도라는 관점에서 이 기도를 주입적 관상이라 한다. 이러한 이유에서 우리는 고요의 기도를 단순 묵상기도를 통해 얻을 수 있다고 생각한다. 이제 우리는 여기서 고요의 기도를 과도기적 묵상기도로 취급하는 몇몇 가르멜회원들과 구분할 필요가 있다. 그러나 가르멜회원들도 고요의 묵상기도가 불완전하게 수동적이라는 사실을 인정한다.

고요의 기도에서 의지(지성과 함께)만이 사로잡힐 뿐이며, 오성과 상상은 제멋대로 헤매면서 자유롭기 때문이다. 고요의 기도에서 영혼이 갖는 열매인 덕과 신적 맛에 대해서는 이미 제1439항에서 충분히 설명하였다.

1442 (나) 고요의 기도의 근원과 진보

ㄱ) 일반적으로 고요의 기도는, 이미 오랫동안 이 묵상을 실천해 왔고 또 감각의 밤을 지난 영혼들에게 주어진다. 그럼에도 불구하고, 가끔 이 고요의 기도는 묵상과 함께 감각의 밤을 지내는 영혼에게 주어지는 경우가 있다. 특히 어린이들이나 무죄(無罪, innocentes)한 영혼들에게는 이 고요의 기도를 위해 특별한 정화가 필요 없기 때문이다.

ㄴ) 처음 접하는 영혼에게 고요의 기도는 매우 약하고 무의식적으로 가끔씩 주어진다. 그리고 이 기도는 영혼 안에 아주 약하게 지속될 뿐이다. 그런가 하면 십자가의 성 요한도 이 기도에서 영혼이 느끼는 시간의 망각을 말한다. "영혼은 때로 까만

잊음 속에 있는 듯, 도대체 어디 있었는지 무엇을 했는지도 모르고 얼마나 시간이 흘렀는지조차 아리송할 지경이 됩니다."[184]

경험이 있는 영혼에게 이 고요의 기도 시간은 더 자주 오래 지속된다. 그러나 고요의 기도가 영혼에게 항상 갑작스레 오는 것이 아니고, 갑자기 사라지는 것도 아니다. 그런가 하면 고요의 기도는 새벽이나 황혼에 가끔 한시간 또는 그 이상 지속 될 수 있다. 게다가 이 고요의 기도가 활동적이고(제1445항), 또 영적인 열광이 동반될 때, 영혼은 일상적인 일에 종사하는 것을 방해받지 않고 하루나 이틀씩 지속할 수 있다.

ㄷ) 감미로운 고요의 기도는 영혼의 정화가 끝나지 않았음에도 불구하고, 메마른 고요의 기도와 교차(交叉)될 수 있다.

ㄹ) 고요의 기도가 영혼에게 일상적이 되는 때가 온다. 이때는 이 기도를 시작하자마자 일반적으로 거기에 몰입하게 된다. 가끔 가장 평범한 일을 할 때에도 돌연 이 기도에 사로잡히게 될 때도 있다. 만일 영혼이 하느님의 은총에 일치하려 하면, 고요의 기도는 충만한 일치와 황홀경에 이르게 한다. 그러나 만일 이 고요의 기도에 충실하지 않으면 추리 묵상 속으로 떨어지게 되고 은총을 잃을 수 있다.

1443 (다) 고요의 기도의 다양성과 그 형태

우리는 고요의 기도를 다음 세 가지 주된 형태로 나눌 수 있다. 즉 고요하고, 기도하며, 활동적인 다양함이다.[185]

---

184) 십자가의 성 요한은 (「가르멜의 산길」 2권, 14장) 관상을 즐길 때, 시간이 너무 빨리 흘러서, 가끔 길이를 착각하게 된다고 지적한다. 2-3분 밖에 지나지 않은 것 같은데 아주 오랜 기간이 지날 수 있다는 것이다.
185) 이미 Cassien이 그 다양함을 지적한바 있다. Conf., X, ch. 24.

ㄱ) 고요의 기도에서, 영혼은 침묵 가운데 사랑의 충만함을 지닌채 고요하게 하느님을 관상한다. 이 기도에서 영혼은 하느님을 향한 사랑에 불타오르는 의지를 통해 감미롭고 평온한 일치 속에서 휴식을 취한다.

마치 어머니가 어린아이를 바라보듯, 영혼은 하느님을 사랑하고 관상한다. 성녀 예수의 데레사는 말하기를 "고요 속에 있는 영혼은 어머니의 품 안에서 젖을 먹는 아기와 같습니다. 어머니는 아기가 젖을 빨려고 하지 않아도 맛있는 것을 아기 입에 넣어 줍니다."[186]

이와 같이 고요의 기도에서 의지는 오성의 노력 없이 그분의 사랑 안에 있게 된다.

1444 ㄴ) 이따금 영혼은 자신의 사랑을 억누를 수 없어서 열렬하게 기도를 한다. 이 기도를 우리는 고요의 기도라고 부른다. 고요의 기도에서 영혼은 달콤한 대화를 할 때가 있는가 하면, 사랑하는 마음을 표현하면서 모든 피조물에게 하느님을 찬양하도록 초대한다. "오 나의 하느님, 영원히 찬미 받으소서. 온갖 피조물은 영원히 당신을 찬송하옵기를!"[187]

성녀 예수의 데레사도 고요의 기도를 통해 사랑과 감동을 표현하였다. 이따금 하느님께서는 일종의 영적 환희(歡喜)를 낳는 사랑의 충동에 응답하신다.

성 프란치스코 살레시오는 다음과 같이 말한다. "하느님께서는 우리에게 영적 감각이 아니라, 육체적 감각에서 멀어지게 하

---

186) 「완덕의 길」 31장, p. 228.
187) 「천주 자비의 글」 16장, p. 145.

십니다. 그리고 우리의 정신을 몽롱하게 하거나 바보로 만들지 않으시고, 우리를 천사같이 되게 하시며… 우리 영혼을 숭고하게 하십니다…. 또 하느님께서는 우리를 더 높이 올리기 위해 우리 자신 밖으로 우리를 내어 놓습니다."[188]

1445 ㄷ) 고요의 기도가 활동적이 될 때가 있다. 성녀 예수의 데레사가 말했듯이,[189] 고요의 기도가 깊고 오래 지속될 때, 의지는 관상에 잠겨 어떻게 작용하는지 모르는 채 제나름대로 작용을 한다. 그리고 다른 두 기관(悟性과 記憶)은 온전한 자유를 지니고 여러 가지 일과 사랑을 실천 할 수 있다. 외적인 일을 하면서도 영혼은 내적으로 하느님을 열렬히 사랑하는 것을 그치지 않는다. 이것이 마르타와 마리아가 보여 준 활동과 관상생활의 일치이다.

(3) 고요의 기도 능력

1446 고요의 기도에서 이 세 번째 단계는 한층 더 높은 형태이며, 영혼에게 내적 능력의 충만한 일치를 준비시킨다.
　성녀 예수의 데레사는 「천주 자비의 글」 17장에서 이를 묘사하고 있다. "지금 말하고 있는 이 일치에서 일어나는 일(특히 내 경우가 그렇습니다. 이런 종류의 은총을 나는 자주 받잡고 있습니다), 그것은 하느님께서 의지를 차지하시고 오성마저 점령하시고 계신 것같이 생각되는 것입니다. 실상 오성은 활동하지 않고 하느

---

188) *Amour de Dieu*, l. VI, ch. VI.
189) 「완덕의 길」 31장, p. 226.

님을 즐기는 데 몰두해 있습니다.

그것은 너무나 훌륭한 많은 것을 보고 관상에 젖어 있어서 어디다 눈을 두어야 할지 모를 정도입니다…. 기억은 자유롭고 상상력도 마찬가지입니다. 상상력은 제가 홀로 있다는 것을 알게 되자 격렬한 싸움을 걸어와서 온갖 것을 얼마나 엉망진창으로 망쳐 놓는지 믿기 어려울 지경입니다.

나로 말하자면 이 때문에 기진맥진해서 이것을 몹시 싫어합니다. 이것이 이다지도 나를 어지럽히는 것이라면, 적어도 그런 합일의 순간만이라도 내게서 좀 멀리해 주십사고 가끔 주님께 간청하고 있습니다…. 밤에 우왕좌왕하며 귀찮게 구는 작은 모기처럼 한가지 대상에서 다른 것으로 자주 옮겨갑니다.

이 비유는 제법 그럴듯하다고 생각됩니다. 모기는 우리를 해치지는 못한다고 하더라도 사람에게 매우 귀찮은 것이니 말입니다…." 이에 대한 구제책으로, 성녀는 한 가지만 제안한다. "상상력을 미치광이로 보고 제멋대로 내버려 두는 것입니다. 오직 하느님께서만 이것을 잠잠히 가라앉힐 수 있기 때문입니다."

위에서 살펴본 것처럼, 고요의 기도에서는 오성마저 하느님께 장악되지만 상상은 여전히 떠돌아다닌다. 이것은 바로 충만한 일치를 위한 준비이다.

고요의 기도에서 지녀야 할 태도

1447 영혼은 이 고요의 기도에서 처음부터 마지막까지 하느님의 손에 모든 것을 겸손하게 내어 맡겨야 한다.

ㄱ) 고요의 기도에서 영혼은 자신의 모든 능력을 통해, 스스

로 자신이 관상을 이끌려고 노력해서는 안 된다. 하느님만이 이 관상을 우리에게 주실 수 있으므로, 영혼의 모든 노력은 실패로 돌아가고 말 것이기 때문이다.

ㄴ) 고요의 기도에서 영혼은 하느님의 작용을 느끼는 즉시, 수다스러움을 그만두고 은총의 움직임에 온순하게 따르면서, 가능한 한 완전하게 이 작용에 적응하도록 해야 한다.

① 만일 영혼이 정감적인 고요의 기도에 불림을 받았다면, 말없이 바라보고 사랑하거나 또는 사랑의 열의를 더하기 위해 사랑스런 몇 마디를 가끔씩 던진다. 그 대신 이 사랑의 불을 끌 수 있는 격렬한 노력은 피해야 한다.

② 만일 고요의 기도에서 영혼이 행동을 원하거나, 감정이 샘물처럼 용솟음친다면, 내적으로 구원(久遠)을 열망하면서 조용히 기도해야 한다. "겸손하게 작은 지푸라기를 던지는 것입니다…. 이것은 대량의 장작보다 이 불을 사르는 데는 더 효과적인 것입니다. 이렇게 말하는 것은 너무나 학자적인 고찰이 사도신경을 한번 외우는 동안에 이 신적 불꽃을 폭삭 꺼 버리게 할 것이라는 뜻입니다."[190]

특히 성 프란치스코 살레시오는 고요의 기도에서 영혼은 자극적이고, 마음을 피로하게 하며, 조심성이 없는 강한 비약(飛躍)을 피해야 한다고 덧붙인다. 그래서 이 고요의 기도 가운데 있는 많은 영혼은 자신이 즐기는 평안함이 다시 그에게 되돌아오지 않을까 하면서 불안해 한다.

③ 만일 고요의 기도에서 오성과 상상이 제멋대로 돌아다니더

---

190) 「천주 자비의 글」 15장, p. 136.

라도, 영혼은 걱정할 필요 없이 다만 그들을 뒤쫓지 않으면 된다. 이 점에 대하여 성 프란치스코 살레시오는 고요의 기도에서 의지의 중요성을 다음과 같이 말한다. 의지는 "안식처 깊숙한 곳에 있는 지혜로운 꿀벌처럼, 자신에게 주어진 은혜를 누린다. 만일 벌집에 들어가지 않고, 꿀벌들이 제각기 서로를 찾아다닌다면, 꿀이 어떻게 만들어지겠는가?"[191]

제2절
충만한 일치 기도

1448 성녀 예수의 데레사가 말하는,「영혼의 성」가운데 다섯 번째 궁방에 해당되는 일치의 기도는 단순한 일치 또는 내적 능력의 충만한 일치라고 부른다. 의지뿐만 아니라, 모든 내적 능력을 통해 영혼이 하느님께 일치하기 때문이다. 그러므로 이 충만한 일치의 기도는 고요의 기도보다 훨씬 완전하다.

I. 충만한 일치 기도의 본질

1449 (1) 일치의 기도는 본질적인 특성을 다음 두 가지로 분류할 수 있다. 먼저, 이 기도에서 모든 능력은 정지되고, 다음, 하느님께서 영혼 안에 계신다는 절대적인 확신이다.

우리는 성녀 예수의 데레사의 말을 음미해 보자. "그럼, 이제는 아까 말하던 그 '분명한' 표를 들어 이야기 해 봅시다. 여러

---
191) *Amour de Dieu*, 1. VI, ch. 10.

분은 하느님께서 참다운 슬기를 그 안에 깊이 박아 주시고자 다른 모든 것에 대해서는 아주 바보가 되게 하시는 영혼을 잘 알고 계십니다. 그 상태에 있는 사람은 무엇을 보거나 듣거나 이해하지를 못합니다. 그 시간이란 항상 짧지만, 당사자에게 있어서는 실제보다 훨씬 더 짧게 느껴지는 것입니다."[192]

다른 말로 표현한다면, 일치의 기도에서 영혼은 의지뿐만 아니라, 지성과 상상과 기억이 정지된다. 성녀는 계속해서 말한다. "하느님은 그런 영혼 안에 깊이 뿌리박고 계시기 때문에, 그 사람은 제정신이 돌아온 뒤에도, 자기가 하느님 안에 있고 하느님이 자기 안에 계시다는 사실을 의심할 수 없게 됩니다.

그에게는 이 사실이 사무치게 박혀 있어서 두 번 다시 그런 은혜를 받지 못한 채로 몇 해가 지나가더라도 한 번 있었던 일을 잊을 수도 의심할 수도 없게 되는 것입니다."[193]

1450 (2) 일치의 기도가 갖는 두 특성으로부터 다음 세 가지가 나온다.

ㄱ) 일치의 기도에서 영혼은 완전히 하느님께 몰입되므로 분심이 사라진다.

ㄴ) 일치의 기도는 영혼의 피로를 사라지게 한다. 이 기도는 자기 개인적인 일을 하찮은 것으로 축약(縮約)시킨다. 결국 일치의 기도는 영혼을 하느님 좋으실 대로 내어 맡기는 것으로 충분하다. 하늘의 만나(manna)가 우리 영혼 안에 떨어지고, 영혼은 다만 그 맛을 볼뿐이다.

---

192) 「영혼의 성」 제5궁방, 1장, p. 109; cf. 「천주 자비의 글」 18장.
193) 성녀는 「영혼의 성」 p. 106-107에서 그 이유를 준다. "다짐해 두거니와, 진정 하느님과의 합일이 이루어지면, 악마는 여기에 들어서지도, 해를 끼치지도 못합니다…."

일치의 기도는 "그것이 아무리 오래 끌어도 건강에 조금도 해롭지 않습니다. 나는 그랬습니다. 나는 하느님께서 이 은총을 주셨을 때 비록 많이 앓고 있었지만 그 때문에 병세가 더 나빠졌다는 기억은 없습니다. 오히려 눈에 뜨일 정도로 나아지는 것을 느꼈습니다."[194]

ㄷ) 일치의 기도는 영혼에게 특별한 기쁨과 충만함을 가져다 준다.

성녀 예수의 데레사는 이것을 다음과 같이 말한다. "여기서는 (묵상기도의 네 번째 단계) 다만 즐기는 것뿐인데, 자기가 즐기고 있는 것이 무엇인지 모릅니다. 자기가 온갖 선의 집합인 하나의 선을 즐기고 있다는 것은 알지만, 그 선 자체가 무엇인지는 모릅니다. 모든 감각은 이 즐거움에 온통 사로잡혀, 그중 한 가지도 내적으로나 외적으로 다른 일에 종사할 수가 없습니다."[195]

일치의 기도에서 영혼이 단 한순간만이라도 이 순수한 기쁨을 가진다면, 이 세상의 모든 고통을 보상하기에 충분하다고 한다.

이 일치의 기도는 영혼이 하느님과 일치해 있는가를 의심하면서, 의지만을 장악하는 고요의 기도와는 다르다. 그러므로 우리는 일치의 기도에 대해 다음과 같이 정의를 내릴 수 있다. 일치의 기도는 영혼 안에 하느님의 현존에 대한 확신과, 모든 내적 능력이 중지되는, 즉 하느님과 영혼의 매우 내적인 일치를 말한다.

---

194) 「천주 자비의 글」 18장, p. 162.
195) 「천주 자비의 글」 18장, p. 156-157.

II. 충만한 일치 기도의 효과

1451 (1) 성녀 예수의 데레사에 따르면, 일치의 기도에 대한 주된 효과인 영혼의 화려한 변모(變貌)가 마치 누에의 변신과 같다고 한다.

"누에가 뽕잎을 먹고 자라다가 몸이 굵어지면 사람들은 자그마한 가지를 그 곁에 놓아 줍니다. 그러면 그 조그만 입으로 명주실을 뽑아서 촘촘한 고치를 만들어 그 속에다 제 몸을 숨기고 죽고 맙니다…. 그 고치에서는 하얗고 예쁜 나비가 나오게 됩니다…. 이것은 고해성사를 받는다든가, 성서를 읽거나 강론을 듣는다든가 하는 때가 바로 그런 때인 것입니다…. 묵상으로 성장한 영혼은… 세속에 아주 죽어 버리고나면 하얀 나비가 되어 나오게 됩니다." [196]

일치의 기도를 통해 얼마나 많은 영혼이 변모(變貌, transformation)되는지! 일치의 기도 이전 같으면 십자가를 두려워했을 영혼이, 이제 주님을 위해서라면 어떤 고통스러운 희생이라도 달게 받고 싶어한다.

여기에서 성녀 예수의 데레사는 일치의 기도에 대하여 몇 가지 세부 사항으로 들어간다. 성녀는 이 기도에서 영혼의 강렬한 열정을 기술한다. 이 열정은 영혼이 하느님을 찬양하게 하고, 모든 피조물이 하느님을 알고 사랑하게 하도록 영혼을 재촉한다. 하느님을 거스르는 이 세상을 떠나고 싶어할 정도로 영혼은 피조물로부터 초연해진다.

---

[196] 「영혼의 성」 제5궁방, 2장, p. 114-116.

그래서 영혼은 은총에 더 이상 저항하지 않고, 하느님의 뜻에 완전히 순종한다. 그 결과 영혼에게 이웃에 대한 큰 사랑이 생긴다. 그리고 누가 칭찬 받는 것을 보면, 자신이 칭찬 받는 것 이상으로 기뻐한다.[197]

1452 (2) 이 일치의 기도는 영혼으로 하여금 더욱 완전한 다른 일치를 낳는다. 그리고 이 일치는 약혼 때의 첫 만남처럼, 영혼이 만일 은총에 일치한다면 그는 머지않아 영적 약혼(約婚)기에 도달할 것이다. 이러한 결과로 인해 영혼은 하느님과 신비적 결혼(結婚)에 이르게 된다. 그러나 성녀는 사랑과 이탈(離脫)의 길에서 영혼의 영적 진보를 그치지 말아야 한다고 말한다. 왜냐하면 모든 영적 진보에서 영혼의 멈춤은 뒷걸음질과 나태가 뒤따르기 때문이다.[198]

제3절
황홀한 일치 기도(영적 약혼)

하느님과 영혼의 황홀한 일치는 다음 두 가지 형태로 나타난다. 이 일치는 감미로운 모습과 고통스런 모습이다.

Ⅰ. 감미로운 황홀한 일치

1453 황홀경(恍惚境, extase)이란 단어는, 우리가 다음 장에서

---
197) 「영혼의 성」 p. 120-132
198) 「영혼의 성」 제5궁방. 4장, p. 133-140.

다룰 공중부유(空中浮遊, lévitation)의 놀라운 신비적 현상(現象)을 필연적으로 포함하지는 않는다. 황홀한 일치는 영혼에게 다만 외적 감각을 잠시 멈추게 하는 것이 특징이다. 영혼의 황홀한 일치는, 앞서 말한 두 모습의 일치를 서로 보완한다. 앞선 두 일치의 요소들 외에도 또 다른 외적 감각들이 이 일치를 멈추게 할 수 있기 때문이다.

(1) 황홀한 일치의 본질

1454 하느님 안에서 영혼(靈魂, âme)이 갖는 전적인 전념(專念, absorption)과 감각의 멈춤이라는 두 요소는 바로 황홀한 일치를 구성한다. 즉 영혼이 하느님께 완전히 전념해 있기 때문에, 외적 감각은 하느님을 표현하는 대상이나 또는 그분께 고정되어 있는 것 같다.

(가) 영혼이 하느님께 완전히 전념할 수 있는 것은 다음 두 가지 원인에서 온다. 즉 흠숭(欽崇)과 사랑이다. 성 프란치스코 살레시오는 이 점에 대하여 잘 설명하고 있다.

ㄱ) "우리가 알 수도 없고 알지도 못했던 새로운 진리와의 만남을 통해 흠숭은 우리 안에서 생겨납니다. 그리고 만일 우리가 만나는 새로운 진리에 아름다움과 선함이 결합하게 되면, 거기서 나오는 흠숭은 매우 감미롭습니다. 몇 가지 특별한 계시(啓示)가 우리의 오성(悟性)에 주는 신적 선함을 만족시킬 때, 이 방법으로 계시된 믿음과 탁월한 관상의 신적 신비를 관상하게 되면, 영혼이 상상하지도 못했던 아름다움을 보면서, 그는 감탄에 빠져듭니다.

그런데 마음에 드는 것에 대한 흠숭은, 그 흠숭의 대상에 영혼을 집착시키고 애착하게 만듭니다. 그로 인하여 영혼은 하느님으로부터 발견하는 아름다움이 너무나 탁월하므로, 오성은 아직 한 번도 보지 못한 것을 보는 데도 흡족하게 만족할 수 없습니다."

ㄴ) 이와 같이 하느님께 대한 흠숭은 영혼으로 하여금 참된 사랑을 만나게 한다. "그런데 이 사랑의 환희는 다음과 같은 종류의 의지로 형성됩니다. 하느님께서는 영혼에게 달콤한 매력으로 다가오십니다. 마치 자석에 의해 끌린 바늘이 자석의 극을 향해 움직이고 방향 지어지듯 말입니다. 이때 영혼은 무감각한 조건을 잊고서, 천상적 사랑에 접촉된 의지는 세상의 모든 애착을 버리고, 하느님께 몸을 던지고 다가갑니다.

이러한 방법으로 영혼은 인식이 아닌 기쁨으로, 지식이 아닌 체험으로, 흠숭이 아닌 감정으로, 보는 것뿐만 아니라 맛과 음미를 통해 황홀 속으로 들어갑니다."

1455 ㄷ) 뿐만 아니라 흠숭은 사랑을 통해 성장하고, 사랑은 흠숭을 통해 성장한다고 성인은 말한다.

"영혼은 오성이 흠숭 안에 있음을 보면서 의지가 자주 환희를 느끼듯, 의지가 황홀경에서 갖는 성스러운 환희를 보면서 오성은 이따금 흠숭 속으로 들어갑니다. 따라서 이 두 능력인, 오성과 의지는 그들의 만족을 서로 교환합니다. 아름다움을 보는 것은 영혼에게 그것을 사랑하게 하고, 사랑은 영혼에게 그 아름다움을 보게 합니다."[199]

---

199) *Amour de Dieu*, 1. VII, ch. IV-VI.

한 영혼이 하느님 사랑과 흠숭에 사로잡히는 것, 다시 말해 사랑에 매료(魅了)되어 영혼이 하느님께 사로잡히는 것은 놀라운 일이 아니다.

만일 인간적인 사랑의 열정으로 넋을 잃은 사람이 있다면, 그는 사랑하는 대상을 위해 모든 것을 버리는 것이 당연할 것이다. 하물며 하느님으로 인해 영혼 안에 각인(刻印)된 신적 사랑 때문에 그분을 사랑하고 그분을 위해 모든 것을 잊어 버리고 그분께 나아가는 것은 놀라운 일이 아니지 않는가?

1456 (나) 황홀한 일치에서 감각의 멈춤은 영혼이 전적으로 하느님께 몰입(沒入)한 결과이다. 이 황홀한 일치는 영혼 안에서 점진적으로 이루어지며, 모든 영혼이 같은 일치의 단계에 이르지는 않는다.

ㄱ) 외적 감각과 관계되는 것이다.

① 먼저 황홀한 일치에서 영혼의 외적 감각은 다소 눈에 띄게 무감각해지고, 숨쉬기와 육체적인 활기가 저하되며 그 다음 체온이 떨어진다. 그래서 성녀 예수의 데레사는 다음과 같이 적고 있다. "체온이 내리고 육체는 조금씩 싸늘해지는 것을 아주 뚜렷이 느낍니다만, 이에 대해서 매우 유쾌함과 기쁨을 느낍니다."[200]

② 그 다음 이 일치에서 몸을 사로잡았던 영혼의 모습은 분명하게 부동(不動)자세가 되어 버린다. 그로 인하여 영혼의 시선은 보이지 않는 대상에 고정된다.

③ 황홀한 일치는 당연히 몸을 허약하게 한 상태임에도 불구

---

200) 「천주 자비의 글」 제20장, p. 178.
201) 「천주 자비의 글」 18장과 20장.

하고, 반대로 영혼에게는 새로운 힘을 준다.[201] 물론 황홀한 일치에서 깨어나는 순간에는 어떤 무력(無力)함을 느끼지만, 잠시 후에는 영혼 안에 힘이 솟구치는 것을 느낀다.

④ 이따금 황홀한 일치는 영혼에게 감각의 멈춤이 완전하게 이루어지게 한다. 그러나 이 감각의 멈춤이 때로는 반대로 불완전하게나마 계시를 암시(暗示)하기도 한다.

ㄴ) 황홀한 일치에서 내적 감각은 우리가 이미 기술했듯이, 신비적 일치 안에서보다 더 완전하게 감각이 멈추어 버린다.

1457 ㄷ) 위와 같은 관점에서, 이제 우리는 황홀한 일치가 영혼의 자유마저 마비시키는가를 물어볼 수 있다. 그러나 성 토마스 아퀴나스, 슈아레쯔(Suarez), 성녀 예수의 데레사, 빠쯔의 알바레즈(Paz de Alvarez) 등은 모두 한결같이 황홀한 일치에서 영혼 안에는 대개 자유가 남아 있다고 말한다. 그러므로 황홀한 일치에서 영혼은 황홀경(extase)에 이를 수 있는 자격이 있다고 한다. 그 결과 영혼은 자유롭게 자신에게 주어진 영적 은혜를 받아들일 수 있게 되는 것이다.

ㄹ) 황홀한 일치에서 영혼이 경험하는 황홀경의 기간은 매우 다양하다. 완전한 황홀경은 일반적으로 영혼에게 순간적이거나 이따금 30분 정도 지속된다. 그러나 이 완전한 황홀경에 불완전한 순간들이 뒤따를 때, 영혼 안에 통과하는 모든 황홀함의 교차는 오래 지속될 수 없다.

ㅁ) 영혼은 황홀한 일치에서 자연적(spontané) 또는 자극적(provoqué)인 깨어남을 통해 황홀경에서 벗어난다.

① 자연적인 경우, 마치 다른 세상에서 되돌아온 것 같은 어

떤 고통을 느낀다. 그러나 영혼은 조금씩 육체적인 활동을 되찾는다.

② 자극적인 경우는 장상의 부름이나 또는 규칙에 의한 경우이다. 이때 그것이 청각적(聽覺的)일 경우에는 영혼이 항상 준수하지만, 그것이 정신적인 경우에는 항상 준수하는 것은 아니다.

(2) 황홀한 일치의 세 가지 자세

1458 하느님과의 일치에서 영혼의 황홀함에는 다음 중요한 세 단계가 있다. 즉 단순한 황홀경(extase simple), 탈혼(脫婚, ravissement), 영의 비상(飛翔, vol de l'esprit) 등이다.

ㄱ) 단순한 황홀경은 일종의 영적 쇠약함(défaillance)으로 서서히 발생하며, 고통스러운 동시에 감미로운 상처를 영혼에게 준다. 이 황홀한 일치에서 신랑은 영혼에게 자신의 현존(現存)을 느끼게 해 주지만, 한 순간뿐이다. 영혼은 이 황홀함을 항구하게 누리기를 원하지만 현존의 상실로 고통을 당한다. 그럼에도 불구하고, 영혼이 느끼는 즐거움은 고요의 기도에서 얻는 그것보다 더 감미롭다.

성녀 예수의 데레사의 말을 들어보자. "영혼은 감미롭기 짝이 없는 상처를 받은 것을 느끼기는 하지만, 누가 어떻게 그 상처를 내게 했는지는 알아내지 못합니다. 그러나 분명 거룩한 은혜인 것만은 잘 알고 있기에 절대로 그 상처가 낫기를 바라지 않는 것입니다. 그 사람은 어찌할 바를 모르고, 다만 그 사랑하는 님께 소리를 내면서까지 사랑의 하소연을 하게 됩니다.

사랑하는 님이 함께 계시는 줄은 알지만, 계시는 그 님과 즐길 수 있을 만큼 당신을 보여 주려하지 않으심을 알고 있기 때문입니다. 이것이야말로 다사롭고 흐뭇하면서도 못 견딜 아픔… 이 아픔은 고요의 기도에서 맛보는, 고통이 없는 저 감미로운 황홀경보다 훨씬 더 영혼을 흐뭇하게 해 주는 것입니다." [202]

이와 같은 단순한 황홀경의 단계에서도, 이미 영혼에게는 초자연적인 말씀과 계시가 있다. 이점에 대해서는 다시 언급할 것이다.

1459 ㄴ) 탈혼은 영혼이 하느님과의 황홀한 일치에서 저항할 수 없을 정도로 성급하고 맹렬하게 영혼을 사로잡는다. 이 때 영혼은 여기에 대항할 수 없다. 이것은 마치 힘있는 독수리가 큰 날개를 통해 우리를 데려가는 것과 같다. 더구나 영혼은 어디로 가는지도 모른다. 그래서 영혼이 느끼는 기쁨에도 불구하고, 탈혼(脫魂)의 첫 순간에는 본성적인 나약함으로 인해 두려운 느낌이 들뿐이다.

"하지만 이 두려움은 더할 나위 없는 열렬한 사랑에 감싸여 있고, 이 사랑은 임께서 썩은 벌레에 지나지 않는 자에게 내리시는 과분한 것임을 알게 됨으로써 더욱 커집니다." [203]

하느님과의 황홀한 일치인 탈혼에서 영적 약혼이 이루어진다. 이 영적 약혼에서 영혼은 하느님의 도우심에 세심한 주의를 기울일 필요가 있다. "왜냐하면, 감각이 살아 있는 채로 이렇듯 높으신 하느님 곁에 가까이 있는 자신을 본다면 정녕코 목숨이 제대로 붙어 있지 못하겠기에 말입니다." [204]

---

202) 「영혼의 성」 제6궁방, 2장, p. 154.
203) 「천주 자비의 글」 20장, p. 180.
204) 「영혼의 성」 제6궁방, 4장, p. 173.

"그러나 탈혼 상태가 끝나더라도, 마음은 홀린 채로 남겨져 있고… 의지는 사랑을 깨치기 위해서만 있는 듯하여 그 사랑은 깊이 깨달아도 일체 피조물에 대한 애착은 사라지고… 고행을 하고 싶은 마음은 불타오릅니다." [205] 이 결과 영혼이 고통을 받지 않을 때는 오히려 불평까지 하게 된다.

1460 ㄷ) 황홀한 일치에서 탈혼 다음에는 영의 비상(飛翔)이 따른다. 이 탈혼은 너무 맹렬해서 영혼을 육체로부터 떼어놓는 것 같고, 어떻게 저항할 수도 없다.

성녀 예수의 데레사는 말하기를, "또 하나의 탈혼이 있는데 나는 이것을 '얼의 날음'이라고 부릅니다. 이 경우 사람은 우리가 살고 있는 세계와는 판연히 다른 지역으로 고스란히 옮겨진 느낌인데, 거기서 보이는 빛은 세상의 것과는 너무나 달라서 평생을 두고 별의별 궁리를 다 한다 해도 상상조차 할 수 없는 빛입니다.

이 빛으로써 사람은 일순간에 일체를 한꺼번에 깨우치게 되는 데, 평소 같으면 몇몇 해를 두고 상상과 생각을 다하면서 고생을 해도 그 천 분의 일을 알지 못할 것입니다." [206]

(3) 황홀한 일치의 주된 효과

1461 (가) 황홀한 일치에서 영혼이 갖는 효과는, 이 일치가 존재하지 않는다면 황홀경은 의심을 받게 되고, 영웅적인 위대한

---

205) 「영혼의 성」 p. 181.
206) 「영혼의 성」 제6궁방, 5장, p. 184.188.

삶에 대한 희망은 없어질 것이다.

성 프란치스코 살레시오는 이 점에 대하여 다음과 같이 지적하고 있다. "그러므로 묵상기도 때 탈혼하는 사람이… 삶 안에서 황홀함이 없다면, 세속적 탐욕을 억제하면서, 자연적인 성향과 의지를 통한 고행의 가치는 없을 것입니다. 그리고 내적 겸손과 솔직함과 온유함을 통해, 특히 항구한 사랑으로 하느님께 일치하면서 삶을 향상시키지 않는다면, 데오티모여, 이 모든 탈혼이 매우 수상쩍고 위험천만할 것이라는 것을 알아야 합니다. 이런 탈혼은 사람들의 찬탄(讚嘆)을 자아내려는 것이지, 결코 영혼을 성화시키는 것이 아닙니다."[207]

1462 (나) 황홀한 일치가 영혼 안에 자아내는 주된 몇 가지 덕들은 다음과 같다.

① 먼저, 피조물에 대하여 완전히 무관심 하다는 것이다. 하느님께서는 세속 것에 대한 허무(虛無)를 분명하게 드러내는 성체 안에 영혼을 들어올리신다. 또 영혼은 더 이상 자기 의지를 원하지 않고, 가능하다면 자유 의지까지도 포기하고자 한다.

② 자기가 범한 죄에 대한 아픔이 엄청나다. 그 결과 영혼을 괴롭히는 것은 지옥에 대한 두려움이 아니라, 하느님을 거슬렀다는 사실에 대한 아픔이 더 크다.

③ 예수님의 거룩하신 인성(人性)과 성모께 사랑 가득한 시선을 보낸다. 영혼이 예수님과 성모님과 함께 동행한다는 것은 얼마나 행복한가! 황홀한 일치는 영혼들로 하여금 지적이며 상상적인 환시(幻視, visions)를 떼어 내고 겸손에 잠기도록 해 준다.

---

207) *Amour de Dieu*, l. VII, c. VII.

④ 끝으로, 하느님께서 영혼에게 보내시는 새로운 수동적(受動的) 시련을 용감하게 감내(堪耐)하도록, 영혼은 인내를 해야 한다. 우리는 이와 같은 황홀한 일치가 가져다 주는 영혼을 위한 모든 덕들을 사랑의 정화(淨化)라고 부른다.

황홀한 일치 안에서 하느님을 뵙고자 하는 열망에 불탄 영혼은 마치 불화살에 뚫린 것처럼 고통을 느낀다. 그리고 오직 사랑하는 분에게서 멀어지는 것을 보면서 소리를 지른다. 그것은 영혼이 원하는 진정한 순교의 시작이며, 사랑하는 분과 떨어지지 않기 위해 죽고 싶다는 열렬한 열망이 동반되는 영혼과 육체의 순교(殉敎)이다.

이 순교는 영혼을 도취(陶醉)시키는 기쁨으로 이따금 중단된다. 이 점에 대해서는 십자가의 성 요한의 둘째 밤, 즉 영의 밤을 살펴보면서 더 깊게 이해하게 될 것이다.

II. 영(靈, esprit)의 밤

1463 십자가의 성 요한이 「어둔 밤」에서 말하는 첫째 밤은 고요와 일치의 기도, 그리고 황홀경의 기쁨을 준비시키기 위해 영혼을 정화시키는 밤이다. 그러나 영적 결혼(靈的結婚)이라는 더 항구하고 순수한 기쁨 이전에, 황홀한 일치에서 영혼이 일반적으로 치르는 근본적이고 깊은 정화가 필요하다.

그래서 우리는 다음 세 가지 관점에서 영의 밤을 살펴보기로 한다.
(1) 영의 밤의 존재 이유,
(2) 영의 밤의 시련,

(3) 영의 정화에 대한 효과.

(1) 영의 밤의 존재 이유

1464 영적 결혼 또는 일치의 변모(變貌, transformante) 속에서 하느님과 일치하기 위해, 영혼(âme) 안에 남아 있는 불완전한 것들을 모두 씻어 내는 것이 필요하다. 그런데 십자가의 성 요한은 이 불완전한 것들에 두 종류가 있다고 말한다. 즉 하나는 습성적(習性的, habituelles)인 것이고 다른 것은 현실적(現實的, actuelles)인 것이다.[208]

(가) 영의 밤에는 습성적인 불완전이 두 가지 있다.

ㄱ) 먼저 "애착과 불완전한 습성입니다. 미처 감성의 정화가 되지 않은 영 안에, 아직 습성의 뿌리가 남아 있는 것입니다." 예를 들어, 너무 강렬한 애정 같은 것이다. 그러므로 영의 밤에서는 이 습성들의 뿌리를 뽑아야 한다.

ㄴ) 또 다른 "습성적인 불완전은 진보한 이들의 단계를 거치지 못한 사람이면 누구나 다 지니고 있는데, 이미 말한 대로 사랑의 합일이 이뤄진 완전한 상태에는 있을 수 없는 것입니다."

(나) 그리고 똑 같이 현실적 불완전에도 두 가지가 있다.

ㄱ) 영의 밤에 있는 영혼은 풍성한 영적 위로(慰勞)에서 오는, 헛된 자만(vaine)과 교만(orgueil)에 빠지게 된다. 이 현실적 불완전에서 감정은 가끔 헛된 착각(錯覺, illusion)이나 거짓 예언을 믿게 하고, 거짓된 환시(幻視)로 영혼을 이끈다.

---

208) 「어둔 밤」 2편 2장. p. 86.

ㄴ) 또 이 현실적 불완전은 하느님 앞에 무엄한 자가 되게 하여, 영혼에게 모든 덕의 열쇠인 두려움을 잃게 한다.

그러므로 위와 같은 습관적인, 불완전한 성향들을 영혼의 정화와 함께 바로잡아야 한다. 이 정화를 도와 주기 위해 하느님께서는 영혼에게 둘째 밤의 시련(試鍊)을 보내 주시는 것이다.

(2) 영의 밤의 시련

1465 영혼을 바로잡고 정화하기 위해, 하느님께서는 오성(悟性)을 어둠 속에 두고, 의지(意志)를 메마름 속에, 기억(記憶)을 억제하면서, 감정(感情)을 고통과 불안 속에 두신다.

이것은 십자가의 성 요한이[209] 말한 것이며, 하느님께서는 주입적(注入的, infuse) 관상(신비신학)의 빛을 통해서, 영혼을 정화시키신다는 것이다. 이 관상의 빛은 그 자체로는 생생한 빛이지만 영혼의 무지(無知)와 더러움으로 인해 영혼에게는 매우 고통스럽고 캄캄하다.

(가) 주입적 관상에서 지성(知性)의 고통

ㄱ) 이 관상의 빛이 너무나 밝고 맑아, 어둡고 불결한 우리의 지성적인 눈으로는 감당할 수 없다. 마치 병든 눈에 밝은 빛이 들어오면 아픈 것처럼, 아직 병약한 영혼은 신적 빛으로 인해 마비된 듯하다. 그리고 영혼은 빛으로 인해 고문당하게 되고 죽음만이 해방을 주는 듯 싶다.

ㄴ) 이 관상에서 지성의 고통은 영혼 안에 신적인 것과 인간

---

209) 「어둔 밤」 2편, 5장.

적인 것이 만남으로 인해 더욱 강렬하게 된다.

• 신적인 것 : 정화를 위한 관상은 영혼을 쇄신하고 거룩하게 하며 완전하게 하기 위해 영혼을 사로잡는다.

• 인간적인 것 : 죄를 짓는 영혼으로써 이 지성의 고통을 거쳐야만 부활(復活)할 수 있다는 것이다. 그리고 이 지성의 고통은 영혼이 영적 죽음을 통하여 소멸된다는 인상을 가져다 주게 된다.

ㄷ) 이 지성의 고통에서 영혼은 자신의 빈곤과 비참함에 대한 강한 통찰력이 덧붙여진다. 그래서 영혼의 감성적인 부분은 메마름 속에 잠겨지고, 지성적인 면은 어둠 속에 잠겨 버린다. 그 결과 영혼은 마치 의지할 것도 없이 공중에 매달린 사람처럼 괴로워한다. 이따금 지옥이 입을 벌려서 영혼은 자신이 거기에 빨려 들어가는 듯하다. 이 표현은 물론 상징적이지만, 영혼에게 주입적 관상에서 오는 빛의 효과를 잘 표현하는 것이다.

왜냐하면, 한편에서는 하느님의 거룩하심과 위대하심을 보여 주고, 다른 쪽에서는 인간의 비참함과 허무(虛無)함을 보여 주기 때문이다.

1466 (나) 주입적 관상에서 의지의 고통

ㄱ) 이 의지의 고통에서 영혼은 모든 행복을 영원히 빼앗겼음을 알게 된다. 이때는 영적 지도자조차 영혼을 위로할 수 없다.

ㄴ) 이 의지의 고통에 대한 시련에서 영혼이 지탱할 수 있도록, 하느님께서는 영혼에게 당신과의 벗다운 사귐과 사랑의 감미로운 평화의 맛을 위안으로 주신다. 그러나 영혼은 이 위안의 순간에서, 하느님이 자신을 사랑하지 않고, 하느님으로부터 버림을 받았다고 상상하는 강렬한 고통이 온다. 이것은 의지의 고통

에서 겪게 되는 영혼이 하느님으로부터 영적으로 버려진 상태의 형벌이다.

ㄷ) 이와 같은 상태에서는 영혼의 기도가 불가능하다고 한다. 만일 영혼이 기도를 한다 해도, 너무나 자신이 메마르기 때문에 하느님께서 들어 주시는 것 같지 않다는 것이다. 이 의지의 고통에서 영혼은 어떤 때 기억력이 완전히 마비되면서, 세상의 유익함에 더 이상 전념할 수 없는 경우도 있다. 이것은 능력의 멈춤이 자연적 활동에까지 미치는 것이다.

한마디로 지금까지 이야기한 모두를 요약해 보면, 주입적 관상은 영혼이 겪는 고통으로 인해 지옥(地獄)처럼 느껴지지만, 그 열매인 정화로 인해 고통은 연옥(煉獄)이 된다.

(3) 영의 정화에 대한 효과

1467 (가) 십자가의 성 요한은 영의 정화에 대한 효과를 다음과 같이 요약한다. "비록 영을 어둡게 할지라도 오직 일체의 사상에 대해 빛을 주고자 함이라는 것입니다. 그러므로 영을 낮추어 비참하게 만드는 것도 높여 주고 올려 주려 함이요, 가난하게 만들어 자연의 모든 것과 정을 비워 놓음도 매사에 걸림이 없는 공번된 마음으로 저승과 이승의 일체의 사상을 영묘(靈妙)하게 맛보고 즐기라는 것입니다."[210]

이 영의 정화에 대한 효과를 설명하기 위해, 성인은 장작불 속에 던져진 습기 찬 나무토막의 비유를 사용하는데, 이것은 이

---

210) 「어둔 밤」 2편 9장.

미 제1422항에서 설명하였다.

1468 (나) 성인은 영의 정화에 대한 효과를 다음 네 가지 점으로 귀결시킨다.

ㄱ) 하느님을 위한 열렬한 사랑 : 영의 밤의 시초부터 영혼의 탁월함은 특별한 인식 없이도 하느님 사랑을 갖고 있었다. 그래서 하느님께서 영혼에게 인식을 주는 순간이 오면, 영혼은 하느님을 기쁘게 해 드리기 위해 무엇이든 실천하도록 준비한다.

ㄴ) 매우 강한 빛 : 영의 밤에서 이 관상의 빛은 먼저 자신의 비참함만을 보여 주기 때문에 매우 고통스럽다. 그러나 불완전이 회개로 인해 제거되고 나면, 빛은 영혼이 얻게 될 부유함을 보여 주게 되므로, 이 관상의 빛은 영혼에게 매우 큰 위안이 된다.

ㄷ) 매우 안전한 느낌 : 이 관상의 빛은 영혼의 구원에 가장 큰 방해물인 교만으로부터 보호해 준다. 이 빛은 하느님께서 영혼을 인도하신다는 것과, 그분이 주시는 고통은 기쁨보다 훨씬 더 유익하다는 것을 보여 준다. 끝으로 이 빛은 영혼으로 하여금 하느님을 거역하지 않을 것과, 또 하느님의 영광에 관계되는 어떤 것도 소홀히 하지 않을 것임을 의지적으로 굳게 결심하게 한다.

ㄹ) 영혼의 정화를 위해, 십자가의 성 요한이[211] 친절하게 묘사(描寫)한 하느님 사랑의 신비로운 사다리 열 층계를 묵상해야 한다. 그리고 이 사다리를 오르기 위한 놀라운 힘으로 변화시키는 일치로 이끌도록 영혼은 정성을 들여 묵상해야 한다.

---

211) 「어둔 밤」 2편 19~22장.

제4절
변모된 일치 기도(영적 결혼)

1469 많은 정화(淨化, purifications)를 거친 후, 영혼은 마침내 변모(變貌, transformante)된 일치라고 불리는 지속적이고 고요한 일치에 도달한다. 이 일치는 하느님께서 영혼 안에 지복직관(至福直觀, vision béatifique)을 직접 준비시키는 신비적 일치의 마지막 표현이다.

I. 변모된 일치의 본질

여기에서 우리는 변모된 일치(영적 결혼)의 (1) 주요한 특성들, (2) 성녀 예수의 데레사의 묘사(描寫)를 간단하게 소개한다.

1470 (1) 영적 결혼에서 변모된 일치의 주요한 특성들은, 다름 아닌 친밀성, 고요함, 불가해소성(不可解消性)이다.

(가) 친밀성(intimité)

이 변모된 일치는 다른 일치(황홀, 고요)보다 더 긴밀하므로, 이 일치를 영적 결혼(靈的結婚, mariage spirituel)이라 부른다. 부부(夫婦) 사이는 언제나 가장 비밀스럽다. 그 이유는 두 영혼의 삶을 하나로 합치기 때문이다. 이처럼 변모된 일치가 하느님과 영혼 사이에 존재한다.

성녀 예수의 데레사는 이 일치(영적 결혼)를 다음의 비유로 설명하고 있다. "하늘에서 강이나 우물로 떨어지는 물과 같이 똑

같은 물이 되어 버려서, 따로 나눌 수도 갈라놓을 수도 없는 것입니다." [212]

(나) **고요함**(sérénité)

이 변모된 일치의 단계에서는 영혼에게 더 이상의 황홀경도 탈혼도 없거나, 있어도 매우 적게 일어난다. 이 일치는 평온하고 고요한 영혼에게 자리를 주기 위해 실패와 나약함을 거의 사라지게 하여, 평온과 고요함 속에서 두 부부는 서로의 사랑을 확신한다.

(다) **불가해소성**(indissolubilité)

다른 모든 영혼의 일치는 일시적일 뿐이나, 이 변모의 일치는 그리스도인의 결혼처럼 본질적으로 영원하다.

1471 변모된 일치의 불가해소성이 영혼을 완전무결한 영적 결혼으로 이끌어 주는가? 이 점에 대해서는 성녀 예수의 데레사와 십자가의 성 요한의 관점 사이에 차이가 있다.

십자가의 성 요한은 영혼이 은총 속에 견고해 있기 때문에, "내 생각으로, 영혼이 은총 안에 견고해지지 않고서는 이 상태(영적 결혼)를 소유할 수 없습니다. 그러므로 영혼은 더 이상 유혹과 고통으로 불안해하지 않아도 되며, 근심과 걱정을 잊어 버려도 됩니다." [213]

그러나 성녀 예수의 데레사는 십자가의 성 요한의 긍정과는 거리가 멀다. "내가 이런 문제를 다루면서 영혼이 안전한 상태에 있는 듯하다고 말할 때, 언제 어디서든 그 말은 하느님이 영

---

212) 「영혼의 성」 제7궁방, 2장, p. 257.
213) *Cantique spirituel*, strophe XXII.

혼을 당신 손으로 떠받치고 계시는 동안, 그리고 영혼이 당신을 거스르지 않는 동안만 그렇다고 알아들어야 합니다. 적어도 내가 확실히 아는 바로는 영혼이 이런 상태(영적 결혼)에 있고, 이 상태가 몇 해를 계속되더라도, 안전이란 도무지 없다고 믿습니다."[214]

성녀 예수의 데레사의 이 말은, 끝까지 항구한 은총이 자신의 공로(功勞)가 될 수 없다는 것을 우리에게 가르치는 신학의 이론과 매우 일치하는 듯 하다. 영혼은 자신의 구원을 더 확신하기 위해, 현재의 은총 상태에서만 특별한 계시를 지니는 것이 아니라, 죽을 때까지 영혼은 변모된 일치 안에 항구해야 할 것이다.[215]

1472 (2) 변모된 일치에 대한 성녀 예수의 데레사의 묘사는 두 발현(發現, apparitions), 즉 예수 그리스도의 발현과 성 삼위의 발현을 포함한다.

(가) 상상과 지성의 두 환시(vision)를 통해, 예수님은 영혼을 성녀가 말한 마지막 궁방(宮房)으로 인도하신다.

ㄱ) 영성체 후 예수님은 상상의 환시로, 성녀에게 나타나신다. "하느님께서 이 은혜를 맨 처음 영혼에게 내리실 때는 당신의 지성(至聖)한 인성을 상상으로 보여 주십니다···. 우리가 말하고 있는 그 사람에게는 영성체가 끝날 때 주께서 부활 후의 찬란하고 아름답고 엄위로우신 모양으로 나타내 보이셨답니다."[216]

---

214) 「영혼의 성」 제7궁방, 2장, p. 260-261.
215) 이따금 영적 결혼은 특별한 예식, 반지의 교환, 천사적 노래 등으로 거행하기도 한다. 성녀 예수의 데레사의 모범에 따라, 우리는 이 모든 부차적인 것은 취급하지 않는다.
216) 「영혼의 성」 제7궁방, 2장, p. 255.

"주님은 말씀하시길, 네 것과 내 것을 바꿀 때가 바야흐로 왔다. 나는 네 일을 내 일처럼 보살피리라." … "이제부터 너는 내 영광만을 보살펴라. 그것은 다만 내가 너의 창조주이며, 왕이고 하느님이기 때문에서가 아니라, 네가 나의 진정한 신부(新婦)이기 때문이니라. 내 영광은 네 것이며, 네 영광은 내 것이니라."[217]

ㄴ) 곧이어 영혼에게 지성(知性)의 환시가 온다. "여기서 하느님이 일순간에 영혼에게 내려 주시는 바는 하나의 막중한 비밀이요, 숭고한 은혜요, 영혼이 느끼는 즐거움은 너무나 커서 어디에다 비길 수 없는 것입니다.

이 순간 하느님은 하늘의 영광을 그 어느 보임(환시)이나 신령한 맛보다 뛰어난 방법으로 영혼에게 나타내시려는 것이라고 할 따름이겠습니다. 달리 말해서 이 영혼의 얼은 하느님과 하나가 된다고 할 수밖에 없습니다."[218]

1473　(나) 성삼위의 환시(vision)

성녀가 말한, "제7궁방에 들어서게 된 영혼은 지성(至聖)의 보임, 그 어떤 진리의 표상을 통하여 지성하신 삼위일체 세 위 전부가 번쩍이는 구름처럼 먼저 그 정신을 불태우면서 나타내 보이십니다. 세 위(位)가 똑똑히 구별 지워져 보이면, 영혼은 그 받은 묘한 인식으로 세 위가 모두 하나의 실체, 하나의 힘, 하나의 인식, 오직 한 분이신 하느님이심을 더 참될 수 없이 깨우치게 됩니다.

그리하여 우리가 신앙으로 믿는 바를 여기서는 영혼이 깨우

---

217) Relation XXV, t. II des *Oevres*, p. 246.
218) 「영혼의 성」 ibid., p. 256-257.

쳐서 어쩌면 본다고까지 말할 수 있습니다. 물론 상상의 보임이 아니므로 육안이나 영안으로 보는 것은 아닙니다. 여기서야말로 세 위께서 다 함께 영혼과 사귀시고, 그에게 말씀하시고, 주께서 말씀하신 복음의 말씀을 깊이 깨우치게 하십니다.

'누구든지 나를 사랑하면 내 말을 지킬 것입니다. 그러면 내 아버지께서도 그를 사랑하시겠고 우리는 그에게로 가서 그와 함께 살 것입니다.' [219]

이 영혼의 놀라움은 나날이 더 커 갈 것입니다. 이제부터 성삼위는 자기를 떠나시지 않고 자기의 가장 안 쪽, 깊고 깊은 그 속에 계신다는 사실을 앞에서 말한 식으로 또렷이 보기 때문입니다. 학식이 없는 탓으로 어떻다는 설명은 할 줄 몰라도 하느님이 벗하여 계심을 느끼는 것입니다." [220]

Ⅱ. 변모된 일치의 효과

1474 성녀 데레사가 위에서 말한 것처럼, 이렇게 내적이고 깊은 변모된 일치는 영혼의 성화(聖化)에 큰 효과를 가져다 준다. 그래서 영혼은 자신이 얼마나 변모되는지 스스로 잊은 채, 하느님과 그분의 영광만을 꿈꾸게 된다.

이제 우리는 여기에서 변모된 일치의 영적 효과에 대하여 살펴보고자 한다.

(1) 영혼은 하느님의 손에 모두를 내어 맡긴다.

---

219) 요한 14, 23. 이 표현에서 관상이 주는 것과 개인적인 인식과 단순한 믿음의 고백 사이에 있는 무한한 차이점을 잘 지적하고 있다.
220) 「영혼의 성」 제7궁방, 1장, p. 251-252.

변모된 일치에서 영혼은 하느님 것이 아닌 모든 것에 대해 전적으로 무관심하게 한다. 이미 황홀한 일치에서 영혼은 사랑하는 하느님과 일치하기 위해 죽음을 갈망하였다. 그런데 변모된 일치에서 영혼은 하느님께서 영광을 받으시기만 한다면, 자신이 죽거나 살거나 무관하다는 것이다.

"한결같은 생각은 어떻게 하면 그 님을 더욱 기쁘게 해 드릴지, 무엇을 어떻게 해야만 당신께 대한 사랑을 드러낼지, 오직 여기에만 있는 법입니다. 기도란 결국 이것을 위한 것입니다. 영적 결혼도 이것을 위한 것이고, 이 결혼에서는 언제나 실행이 생겨나는 것입니다." [221]

1475 (2) 영혼은 고통받기를 끝없이 열망한다.

그러나 변모된 일치에서 영혼은 초조해 하지 않고, 하느님의 뜻에 완전히 순종한다.

"참아 받으라는 것이 하느님의 뜻이라면 이야말로 좋은 일, 그러지 말라 하셔도 그전처럼 슬퍼할 것도 없는 것입니다.

뿐만 아니라 이런 영혼들은 박해를 당할 때 몹시도 마음이 기뻐지고, 위에서 말한 것보다 훨씬 더한 평화를 간직하게 됩니다. 자기에게 해를 끼치는 사람과 끼치려는 사람들을 원수처럼 생각하기는커녕 도리어 특별한 사랑을 베풀어 줍니다." [222]

1476 (3) 영혼은 욕망도 내적인 고통도 없다.

"영혼들은 하느님을 모시고 있고, 당신은 영혼들과 같이 사시기 때문에 이들은 위로나 맛을 찾지 아니 합니다…. 이 영혼들

---
221) 「영혼의 성」 제7궁방, p. 275.
222) 「영혼의 성」 p. 264.

은 일체에서의 완전한 이탈, 혼자 있는 고독, 아니면 남을 위해 보탬이 되는 일에 골몰하려는 마음이 있습니다. 영혼의 메마름이나 마음 고생보다도 우리 하느님께 대한 생각과 부드러운 사랑에 차 있습니다. 오직 하나 주님을 찬미하고 싶은 마음이 있을 따름입니다." [223]

1477 (4) 영혼에게 황홀함이 없어진다.

"영혼이 이 궁방에 들게 되면, 어떠한 황홀이던 간에 모조리 없어집니다. 다시 말해서 모든 감각이 힘을 잃는다는 것입니다. 혹시 어느 때 황홀이 있다 해도 그전과 같은 탈혼이나 얼(靈)의 날음은 없고 어쩌다가 그런 현상이 나타날 때라도 그전처럼 사람들 앞에 나타나는 일은 거의 없습니다." [224] 이와 같은 현상은 영혼에게 완전한 평온과 평화가 되는 것이다. "하느님의 성전, 당신의 궁방에서 주님과 영혼은 단둘이서 더할 나위 없는 침묵 속에 서로 즐기는 것입니다." [225]

1478 (5) 영혼은 열렬한 열정을 갖는다.

변모된 일치에서 영혼의 성화(聖化)에는 열정이 포함되어 있다. 그래서 영혼은 행동하면서 일하고, 고통 당하면서 하느님과 이웃을 섬기는 자가 되고, 겸손한 덕을 진정으로 증진시키도록 노력해야 한다. 사랑은 계속 실천하지 않으면 곧 퇴보하기 때문이다.

"여러분은 기도로써 많은 도움을 주는 것 외에는 모든 사

---

223) 「영혼의 성」 p. 266.
224) 「영혼의 성」 p. 268.
225) 「영혼의 성」 p. 268.

에게 골고루 덕을 입히리라 생각하지 마십시오. 그저 함께 사는 이들에게나 잘하려 힘쓰십시오. 본분상으로도 더욱 그래야 하는 만큼 이것이 가치있는 일일 것입니다. 여러분의 이 놀라운 겸손과 인내, 차별 없이 수녀들을 섬기고 아낌없이 사랑하는 것, 그리고 하느님을 사랑하는 불꽃으로 그들을 뜨겁게 해서 덕으로 그들을 깨우쳐 주는 것이 작은 소득이라 보십니까? 크나큰 소득일뿐더러 주께서 매우 기뻐하시는 섬김일 것입니다." [226]

그러므로 변모된 일치 속에 있는 영혼은 특히 사랑으로 모든 일을 실천해야 한다. "주께서는 일의 크기를 보시지 않고 어떠한 사랑으로 하는가를 보십니다." [227]

1479 끝으로, 성녀 예수의 데레사는, 만일 영혼의 성(城)의 주인이 수녀들을 성(城) 안으로 들어오도록 하신다면, 성녀는 자매들에게 권해야 한다는 것이다. 그러나 허락하지 않으시면 억지로 성에 들어가려 해서는 안 된다고 말한다.

"그러기에 미리 알려 드립니다만 어느 저항에 부딪칠 경우, 억지를 써서는 절대 안 됩니다. 이것은 성주님을 크게 노하시게 하는 것이니, 그분은 여러분을 절대로 이 궁방 안에 들여놓지 않으실 것입니다. 성주님이 매우 좋아하시는 것은 겸손입니다.

감히 제 삼 궁방에도 들 수 없는 몸이라고 여러분이 자처할 때, 그분의 마음을 사게 되어, 제5궁방에 들게 하실 것입니다. 이렇게 해서 궁방들을 자주 드나들며 섬기기를 잘하면 성주께서 계시는 바로 그 궁방에까지 들여 주실 것입니다." [228]

---

226) 「영혼의 성」 p. 281.
227) 「영혼의 성」 p. 282.
228) 「영혼의 성」 p. 283-284.

제2장 개 요

1480 지금까지 우리는 관상의 주요한 네 단계(고요의 일치, 충만한 일치, 황홀한 일치, 변모된 일치)를 살펴보았다. 이러한 관상에서 영혼은 고통스러운 시련과 황홀한 기쁨의 교차를 볼 수 있었다. 그 결과로 우리는 주입적 관상의 개념을 분명하게 확인할 수 있었다. 주입적 관상을 통해 하느님께서는 영혼의 자유로움을 점진적으로 소유하신다.

(1) 하느님께서는 관상하는 영혼을 완전히 점진적으로 사로잡으신다. 먼저 이 관상은 의지를 고요의 기도 안에서 다스리게 한다. 다음으로 내적 또는 외적 모든 능력을 황홀함에서 실행하게 한다. 끝으로 영적 결혼에서 일시적이 아닌, 완전한 방법으로 온 영혼을 사로잡는다.

그런데 하느님께서 영혼을 사로잡으신다면, 그 이유는 빛과 사랑으로 영혼을 가득 채우고 영혼을 완덕과 통교하기 위해서이다.

ㄱ) 주입적 관상의 빛은 영혼이 충분히 정화되지 않았을 때는 매우 약하고 고통스럽다. 그러나 이 관상의 빛은 영혼의 나약함 때문에, 어둠과 늘 섞여 있음에도 불구하고 차츰 더 강해지고 더욱 위안이 된다. 이 관상의 빛은 하느님으로부터 오기 때문에 영혼에게 강한 인상을 심어 준다. 그리고 계속 영혼에게 창조물의 비참과 허무, 왜소함, 하느님의 무한하시고 선하신 아름다움에 대한 체험적(體驗的) 인식을 가져다 준다.

ㄴ) 주입적 관상은 영혼에게 주어진 열렬한 사랑과 너그러운

희생을 갈망하게 한다. 이 관상은 영혼이 자신을 송두리째 잊고, 사랑하는 하느님을 위해 희생되기를 원하게 한다.

1481 (2) 주입적 관상은 영혼을 신적 소유에 대해 자유롭게 공감하게 한다. 그리고 이 관상은 하느님과 예수님을 위한 십자가의 사랑, 거룩한 신뢰, 깊은 겸손으로 영혼이 기쁨과 자유를 통해 자신을 그분께 드리게 한다. 위와 같은 영혼의 자세는 스스로의 불완전성을 더욱 정화시키고, 하느님께 일치하며 그분 안에서 변화된다.

그리하여, 이 관상을 통해 영혼은 주님의 사랑에 대한 열망을 가능한 한 완전하게 실현하려 한다. "이 사람들도 우리들 안에 있게 하여 주십시오"(Ut et ipsi in nobis unum sint).[229]

지금까지 우리가 말한 이것이 진정한 신비주의(神秘主義) 신학이다. 그런데 이 신비신학과는 다른 가짜 신비주의 또는 정적주의가 있다. 그래서 우리는 간략하게나마 참된 신비주의와 거짓된 신비주의 또는 정적주의(靜寂主義, quiétisme)를 구분하려 한다.

---

229) 요한 17, 21.

부　록 : 거짓된 신비주의 또는 정적주의

1482　앞서 우리가 소개한 가톨릭 교의(敎義), 즉 참된 신비주의와 비교해서, 가끔 다른 형태의 거짓된 신비주의가 있다.

　이 거짓된 신비주의는 영혼들의 수동적 상태(受動的狀態, état passif)의 개념을 변질시켰다. 그리고 그들은 윤리적 관점에서, 매우 위험한 교의적 오류(誤謬)에 빠졌다. 그 예로서, 몬따누스(Montanistes)인들과, 베가르드(Béghards)인들이 바로 그들이다.[230]

　그 가운데서도 가장 많이 알려진 교의적 오류(誤謬)가 정적주의이다. 이 오류는 다음 세 가지 다른 형태로 나타난다.

　(1) 몰리노스(Molinos)의 외설적인 정적주의(靜寂主義),
　(2) 페늘롱(Fénelon)의 완화되고 영성화된 정적주의,
　(3) 반 정적주의의 경향들이다.

---

230) P. Pourrat, *La spiritualité chrétienne*, t. I, pp. 97-99, 104-107; t. II, pp. 320-321, 327-328.
231) P. Dudon, *Le Quiétiste espagnol Michel Molinos*, Parls, 1921. (역 주) : 몰리노스는 (1928.6.29~1696.12.28.) 인노첸시우스 11세에 의해 단죄되었다. 그는 로마 가톨릭 교회가 이단으로 간주한 극단적인 형태의 정적주의를 옹호하여 유죄 판결을 받았는데 그는 정적 상태에 도달한 영혼은 모든 유혹마저 면제된다고 주장하였다. 그는 '최후의 변론'에서 자신과 자신의 추종자들이 벌인 변태적 성행위는 악마가 저지른 죄악을 정화하는 행위이므로 죄가 아니며, 하느님 안에서 고요한 평정을 더욱 깊이 있게 하기 위해 수동적으로 허락한 것일 뿐이라고 주장했다.
　정적주의의 이단은 인간은 자신 스스로의 의지가 유일한 실천에 원인이 된다고 할 때, 이러한 행위는 하느님께 죄가 된다. 그래서 사람은 자기 모두를 하느님 안에 전적으로 포기해야 하고, 그로서 인간은 생명이 없는 육신으로 남아 있어야 한다는 것이다.

(1) 몰리노스의 정적주의[231]

1483 1640년, 스페인에서 태어난 몰리노스 미카엘(Michel de Molinos)은 그 생애의 대부분을 로마에서 지냈다. 그가 매우 성공을 거두었다는 두 개의 책에서, 그는 교회의 전통적인 교의가 아닌 이단(異端)을 퍼뜨렸다.

몰리노스의 근본적인 오류는 자신을 온전히 관상과 사랑의 행위를 통해, 하느님께 맡김으로써 도달하는 영혼의 정적(靜寂) 상태에서 완덕이 이뤄진다고 주장한 것이다. 그래서 몰리노스는 정적 상태에 도달한 사람은 모든 행위로부터 면제받는다고 말한다. 유혹에 대한 저항에서조차 그렇게 된다고 주장한다. 이와 같은 사상은, 하느님의 뜻이 우리 자신의 의지에 따르기를 원하는 것이지, 우리의 의지가 하느님의 뜻에 따르는 것이 아닌 것이다.

1484 이제 우리는 가톨릭 교의와 몰리노스의 오류(誤謬)를 세부적으로 다음 도표를 통해 비교해 보기로 하자.[232]

---

232) Molinos가 어디까지 왜곡했는지를 보려면, 그의 작품에 대한 요약문을 읽든지 혹은 Denzinger, *Enchiridion*, n. 1221-1288에서 이노첸시오 11세(Décret du 28 août et Constit. *Caelestis Pastor* du 19 nov. 1687)가 단죄하고 선포한 것을 읽어보라.

가톨릭의 교의	몰리노스의 오류
① 하느님께서는 능동적 은총으로 영혼 안에서 활동하시는 수동적 단계가 있다. 그러나 보통 이 단계는 묵상과 덕을 오랫동안 실천한 후에 도달한다. ② 관상의 실천은 잠시 지속되지만, 영혼의 상태는 몇 날 동안 지속될 수 있다. ③ 관상은 본질적으로 그리스도인의 모든 덕을 포함한다. 그러나 관상 시간 이외에는 이 덕의 명시된 것들을 실천해야 한다. ④ 관상의 대상은 하느님이며, 예수님이시다. 관상을 통해 영혼은 우리의 중개자이신 예수 그리스도를 생각하고, 그분을 통해서 하느님께로 가야 한다. ⑤ 거룩한 포기는 영혼에게 완전한 덕이다. 그러나 영원한 구원에 대하여 무관심해서는 안 된다. 오히려 영혼은 언제나 영원한 구원을 열망하고 희망하면서 간청해야 한다. ⑥ 상상과 감성은 영혼을 매우 혼란스럽게 하여, 내적 시련에 빠트릴 수 있다. 그럼에도 불구하고 영혼의 가장 깊은 곳에서는 평화를 누린다. 그러나 의지는 항상 유혹에 저항한다.	① 일반 은총으로, 자신이 획득할 수 있는 수동적 관상 또는 내적인 길은 하나 뿐이다. 즉 수동의 길로 즉시 들어가야 한다. 이 방법을 통하여 자신의 걱정을 없앤다. ② 관상의 실천은 몇 해 동안, 또는 평생 동안 꿈 속에서조차 단절되지 않고, 지속될 수 있다. ③ 관상은 영속적이므로, 초보자들을 위한 것과, 덕에 명시된 모든 행위에서 면제된다. 예를 들어, 신덕, 망덕, 경신덕, 고행, 고해성사 등이다. ④ 예수 그리스도와 그 신비를 생각하는 것은 불완전함이다. 또 신적 본질에 자신을 잃어버리는 것으로도 충분할 수 있게 해야 한다. 그림이나 이념을 사용하는 사람들은 하느님을 영과 진리로 흠숭하지 않는 것이다. ⑤ 관상의 단계에서, 영혼은 모든 것에 대해, 자신의 구원과 성화에 대해서 무관심해도 되며, 참된 사랑이 사심이 없기 위해서 희망을 버려야 한다. ⑥ 유혹에 저항하려고 노력하지 않아도 된다. 음란한 상상과 그 결과인 행위들은 비난할 만한 것이 못된다. 왜냐하면 그것은 악마의 일이기 때문이다. 그것은 성인들조차 시련 당했던 수동적인 시련들이다. 그리고 이를 고백하지 말아야 한다. 이 방법을 통해서 영혼은 완전한 순결과 하느님과의 내적인 일치에 도달하게 된다.

우리가 위에서 제시한 가톨릭의 참된 교의는 우리로 하여금 위와 같은 오류를 반박(反駁, réfutation)하게 한다. 그러나 정적주의의 역사를 살펴볼 때, 우리는 관상에 너무 빨리 도달하기를 원한다. 그리고 영혼은 그리스도인의 덕을 실천하고 자신의 격정(激情)을 절제하지 않으면서, 관상에 들어가려 한다. 이와 같은 영혼의 자세는 관상에 더 높이 올라가려고 갈망하는 그만큼 더 아래로 떨어진다는 결론에 이른다. 즉 천사가 되려다가 오히려 짐승이 된다고 볼 수 있다.

(2) 페늘롱(Fénelon)의 완화된 정적주의[233]

(역 주) : 페늘롱은(1651.8.6~1715.1.7) 프랑스의 대주교로서 신학자이며 저술가였다. 1676년 사제거품을 받고 누벨 가톨릭 대학의 학장으로 임명된 페늘롱은 가톨릭과 프로테스탄트의 교리를 합리적으로 제시하고 가톨릭의 편협성에서 나온 냉혹함을 완화하려고 노력했다. 자신의 신앙생활을 염려하던 그는 정적주의자로부터 해답을 얻었다. 그는 정적주의의 주도적 인물인 귀용(Mme Guyon) 부인을 소개받아 그가 지적으로 입증했던 신의 존재를 직접 체험하는 몇 가지 방법을 배웠다.

1485 페늘롱의 정적주의는, 아직 젊은 나이에 과부가 된 귀용 부인이 저서를 통해 주장한 애정에 대한 문제이다. 이것을 정적

---

233) Fénelon, 내면적인 생활에 관한 성인들의 말씀 해설, nouv. éd. par *A. Chérel*, 1911; Gosselin, *Oeuvres de Fénelon*, t. IV; L. Crouslé, *Bossuet et Fénelon.*, 1894; Huvelin, *Bossuet, Fénelon, le quiètisme*; A. Largent, *Fénelon.* (Dict. de Théol. t. V, col. 2138-2169.)

주의의 저자인 젊은 과부가 자기 책에 쓰인 사랑의 부도덕한 결과에 대하여 완화 형식으로 계속 주장한다. 귀용 부인은 자신이 순수한 사랑의 길이라고 자칭하면서 상상적이고 감성적인 신심 속에 열성을 바친다. 그녀는 먼저 성 바오로 회원인, 라꼼버(P. Lacombe) 신부를 자신의 사상으로 끌어들이고, 그 다음으로 페늘롱을 끌어들인다.

페늘롱 자신은 완화된 정적주의인 내적 삶을 위해, 성인들의 격언(格言, maximes)을 분명하게 서술한다. 여기서 페늘롱은 "자기 자신의 이득에 대한 동기가 전혀 섞이지 않은 순수한 애덕"[234]인 참된 사랑의 교의(敎義)의 빛을 밝히고자 노력한다.

이 책에 실린 모든 오류는 보쉬에(Bossuet)의 판단에 의하면 다음 네 가지 제안으로 귀결될 수 있다.

① "이 세상의 순수한 사랑에는 일상적인 단계가 있다. 거기서는 영원한 구원에 대한 열망이 더 이상 없다.

② 내적 삶의 마지막 시련 속에서, 영혼은 설득되고, 반박할 수 없는 확신을 가지게 된다. 이것은 하느님을 통해 증명된 것이며, 이 확신 속에서 자신의 영원한 행복인 하느님께 절대적인 희생을 드리게 된다.

③ 사랑의 순수한 상태 속에서, 영혼은 자기 자신의 완덕과 덕의 실천에 무관심하다.

④ 관상적인 영혼은 어떤 단계에서, 예수 그리스도의 감각적인 숙고와 구별되는 관점을 잃어 버린다."[235]

---

234) Fénelon, 내적 삶에 대한 성인들의 말씀 해설서, 1697.
235) *Enchiridion de Denzinger*, 1327-1349에서 교황 이노첸시오 12세에 의해 단죄된 페늘롱의 제안을 볼 수 있다.

1486 물론 페늘롱의 정적주의는 몰리노스의 것보다는 훨씬 덜 위험하다. 그러나 이 네 가지 정적주의의 제안은 거짓이며, 영혼에게 치명적인 결과를 가져다 줄 수 있다.

① 첫 번째, 이 세상에서 희망을 제외시킨 순수한 사랑의 단계가 있다는 것은 거짓이다. 이씨(Issy) 신학교에서 만든 정적주의에 대한 논설 5장에서는 다음과 같이 말한다. "모든 사랑의 단계에 있는 그리스도인은, 어떤 순간에서든 언제나 하느님이 우리가 영광을 원하기를 바라시는 것처럼, 자신의 영원한 구원을 분명하게 간청하고 바라고 갈망해야 한다."[236]는 것이다.

완전한 자에게 참된 행복의 열망은 자주 사랑으로 명해지며, 그래서 그들에게는 자신들의 구원을 꿈꾸지 않는 순간도 있는 것이 사실이다.

② 두 번째 제안 역시 거짓이다. 물론 많은 영혼들이 거부했던 열등 의식에서 매우 강한 인상을 받았던, 몇몇 성인들이 있다. 이 성인들이 구원을 위해 조건부로 희생을 했다면, 그것은 절대적인 희생이 될 수 없다.

③ 세 번째 순수한 사랑의 단계에 있는 영혼에게 덕의 실천과 완덕에는 무관심할 수 있다는 것 역시 거짓이다. 그 반대로 성녀 예수의 데레사가 완덕의 가장 높은 단계에서 중요한 덕과 진보에 대한 지속적인 관심을 권하는 것을 우리는 보았다.

④ 끝으로 영혼의 완전한 단계에서 예수 그리스도께 대한 뚜렷한 관점을 잃는다는 것 역시 거짓이다. 우리는 변모된 일치를 다룬 제1472항에서, 성녀 예수의 데레사는 예수 그리스도의 거

---

236) 이 장들은 Bossuet, Noailles, Châlons의 주교, Fénelon과 M. Tronson 사이에 있었던 회담의 결과를 Issy의 신학교에서 1694-1695년 사이에 작성한 것이다.

룩한 인성의 발현을 말하였다. 이것은 어떤 일시적인 순간에 예수 그리스도를 분명히 생각하지 않는다는 것은 사실이다.

(3) 반(反) 정적주의자들의 경향[237]

1487 우리는 이따금 훌륭한 신심(信心) 서적들 가운데서, 다소 정적주의적인 경향을 띤 책을 찾을 수 있다. 이와 같은 경향의 서적들이 일반 영혼들에게 영성생활의 지침서로 사용된다면, 모두 오류에 빠지고 말 것이다.

이 정적주의 경향이 있는 서적들 안에 스며든 주된 오류는, 관상생활인 일치의 길에서 영혼에게 적합한 수동적인 자세를 모든 영혼에게 빨리 주입하려는 성급함이다.

이 단순화가 대부분의 영혼에게는 추리 묵상과 세심한 양심 성찰, 윤리덕의 실천을 거친 후에야 유용하게 쓰일 수 있음을 잊어 버리고, 너무 빨리 영성생활을 단축하려 한다. 이러한 태도는 영혼에게 매우 좋은 영적 자질을 남용(濫用)하는 처사가 된다. 완덕의 중간 단계를 넘으면서, 초기 단계부터 진보한 영혼에게 같은 성공의 관상 방법을 제시하여, 가능한 한 빨리 완전한 영혼을 만들려 한다.

1488 ㄱ) 이렇게 하여, 정적주의자들은 사심(私心) 없는 사랑을 조장한다는 미명(美名) 아래, 그리스도인의 희망에 자리를 주지 않는다. 이러한 정적주의자들에게 영원한 행복에 대한 열망은

---

237) P. José, *Etudes relig.*, 20 déc. 1897, p. 804; Mgr. A. Farges, *Phén. mystiques*, p. 174-184.

부차적(副次的)일 뿐이며, 하느님의 영광이 전부라고 가정(假定)한다. 그런데 사실, 하느님의 영광과 영원한 행복은 서로 내적으로 긴밀하게 연결되어 있다. 하느님 사랑과 인식을 통해서 영혼은 하느님께 영광을 드리고, 이 사랑과 인식은 동시에 우리에게 행복을 가져다 주기 때문이다.

그렇기 때문에 우리는 정적주의자들에게, 이 두 영광과 행복의 요소를 떼어놓는 대신 반대로 일치시켜야 하며, 그들이 어떻게 서로 조화되고 보충되는가를 보여 주어야 한다. 만일 이 둘을 떼어놓고 생각해야 한다면, 언제나 하느님의 영광이 주된 것이라는 사실을 알아야 한다.

ㄴ) 게다가 정적주의자들은 신심의 수동적인 면을 너무 강조한다. 그들은 활동적인 신심을 오랫동안 실천한 후에는, 하느님의 팔에 안겨서 그분이 우리 안에서 움직이시도록 내버려 두라는 것이다.

ㄷ) 정적주의자들은 영혼의 성화에 대한 방법이 있을 때, 언제나 일치의 길에만 적합한 것을 거의 전적으로 제시한다. 예를 들어, 정적주의자들은 세분화된 체계적인 묵상을 비난한다. 즉 영혼들의 세심한 결심은 영성생활의 일치를 깨뜨린다는 것이다. 즉 영성생활에서 상세한 양심 성찰을 단순한 회상으로 대체하려 한다.

그래서 정적주의를 따르는 초보자들은 보통 체계적인 묵상기도를 통해서만 단순 기도에 도달한다는 것을 잊고 있는 것이다. 이러한 초보자들에게는 온 마음을 다하여 하느님을 사랑하는 결심을 분명하게 하는 것이 필요할 것이다. 또 그들의 잘못을 알고 고치기 위해서는 묵상기도의 세부적인 체험으로 들어가야 한다.

또 초보자들이 그들의 격정과 과실을 남겨 두고, 그들 자신에 대한 피상적인 시선만으로 만족하는 것은 영혼에게 위험을 노출시킬 뿐이다.

한마디로 정적주의자들은 영혼이 하느님과의 일치와 수동적인 단계에 이르기 위해 지나야 할 여러 단계가 있다는 것을 너무 잊고 있다.

제Ⅲ부

놀라운 신비 현상

1489 주입적 관상기도를 살펴보면서, 우리는 특히 황홀한 일치부터 자주 동반되는 놀라운 현상(現象, phénoménes)들을 등한시하였다. 그 예로써 환시(visions), 계시(révélations) 등이 그 것들이다. 그리고 악마는 언제나 신적 일을 모방(模倣)하므로, 참되고 거짓된 신비가(神秘家)들에게 이따금 악마적 현상들이 있는 것이다. 이제 우리는 간략하게나마 이 신적 현상들과 악마적 현상들을 차례로 다룰 것이다.

제1장 놀라운 신비적 현상[238]

주입적 관상기도에서 영혼 안에 일어나는 현상들은 다음 두 가지로 구분한다. 즉 지적(知的, intellectuel) 신비의 현상들과 정신-생리적(生理的, physiologique) 신비 현상들이다.

제1절
지적인 신비 현상

지적인 신비 현상들은 영혼에게 주어진 사적 계시(私的啓示, révélations privées)와 무상(無償)으로 주어진 하느님의 은총으로 귀결된다.

I. 사적 계시

우리는 여기에서, (1) 사적 계시의 본질, (2) 사적 계시를 구

---

238) 성녀 예수의 데레사,「천주 자비의 글」25-30장;「영혼의 성」제6 궁방과 alibi passim; 성 십자가의 요한, 2권 21-30장 alibi passim; Alvarez de Paz, *op. cit.*, t. III, lib. V, p. IV, *de discretione spirituum*; M. Godinez, *Praxis theol.* myst., lib. X; Benedictus XIV, *De beatificat.*, lib. IV, P. I; Ribet, *La Mystique divine*, t. II; A. Poulain, *Grâces d'oraison*, ch. 20-23; A Saudreau *L'etat mystique*, éd 1921, ch. 17-21장; P. Garrigou-Lagrange, *Perfect. et contemplation*, t. II, p. 536-562; Mgr A. Farges, *Phén. mystiques*, IIe Partie.

별하기 위한 규범들을 살펴보기로 한다. 그 이유는 참된 사적 계시와 거짓된 사적 계시를 식별(識別, discerner)하기 위해서이다.

(1) 사적 계시의 본질

1490 (가) 공적 계시와 사적 계시의 차이점

일반적으로 하느님의 계시는, 당신을 통하여 이루어지는 감추어진 진리의 초자연적 선포(宣布, manifestation)이다. 이 발현이 온 교회의 선(善)을 위해 행해졌을 때, 이것을 두고 공적 계시라 한다. 그러나 이 발현이 개인적인 영적 이득을 위해 이루어졌을 때, 이것을 사적 계시라 한다. 우리는 여기서 사적 계시만을 다룰 것이다.

사적 계시는 여러 세기(世紀)를 거쳐 있었다. 그 예로써 성서와 또 시성식(諡聖式)의 과정은 그것을 잘 증명해 준다. 사적 계시는 오로지 성교회의 해석을 따라야 하며, 성서와 성전(聖傳) 속에 위탁된 내용만을 근거로 하는 교회의 믿음에 대한 대상도 아니다. 이 사적 계시가 모든 그리스도인의 믿음을 강요해서는 안 된다.

교회가 사적 계시를 승인하는 것은, 우리에게 그것을 믿으라고 강요하는 것이 아니다. 이 승인은 교황 베네딕도 14세의 말처럼, 다만 이 사적 계시를 그리스도인들의 교화(敎化)와 교육을 위해 공인(公認)할 뿐이다. 그러므로 우리가 사적 계시에 대해 지녀야 할 동의(同意)는 교회의 신앙 행위가 아니라, 이 계시가 있을 법하고 경건하게 믿을 만하다는 데에 기반을 둔 인간적인

믿음의 행위이다.[239]

 그러므로 교회 권위에 의한 공적 승인 없이는 절대로 사적 계시는 공포될 수 없다.[240]

 그럼에도 불구하고 몇몇 신학자들은 계시를 받은 사람과, 하느님께서 당신 뜻을 표명한 사람에게 확실한 증거만 가진다면, 진실한 믿음을 거기에 두고 믿을 수 있다고 잘못 생각한다.

1491 (나) 어떻게 사적 계시가 이루어지는가?

 일반적으로 사적 계시는 다음 세 가지 방법으로 이루어진다. 즉 환시와 초자연적 말씀과 신적인 접촉 등이다.

 ㄱ) 사적 계시에서 환시는 인간에게 자연적으로는 보이지 않는 대상을 영혼이 초자연적으로 지각(知覺, perceptions)하는 것이다. 그러기에 환시는 감추어진 진리를 밝힐 때만 계시가 된다. 환시에는 감각적, 상상적, 지식적인 환시 등 세 가지 종류가 있다.[241]

 ① 발현(發現, apparitions)이라는 사적 계시에서 감각적 또는 육체적 환시는 사람에게 자연적으로는 보이지 않는 객관적인 실제(réalité)를 인지하는 것이다. 이 인지된 대상이 살과 뼈로 된

---

239) *De serv. Dei beatif.*, 1. II, c. 32, n. 11 : "Siquidem hisce revelationibus taliter approbatis, licet *non debeatur nec possit adhiberi assensus fidei catholicae*, debetur tamen *assensus fidei humanae*, juxta prudentiae regulas, juxta quas nempe tales revelationes sunt *probabiles pieque credibiles.*"
240) Urbain 8세 교황령, 1625년 3월 13일; Clément 9세 교황령, 1668년 5월 23일.
241) 「천주 자비의 글」 제28장, 2. 주석: 신비신학에 정통한 분들은 세 가지 환시가 있다고 한다. 즉 감각적, 상상적, 지적 환시들이다. 첫째 것은 외적 감각을 통해 무엇을 보는 경우이다. 이것은 완덕에서 정화의 길에 해당한다. 둘째 것은 상상 안에서 이루어져 나타나는 것으로 빛의 길에 해당한다. 셋째 것은 오성에 직접 느껴 알 수 있는 것으로서 일치의 길과 직접관계된다. 성녀 데레사는 상상적 환시와 지적 환시를 많이 받았다.

육체일 필요는 없고, 그것이 감각적 형태 또는 빛을 발하는 형태라는 것으로도 충분하다.

따라서 성 토마스 아퀴나스와 함께, 우리는 예수님께서 승천(昇天)하신 후에, 매우 드물게 사적으로 발현하신 것을 일반적으로 인정한다. 사적 계시는 일반적으로 참된 육신이 아닌 감각적 형태로만 나타난다.

예수님이 성체 안에서 나타나실 때, 다음 두 가지로 설명된다고 성 토마스는 말한다. 눈의 기관 속에 기적적인 인상을 통해(한 사람에게만 나타내 보이는 경우), 또는 주님의 것과 같은 뚜렷한 육신의 모습이지만 현실적이고 감각적인 대기(大氣) 속의 형상을 통해서, 그러나 주님의 몸과는 다른 형태를 통하여 나타난다. 왜냐하면 구세주의 몸은 한 장소 안에서만 고유한 형태로 볼 수 있기 때문이다.[242]

이와 같은 주님의 발현은 성모님에게도 적용시킬 수 있다. 성모님이 루르드(Lourdes)에 발현하셨을 때, 육신은 하늘에 머물면서, 발현하신 장소에서는 성모님을 대신하는 감각적인 형상으로 나타나신다. 이것은 성모님이 어떻게 모습을 달리하면서 나타나실 수 있었는지를 잘 설명해 준다.

1492 ② 사적 계시에서 상상적 환시는 잠든 동안이나 혹은 취면(就眠) 상태에 있으면서 하느님이나 천사를 통해 상상 속에서 이루어지는 것이다. 이렇게 한 천사가 여러 번 꿈 속에서

---

242) 「신학대전」 제3부 76문, a. 8. - 이것은 또한 성녀 예수의 데레사의 *Relat*. XIII, *Oeuvres*, t. II, p. 234에서 증명된 결론이다. "예수님이 하늘에 오르신 이후, 인간과 통교하기 위해 성체 성사 안에서가 아닌 다른 곳으로는 내려오시지 않았다는 것을 그분이 내게 말한 어떤 것을 통해, 나는 이해했습니다."

성 요셉에게 나타났고, 성녀 예수의 데레사는 취면 상태에 나타난 주님의 인성에 대한 상상적 환시에 관해 여러 번 이야기하고 있다.[243]

성녀는 자주 이 환시에 대하여 그 뜻을 설명하면서, 특히 지적 환시와 동반됨을 말한다.[244] 성녀는 가끔 이 환시 속에서, 먼 나라를 여행하였다. 그러나 대부분은 상상적 환시였다.

1493 ③ 사적 계시에서 지적(知的) 환시는 감각적 형태 없이, 영(esprit)이 영적 진리를 지각(知覺)하는 것이다. 이미 우리가 제1473항에서 기술한, 성녀 예수의 데레사가 체험했던 성삼위의 환시가 바로 그것이다. 이 환시는 이미 영혼에게 습득된 것이지만 하느님께서 조정하고 수정한 생각으로 인해 이루어지기도 한다. 이 환시는 신적인 것을 습득한 생각들을 바르게 소개하는 주입적 관상을 통해 이루어진다. 가끔 사적 계시에서 환시가 매우 어둡고 대상의 현존만을 드러낼 때도 있다.[245]

사적 계시의 현시는 때로 명확하긴 하지만 한 순간에 불과할 때도 있다. 그래서 이 환시는 직관과 같이 깊은 인상을 남긴다.[246]

그런가 하면 사적 계시에서 두 세 가지의 성질이 동시에 합쳐진 그러한 환시도 있다. 이처럼 다마스커스로 가던 도중에 사도 바오로가 본 환시는, 번쩍이는 빛을 보았을 때는 감각적이었다. 또 아나니아(Ananie)의 설명이 상상적인 것을 대리했을 때 그 신비로운 영상은 상상적이었다. 그리고 이 환시가 자신에 대

---

243)「천주 자비의 글」28장.
244)「천주 자비의 글」29장.
245)「천주 자비의 글」27장, p. 253.
246)「영혼의 성」제6궁방, 9장, p. 222.

한 하느님의 뜻이었음을 이해했을 때는 지적인 것이었다.

1494 ㄴ) 사적 계시에서 초자연적인 말씀은 외적 감각과 내적 감각 또는 지성(知性)에 직접적으로 들리게 하는 신적 생각의 발현들이다. 이 발현에서 초자연적 말씀이 귀를 울리는 기적적인 형태로 진동될 때, 그 말씀을 귀로 듣는다고 한다. 상상적으로 듣게 될 때는 상상적이라 하고, 직접 지성에 들릴 때는 지적이라 한다.[247]

1495 ㄷ) 사적 계시에서 신적인 접촉은 지식에 강한 빛을 동반하는, 일종의 신적 접촉을 통해 의지 속에 각인(刻印)된 감미로운 영적 감각들이다.

이 신적 접촉은 다음 두 종류로 구분된다. 이것은 다름 아닌 일상적(ordinaires)인 신적 접촉과 실체적(substantielles)인 신적 접촉이다. 이 실체적인 신적 접촉은 의지에 이르면서도, 너무나 깊어서 영혼의 실체 자체에서 나오는 것 같다. 그래서 실체에서 실체로의 접촉을 느꼈다고 말하는 신비적인 표현들은 바로 여기에서 나온다. 이 접촉은 영혼의 실체 속에 뿌리박고 있는 능력 안에서 지식과 의지의 양 극점에서 실현된다.

그러나 성 토마스의 교의에 따르면, 실체가 아닌 능력이 이 인상들을 인지한다는 것이다.[248] 이 의지의 극점은 신비가들에 의해, 영의 절정 또는 의지의 절정, 그리고 영혼의 심연(深淵)이라 불린다.

---

247) 십자가의 성 요한은 세 종류의 초자연적인 말씀을 단계적, 형식적, 본체적으로 다루고 있다. 「가르멜의 산길」 2권, 26-29장.
248) 성 토마스, 1부 2편, 113문. a. 8; De Veritate, q. 28, a. 3; cfr. Garrigou-Lagrange, op. cit., t. II, p. 560.

1496 (다) 사적 계시에 대한 놀라운 은총에 대한 태도

  위대한 신비가들은 영혼이 하느님께 특별한 은혜를 구하거나 열망해서는 안 된다고 만장일치로 가르친다. 왜냐하면 이 사적 계시는 영혼이 신적 일치에 도달하기 위해 필요한 방법이 아니기 때문이다. 이 사적 계시는 영혼의 악한 성향으로 인해 때로는, 신적 일치에 장애가 되기도 한다는 것이다.

  이 점에 대하여 십자가의 성 요한은 각별하게 가르치고 있다. 성인은 사적 계시에 대한 욕구가 믿음의 순수성을 없애고, 환상(幻想)의 원천이 되는 위험한 호기심을 발전시킨다는 것이다. 그리고 이 계시의 욕구는 허황한 환시로 영혼을 채우고 겸손하지 않으며, 또 공적 계시로 영혼을 하느님의 나라로 이끌기 위해 필요한 모든 것을 주신 주님께 불순종한다고 주장한다.

  그리고 성인은 환시에 대한 열망을 부추기는 경솔한 영적 지도자들에 대항하여 매우 강하게 항의한다. "사실 어떤 지도자들은 시현(示現)을 보는 사람들을 어찌나 이상하게 다루던지 이들을 그릇되고 갈팡질팡하게 만드는가 하면, 겸손의 길로 인도하기는커녕 도리어 그런 현상에다 눈길을 모으라고 시키므로, 이들은 참다운 믿음의 정신을 잃게 되고 지도자들이 저 현상에 대한 말을 내세우는 바람에 믿음이 흔들리게 됩니다.

  이와 같은 말로 지도자들은 자기들의 관심과 평가가 높다고 설득해서 자기네를 따르게 하므로, 그 제자들은 저 현상에 사로잡혀 믿음이 흔들리고 캄캄한 마음 속에서 높이 날 수 있을 만큼 환(幻)을 벗어나 텅 비고 매인 데 없는 영혼이 되지 못합니다….

  영혼은 이미 겸손을 잃은 뒤라 환(幻)이 제법 무엇이나 되듯

자기는 무슨 좋은 것을 지닌 듯 그리고 하느님도 자기를 알아 주시거니 생각해서 자만 자족하느라 겸손에 역행하는 것입니다….

어느 영혼이 하느님의 시현을 가졌다는 것을 알면, 고백 신부는 그를 시켜서 자기나 남에 대한 이러저러한 일들을 하느님께 빌어서 보여 주시고 말씀해 주시라 하고, 그럴 경우 어리석은 영혼은 부탁 받은 대로 하는 것입니다…. 사실상 하느님께서는 기꺼워하시지도 원하시지도 않으십니다."[249]

게다가 사적 계시에서 환시는 그 환시의 지배를 받기 쉽다. 그러므로 참된 사적 계시와 거짓된 사적 계시를 분별하기 위해 어떤 규범들이 주어져야 한다.

(2) 사적 계시를 구분하기 위한 규범

1497 참된 계시를 잘 분별하기 위해, 또 그 계시에 스며들 수 있는 인간적인 요소들을 바르게 인식하기 위해, 가능한 한 명확한 규범의 선을 긋는 것이 매우 중요하다. 이 계시에 대한 규범은 계시를 받는 영혼과 계시를 포함하는 대상과, 그 결과에 따르는 징표와 연관이 있어야 한다.

(가) 사적 계시의 특혜를 받은 영혼에 관계되는 규범

1498 하느님께서는, 물론 죄인에게조차도 당신 마음에 드는 영혼에게는 계시를 내리신다. 그러나 일반적으로 계시는 열심

---

249)「가르멜의 산길」2권 18장.

할 뿐만 아니라, 이미 신비적 단계에 올라 있는 영혼들에게만 주신다. 한편 참된 계시를 해석하기 위해서는, 계시를 받았다고 믿는 사람의 장점과 약점을 정확하게 아는 것이 매우 중요하다.

그래서 이 계시의 규범을 위해서는 그들의 자연적 자질과 초자연적인 자질을 엄격하게 연구해야 한다.

ㄱ) 자연적인 자질

① 기질적(氣質的)으로 균형이 잘 잡힌 영혼인가, 아니면 히스테리(hystérie) 또는 정신 신경증(psycho-névrose) 환자인가? 환자일 경우에는 그들이 계시라고 주장하는 것을 불신해도 된다. 왜냐하면 이런 기질은 환각(幻覺, hallucinations)을 잘 일으킬 수 있기 때문이다.

② 정신적인 면에서 영혼이 긍정적인 양식(良識)을 갖고 올바른 판단력을 가졌는가, 아니면 극단적인 감정에 따라 흥분된 상상을 하는 사람인가? 바른 교육을 받은 사람인지, 아니면 무지한 사람인지? 또 누구로부터 영적 지도를 받았는지? 그의 정신은 병이나 어릴 때의 충격으로 인한 사고가 없었는지?

③ 도덕적 관점에서, 영혼이 정직한가 아니면 진리를 과장하는 습관 또는 가끔 진리를 스스로 지어내지는 않는가? 차분한 성격인가 아니면 흥분을 잘하는 성격인가?

물론 위와 같은 질문의 결론을 통해, 정확하게 계시의 존재 또는 부재를 증명하지는 못한다. 하지만 계시를 본 사람이 주는 증거의 가치를 판단하는 데 많은 도움을 준다.

1499 ㄴ) 계시에 대한 초자연적인 자질에 대해서는 점검할 것이 많다.

만일 그 영혼이,

① 오랫동안 견고한 덕을 닦고 있는가 아니면, 다만 감각적인 열성만을 가지고 있는가를 살펴보아야 한다.

② 깊고 진솔한 겸손을 가졌는가 또는 그 반대로 영적 은혜를 사람들 앞에서 이야기하기를 좋아하는가? 영혼에게 참된 겸손은 성성(聖性)의 시금석(試金石)이다. 만일 그 영혼이 죄를 짓는다면 그것은 계시에 대한 매우 나쁜 징조이다.

③ 자신 안에 일어나는 계시를 다른 사람에게 말하기 이전에 영적 지도자에게 알리는가? 그리고 영적 지도자의 권고를 온순하게 따르는가?

④ 주입적 관상의 첫 단계와 수동적인 시련(試鍊)을 이미 지났는가? 특히 그의 삶 속에 황홀경이 있는가? 말하자면, 영웅적인 단계에서 덕을 실천하는가?

일반적으로 하느님께서는 계시에 따른 이 환시들을 완전한 영혼들에게 부여하신다.

1500 위에서 말한 이와 같은 자질들이 영혼에게 주어진 계시의 존재를 증거하진 못한다. 그러나 계시를 본 사람의 증언을 더 믿게는 할 수 있다. 그리고 조금 전에 말한 이 자질들의 부재(不在)는 결코 계시의 부재를 증거하지는 못하지만, 계시의 존재마저 부정하지는 않는다.

한편 계시에 대한 초자연적 자질을 위해 이렇게 얻어진 자료들은, 스스로 계시를 받았다는 영혼들의 환상 또는 거짓을 더욱 쉽게 드러나게 해 준다. 실제로 교만한 영혼은 자신을 높이기 위해, 황홀경(恍惚境, extases)과 환시(幻視, visions)를 의도적으로 흉내내는 경우도 있다.[250] 또한 많은 영혼은 생생한 상상의 덕분으로 환상을 일으키고, 그들의 생각을 내적인 하느님 말씀 또는 환시로 여긴다.

성녀 예수의 데레사는 이 계시에 대하여 여러 번 말하고 있다. "어떤 사람들은 (내가 이야기해 본 사람만도 서넛이 되고 사실이라 믿는데) 이런 일이 있다 합니다. 다름 아니라 상상력이 몹시 약한 탓인지, 사고력이 날카로운 탓인지, 아무튼 어떤 이유에서인지는 모르나 그냥 얼이 빠져 버려서 무엇이나 생각하는 족족 분명 보이는 것으로 믿는다는 것입니다."[251]

(나) 사적 계시의 대상에 관한 규범

1501 여기서는 계시의 대상에 특히 주의를 기울여야 한다. 왜냐하면 영혼에게 믿음과 품성(品性)에 반대되는 모든 계시는, 사도 바오로의 말에 의하면 가차없이 버려야 하기 때문이다. "우리는 말할 것도 없고 하늘에서 온 천사라 할지라도 우리가 이미 전한 복음과 다른 것을 여러분에게 전한다면 그는 저주를 받아 마땅합니다."[252]

하느님께서는 절대로 성서를 통해 우리에게 가르친 것에 반

---

250) 특히 16세기경 Cordoue에 있는 프란치스코 수도회의 십자가의 마들렌은 어린 시절부터 악마에게 사로잡힌 후 17세에 수녀원에 들어갔으며, 그 수도원에서 세 번이나 수녀 원장을 하면서 악마의 도움으로, 여러 번 실현된 예언과 계시, 성흔, 공중부유(空中浮遊), 황홀경 등 모든 신비적 현상들을 흉내냈다. 죽기까지 자만하던 그녀는 모든 것을 자백했고, 마귀를 쫓아낸 후(구마하고) 같은 회의 다른 수녀원에 감금되었다. Cfr. Poulain, *Grâces d'oraison*, ch. XXI, n. 36.
251) 「영혼의 성」 제6궁방, 9장, p. 253.
252) 갈라 1, 8.

대되는 것을 계시하지도, 또 당신 스스로 모순된 말씀을 하지도 않으신다. 여기에서 우리가 계시를 되새겨야 할 명백한 규범이 나온다.

ㄱ) 믿음의 진리에 반대되는 모든 사적인 계시는 거짓으로 보아야 한다. 예를 들어, 우리 교회의 교의를 다수 부정하는 영적 계시, 특히 영원한 지옥의 형벌 등의 계시를 받았다고 하는 것들이다.

또 교회의 통상 교도권(通常 敎徒權, magistère ordinaire)의 하나인 신학자들과 교부들의 일치된 가르침에 반대되는 것도 마찬가지로 계시라고 할 수 없다.

만일 신학자들의 다른 두 견해 사이에 대한 계시의 경우일 때에는 충분한 논의와 함께 교도권의 의견을 따라야 한다, 예를 들어, 토마스 학파(thomistes)와 몰리노스 학파(molinistes) 사이의 논쟁을 딱 잘라 결정해 준다고 자신하는 모든 계시들은 의혹을 가지고 볼 것이다. 하느님께서는 이와 같은 종류의 문제에 대하여 말씀하시는 관습이 없다.

1502 ㄴ) 그리고 윤리법이나 영혼의 품위에 반대되는 모든 환시는 버려야 한다. 예를 들어, 나체(裸體) 형상을 한 발현, 추잡하고 상스러운 말, 순결을 거스르는 부끄러운 악을 상세하고 세세하게 묘사한 것들이다.[253] 영혼의 선을 위해서만 계시를 주시는 하느님께서는, 본성적으로 악을 품고 있는 영혼에게 계시를

---

253) 19세기 중반에 Cantianile이란 한 계시자는 신심 깊은 주교의 신뢰를 얻었고, 주교는 자기 교구의 사제들에 대한 추악한 풍속화가 들어 있는 소위 계시란 것을 공포한다. 주교는 곧이어 파면되고 말았다(Poulain, *op. cit.*, 22장). 아마 이런 이유로 해서 *Secret de Mélamie* 잡지는 금서가 된다.

주시지는 않는다.

이와 같은 원칙 아래, 영혼의 존엄성과 신중함이 결핍된 발현(發現)과 우스꽝스러움이 드러나는 모든 발현은 계시로 믿을 수 없다. 왜냐하면 우스꽝스러움이 드러나는 발현은 악마적 또는 인간적인 위장의 징표이기 때문이다.

ㄷ) 하느님에게서 오는 실현 불가능한 요구 또한 계시로 승인할 수 없다. 기적(奇蹟)과 섭리(攝理)의 법에 따르면, 하느님은 이 계시를 이루어 주시는 것이 보통이기 때문이다. 하느님께서는 영혼에게 불가능한 것을 요구하지 않으신다.[254]

(다) 사적 계시로 생겨난 결과에 관계되는 규범

1503 나무는 그 열매를 보고 판단한다. 그러므로 우리는 영혼 안에 생겨나는 결과로 그 계시를 판단할 수 있다.

ㄱ) 성 이냐시오와 성녀 예수의 데레사의 경우, 계시를 통한 신적 환시는 영혼에게 첫 감정의 두려움과 놀라움을 낳는다. 그 후 영혼 안에는 안정과 기쁨, 지속적이고 깊은 평화의 감정이 뒤따른다. 그러나 악마적 환시는 그 반대이다. 먼저 이 환시가 영혼에게 기쁨의 원인이 되지만, 그 뒤에는 절망과 슬픔과 불안을 낳는다. 이로 인하여 악마는 영혼을 넘어뜨린다.

1504 ㄴ) 참된 계시는 영혼을 겸손·순명·인내 안에서, 하느

---

[254] 그래서 Bologne 성녀 카타리나의 생애에서 악마는 성녀를 절망에 빠뜨리기 위해, 성녀에게 가끔 십자가의 그리스도 형상으로 나타나서 완덕의 구실로 불가능한 것을 성녀에게 명했다고 적혀 있다(*Vita altera*, cap. II, 10-13, dans les *Bollandistes*, 9 mars).

님의 뜻에 일치하는 덕을 더 굳건하게 해 준다. 물론 거짓 계시는 교만과 자만과 불순명을 낳는다.

성녀 예수의 데레사의 말을 들어보자. "주께서 내리시는 이 은혜에는 자기를 더할 나위 없이 부끄러워함과 겸손하게 주님을 따르는 법이 나타납니다. 그러나 악마가 하는 짓에는 모든 것이 이와는 정반대로 나타날 것입니다.

그리고 이 은혜는 하느님께 받아서 있는 것이지 사람의 힘으로 얻어진다고 믿기에는 너무나 엄청나다는 것이 분명한 만큼 은혜를 받은 사람이 자기 것이라고 생각하기는 만무한 일, 오직 하느님께 받은 선물이라고밖에 생각할 수 없는 것입니다. 보물인 이 은총은 영혼을 풍요롭게 해 주고, 내적인 결과로 영혼이 우울증에 빠지지 않게 해 줍니다.

악마는 이렇게 큰 이익을 영혼에 줄 수 없습니다. 악마의 영향을 받는 영혼은 마음 속의 커다란 평화를 느낄 수도 없으며, 오로지 하느님만을 기쁘게 해드리기를 힘쓰고 하느님께로 이끌지 않는 모든 것을 멸시하는 열망을 갖지 못할 것입니다."[255]

1505 ㄷ) 여기서 다음과 같은 한가지 질문이 나온다. 즉 계시를 확인하기 위해 징표를 요구할 수 있는가?

① 만일 그 계시가 중요한 것이라면 그 징표를 요구할 수 있으나, 겸손하게 그리고 조건부로 해야 할 것이다. 하느님께서는 이 환시의 진리를 증명하기 위해, 기적을 행하시지 않아도 되기 때문이다.

② 만일 계시의 징표를 하느님께 요구할 때는, 전적으로 그분

---

255) 「영혼의 성」 제6궁방, 8장, p. 215-216.

께 선택권을 드려야 한다. 루르드(Lourdes)의 본당 신부는 성모님의 발현이 있었을 때, 벨라뎃다에게 한 겨울에 들장미를 꽃피게 해 보라는 요구를 했었다. 이 징표는 들어지지 않았으나, 원죄 없으신 성모님은 영혼과 육신을 치유하게 하는 기적수(奇蹟水)를 솟아나게 하셨다.

③ 계시의 징표로 요구된 기적이 발현과의 관계에서 증명되었을 때, 이 확신은 계시의 확고한 증거가 될 수 있다.

(라) 사적 계시에서 참됨과 거짓됨을 분별하기 위한 규범

1506 하나의 계시는 그 심층에서는 참될 수 있지만, 부차적(副次的)인 오류(誤謬)와 섞일 수 있다. 하느님께서는 아무런 이유 없이 기적을 증가시키지 않으신다. 그리고 계시를 받은 사람의 정신 속에 있을 수 있는 오류 또는 편견을 고쳐 주지 않으신다.

계시의 목표는 영혼에게 영적인 유익함이지, 결코 지적인 교육이 아니기 때문이다. 이 점에 대하여 우리는 앞으로 예를 몇 가지 들 것이다. 이 예는 사적 계시에서 오류의 주된 원인을 분석하는데 도움이 될 것이다.

ㄱ) 계시에서 첫 번째 오류의 원인은, 하느님의 초자연적인 작용과 인간적인 행위를 섞는 데 있다. 예를 들어, 상상과 영(esprit)이 큰 격렬함에 있을 때 특히 그러하다.

① 그래서 우리는 가끔 역사나 자연과학에 대한 시대적 착오를 사적 계시에서 되찾게 된다. 성녀 로멘(Romaine)의 프란치스카는 천상계(天上界)와 하늘의 별들 사이에 수정처럼 투명한 하

늘을 보았고, 하늘의 별들에 창공의 푸른 색깔이 물들어 있었다고 주장한다.

아그레다의 마리아(Marie d'Agréda)는 예수 탄생의 순간에 맑은 수정(水晶, cristal)의 하늘이 11개의 부분으로 나뉘어졌다는 것을 계시로써 알았다고 믿는다.[256]

② 사적 계시에서 우리는 이따금 시현(示現)에 대한 영적 지도자들의 체계와 편견과 그 사상을 찾는다.

이따금 도미니꼬 수녀회와 프란치스코 수녀회 성녀들은 그들의 환시에서, 그들 수도회의 특수한 체계에 일치하는 것을 말하였다.[257]

③ 역사적인 오류가 계시 속에 이따금 스며들어 있다. 하느님께서는 영혼이 신심에 미온(微溫)적이었을 때도, 예수님과 성모님의 삶에 대해 분명하게 세부적으로 설명을 드러내시는 관습이 없었다. 그런데 여러 계시를 받은 영혼들은 신심 깊은 묵상과 계시를 혼동한다. 그로 인하여 그들은 다른 계시나 역사적 문헌(文獻)에 모순되는 날짜와 숫자들을 세부적으로 묘사하여 준다.

그로 인하여 수난에 관한 세부적 묘사가 환시 속에서 이야기되는 것은 권위 있는 역사가의 기술과 반대되고 상반되는 것이다(예를 들어, 예수님이 채찍질에서 받은 매의 숫자 등…).

1507 ㄴ) 하느님의 계시는 잘못 해석될 수 있다.

---

[256] *La cité mystique*, part. II, n. 128; part. I. n. 122; 이 부분은 프랑스 번역에서는 빠져 있다.

[257] 베네딕도 14세 (*De beatific.*, 1. III, c. LIII, n. 16)는 성모님이 시에나의 성녀 카타리나에게 원죄 없이 태어나지 않았다고 말씀했어야 했다고, 성녀의 황홀경을 문제삼았다.

예를 들어, 성녀 쟌 다크(Jeanne d'Arc)는 목소리에게 자신이 불태워질 것인가를 물었는데, 그 목소리는 주님께서 그녀를 인도할 것이며, 주님이 그녀를 도와 위대한 승리를 위해 해방시켜 주실 것이라고 대답한다. 그런데 성녀는 이 승리를 감옥에서 풀려나는 것으로 믿었다.

성 노베르토(Norbert)는 매우 분명하게 반 그리스도교 시대가 올 것이라는 것을(12세기) 계시를 통해 알게 되었다고 말했다. 성 베르나르도에 의해 궁지에 몰린 성 노베르토는 적어도 그가 교회 안에서 대단한 박해를 보기 전에는 자신이 죽지 않을 것이라고 말했다.[258] 그런가하면 성 페리에의 빈첸시오(Vincent Ferrier)는 최후의 심판이 가까이 왔다고 선포하면서, 기적들로 이 예언을 확증하려 했다.[259]

1508 ㄷ) 계시는 그것을 본 영혼이 설명하려는 그 순간 벌써 자신에 의해 무의식적으로 변질 될 수 있고, 또 기록자들에 의해 변질 될 수도 있다.

성녀 브리짓다(Brigitte)는 그녀 자신이 계시를 더 잘 설명하기 위해, 그 계시를 수정(修正)하기도 했다고 인정한다.[260] 물론 이 설명이 항상 오류를 보호해 주지는 않는다. 우리는 마리아 아그레다(Mariae d'Agréda), 가타리나 에메리쉬(Catherine Emmerich), 그리고 마리아 라따스트(Marie Lataste)의 계시를 썼던 기록자들이 알아보기 힘든 것에 대해 수정했다는 것을 오늘날 인정한

---

258) 성 베르나르도, *Lettres*, LVI.
259) Le P. Fages, o.p., dans l'*Histoire de S. V. Ferrier*에서는 이것이 니느웨에 대한 요나의 예언처럼, 조건적인 예언이었고 세상은 성인이 했던 수많은 회개를 통해서 분명히 구원되었다고 설명하고 있다.
260) Révélat. supplémentaires, ch. XLIX.

다.[261]

이 모든 이유들로 인해, 우리는 사적 계시를 검증할 때 많은 신중성을 기해야만 할 것이다.

결 론 : 사적 계시에 대하여 지녀야 할 태도

1509 ㄱ) 우리는 사적 계시에 대하여, 성인들과 교회의 현명한 신중성을 따르는 것보다 더 잘 할 수는 없다. 그런데 교회는 계시가 그리스도인들의 믿음을 강요하지 않는다 하더라도, 확실하게 계시가 증명되었을 때 승인해야 한다. 게다가 몇몇 외적인 설립(設立)이나 축일을 제정하여, 공표(公表)하기 전에 수년을 기다려야 한다. 또 전례(典禮)와 교의(敎義)와의 관계 속에서, 계시 자체를 충분히 엄격하게 검토한 후에 결정하도록 해야 한다.

하느님으로부터 선택받은 복녀 리에즈의 율리아(Julienne de Liège)는 성체성혈(聖體聖血) 축일을 제정하기 위해 첫 환시를 받고 난 후, 22년 뒤에야 신학자들의 승인을 받는다. 즉 리에즈의 주교가 교구의 축일로 제정한 것은 첫 환시를 받은 지 16년 뒤였고, 복녀가 죽은지 6년 후에, 교황 우르바노 4세는 전 교회를 위해 성체성혈 축일을 제정하였다(1264년).

마찬가지로 예수 성심 축일은, 성녀 마르가리타 마리아에게 계시 된 지 오랜 세월이 지난 후에야 승인되었고, 그것도 계시와는 무관한 동기에서 축일이 제정되었다.

이처럼 우리에게 위와 같은 계시에 대한 유익한 교훈들이 있다.

---

261) *Oeuvres de Marie Lataste*에 나오는 계시들 중에서 우리는 성 토마스의 「신학대전」에서 문학적인 번역 부분들을 되찾게 된다.

1510 ㄴ) 사적 계시의 존재에 대해서는 타당성 있는 증거가 확실할 때 비로소 공포(公布)하게 된다. 이 계시에 대한 증거들은 교황 베네딕도 14세의 시성식(諡聖式)에 대한 책에 매우 잘 요약되어 있다. 일반적으로 단 하나의 계시 증거만으로는 만족하지 않으며, 여러 증거를 요구한다.

그리고 이 사적 계시에 대한 증거들이 중복(cumulatives)되지 않고 일치하는지, 또 증거들이 서로 확인되는지를 자문한다. 물론 계시에 대한 증거가 많을수록, 계시의 공포에 더욱 안심하도록 뒷받침될 수 있게 된다.

1511 ㄷ) 영적 지도자는 사적 계시에 대한 영혼의 고백을 듣게 되면, 절대로 감탄을 드러내 보이지 말아야 한다. 만일 지도자가 영혼의 계시를 감탄한다면 그것을 본 영혼은 즉시 사적 계시를 참된 것으로 여기게 되고, 자만하게 될 것이다. 영적 지도자는 영혼에게 오히려 그 반대로 계시가 덕의 실천보다 훨씬 덜 중요하다는 점을 표현해야 한다. 그리고 지도자는 영혼에게 환상은 쉬운 것이며, 경계해야 하는 것이고, 처음에는 계시를 받아들이기보다는 버려야 한다고 가르쳐야 한다.

이 점에 대해서는 성인들에 의해 제시된 규범이 있다. 여기서는 다만 계시에 대하여 성녀 예수의 데레사가 쓴 글을 인용한다. "영혼이 병든 사람이건 성한 사람이건, 이런 일에 있어서는 그게 어느 영에서 오는 것인가를 확실히 알기까지는 항상 조심을 하지 않으면 안 됩니다.

무엇보다도 언제나 안전한 길은 애당초 반대부터 하고 나서는 것입니다. 이런 일이 하느님께로부터 오는 것이라면 앞으로 나아가는 데에 더욱 도움이 되고, 시련이 있을수록 은혜는 더욱 더 커갈 것입니다. 이것은 사실입니다만, 영혼을 너무 심하게 다루어서 불안하게 만들어서도 안 됩니다. 그런 사람의 영혼은 정말 그 이상의 능력이 없으니 말입니다."[262] 십자가의 성 요한의 말은 더 힘이 있다. 성인은 환시를 받아들이는 데 여섯 가지 주된 불리한 점(탈)을 지적한 후, 다음과 같이 덧붙인다. "한 영혼이 계시를 추구하고 열망하는 것보다 더 악마를 즐겁게 하는 일은 없습니다.

그 영혼의 믿음을 약하게 하기 위해, 또 오류를 범하게 하기 위해 매우 쉽게 계시를 줄 수 있습니다. 이로 인해 영혼은 자주 부조리와 강한 유혹에 처하게 됩니다."[263]

1512 ㄹ) 영적 지도자는 계시를 보았다고 믿는 영혼들을 매우 부드럽게 대해야 한다. 이렇게 함으로써 지도자는 그 영혼의 신뢰를 얻게 되고, 상세한 내용을 더욱 효과적으로 알게 된다. 그 이유는 영혼이 오랜 숙고 끝에 올바른 판단을 영혼이 내릴 수 있도록 도와 주기 위해서이다. 만일 영혼이 환상(幻想) 속에 있다면, 지도자는 그들을 진리로 이끌어 주고 명오(明悟)를 밝혀 주어야 한다.

그래서 십자가의 성 요한은 다음과 같이 권고한다. 성인은 환시에 대해서 매우 엄격하다. "위에서는 초자연 현상을 아는 체하지 말라 했고 고백 신부들은 그런 이야기를 해 주지도 말라

---

262)「영혼의 성」 제6궁방, 3장, p. 161.
263)「가르멜의 산길」 제2권, 11장, P. 148-149. 영혼이 절대로 받아들이지 말아야하는 여섯 가지 탈이 있음을 길게 설명해 주고 있다. 또 2ᵉ éd. *Hoornaert* 전 장을 읽어야 한다.

했지만, 그렇다 해서 영적 지도자가 보고하는 사람을 매정스럽게 대하거나 상대도 않고 멸시함은 옳지 아니하니, 그럴수록 상대방이 움츠러져 사실을 사실대로 말할 용기가 안 나고, 말문을 딱 막아버리는 데에서 언짢은 일들이 많이 생기게 될 것입니다." [264)]

1513 ㅁ) 만일 계시가 어떤 공동체의 설립이나 창설에 관계된다면, 영적 지도자는 초자연적 현명의 빛에 따라 그 이유를 상세하게 검증하기 전에는 그를 격려해 주어서는 안 된다.

이와 같은 자세는 많은 성인들의 모습이었다. 수많은 계시를 받았던 성녀 예수의 데레사는 영적 지도자들의 결정이 환시에 의해 영향을 받는 것을 원치 않았다. 그래서 예수님이 아빌라에 개혁 수도원을 창설하라고 성녀에게 계시하였을 때, 성녀는 이 계획을 영적 지도자에게 겸손하게 알렸다. 그러나 지도자가 망설였으므로, 성녀는 성 알칸따라의 베드로(Pierre d'Alcantara), 성 보르지아의 프란치스코(François Borgia), 성 루도비코 베르트랑(Louis Bertrand)의 견해를 따랐다.[265)]

계시를 받은 영혼은, 단 한가지 규범만을 따라야 한다. 영혼은 현명한 영적 지도자에게 그것을 알리고, 지도자가 그들을 인도하는 데로 겸손하게 따라야 한다. 이러한 영혼의 자세만이 믿음의 길을 잃어 버리지 않는 가장 확실하고 현명한 방법이다.

---

264) 「가르멜의 산길」 2권, 22장, p. 239.
265) *Histoire de Ste Thérése par une Carmélite*, ch. XII.

Ⅱ. 무상(無償)으로 주어진 은총들[266]

1514 우리가 이제까지 말한 사적 계시는, 특히 영혼의 개인적인 영적 유익을 위해 주어진 것이다. 그리고 하느님으로부터 영혼에게 무상으로 주어진 은총들(grâces)도, 마찬가지로 다른 영혼들의 영적 유익을 위해서이다. 이와 같은 은총이 개인의 성화에 작용함에도 불구하고, 탁월하고 일시적인 무상의 은총들은 이웃의 행복을 위해 직접 주어진 것이다.

사도 바오로는 하느님께서 영혼에게 주신 이 무상의 은총을 은사(恩賜, charismes)란 이름으로 언급한다. 그리고 사도는 고린토서에서 이 은총을 크게 아홉 가지로 구분한다. 물론 이 은총은 모두 같은 성령에서 오는 것이다(성령의 일곱 은사와 구분할 것).

1515 ① 지혜의 말씀은(sermo sapientioe), 영혼에게 믿음의 진리를 이끌어내는 것을 도와 준다. 또 믿음의 교의(敎義)를 풍성하게 하는 결론들을 일깨워 준다.

② 지식의 말씀은(sermo scientiae), 믿음의 진리를 설명하기 위해 인간적인 지식을 사용하게 한다.

③ 영혼에게 믿음은 덕 자체가 아니라, 기적을 낳게 할 수 있는 특별한 확신이다.

④ 치유의 능력은, 병을 고치는 힘이다.

⑤ 기적을 행하는 능력은, 신적 계시를 확증하기 위한 것이다.

⑥ 예언의 능력, 또는 하느님의 이름으로 가르치는 힘은 예언

---

[266] F. Prat, *La Théologie de St Paul*, t. I, pp. 150-157, 498-503. P. Garrigou-Lagrange, *op. cit.*, t. II, p. 536-538.

⑦ 영의 식별, 또는 주입적 은사는, 악한 영과 좋은 영을 구별하고 마음의 비밀을 읽기 위해 필요하다.

⑧ 이상한 언어를 말하는 능력이, 사도 바오로에게는 어떤 감정의 고양(高揚)으로 이상한 언어로 기도하는 은사이다. 그리고 신학자들에게 있어서 이 능력은, 여러 가지 언어인 방언(方言)을 하는 은사이다.

⑨ 해석의 능력은, 여러 나라 언어를 해석하는 자질이다.[267]

사도 바오로와 성 토마스의 바른 지적에 따르면, 모든 카리스마(은사)는 사랑과 성화적(聖化的) 은총(grâce sanctifiante) 안에 자리한다.

제2절
정신생리학적 현상들

1516 정신생리학적(精神生理學的, psycho-physiologie) 현상들은, 이미 제1454항에서 언급한 다소 황홀경에 가까운 영과 육에 대해 동시에 문제가 되는 것을 지칭한다.

이 현상들의 요점은 Ⅰ. 공중부유, Ⅱ. 빛의 발산, Ⅲ. 향기의 발산, Ⅳ. 지속적인 금식, Ⅴ. 성흔(聖痕, stigmates)의 발현 등이다.

---

267) 「신학대전」 제2부, 제1편, 111문, 4. 사도 바오로의 무상의 은총 아홉 가지. 성 토마스가 이 은총들이 믿음의 설교에 얼마나 유용한지를 보여 주면서, 이 여러 가지 은총을 종합한 항목을 흥미 있게 읽을 수 있다(1부 2편 3문, a. 4). 1) 신적인 것의 충분한 인식을 주기 위해, 2) 그가 기적으로 인해 가르치는 것을 확증하기 위해, 3) 더욱 효과적으로 하느님의 말씀을 선포하기 위해 유용하다.

Ⅰ. 공중부유(空中浮遊)

1517 정신생리학적 공중부유(lévitation)의 현상은 영혼이 공중에 떠오르기 때문에 육체가 어떤 자연적 도움도 없이, 땅 위로 들어올려지는 현상이다. 이것을 우리는 영혼이 상승하는 황홀경(extase)이라 부른다. 거의 예외적으로 육체가 높이 오르기도 한다. 이것을 황홀적인 비상(飛翔, vol extatique)이라 한다. 그런가 하면 땅에 닿을락 말락하면서 빠르게 달리는 것과 같을 수 있다. 이것을 두고 영혼이 황홀한 가운데 걷는 보행(marche extatique)이라 한다.

우리는 성인전을[268] 통해 몇몇 영혼들이 공중부유에 이른 예를 찾아볼 수 있다.

예를 들어, 4월 28일 성 십자가의 바오로, 5월 26일 성 네리의 필립보, 9월 2일 헝가리의 성 스테파노, 9월 18일 성 꾸뻬르띠노의 요셉, 12월 3일 성 프란치스코 사베리오 등이다. 그 가운데 가장 유명한 성인들 중 한 분이 성 꾸뻬르띠노의 요셉이었다. 성인은 어느 날 선교를 위해 무거운 십자가를 세우는 데 어쩔 줄 모르고 있음을 보고, 공중을 날아서, 십자가를 잡아 힘들이지 않고 제자리에 세웠다.

큰 힘으로도 들어 올릴 수 없는 것을 들어올리게 하는 놀라운 힘의 현상이 영혼 안에서 작용한 것이다.

1518 공중부유에 대한 합리주의자(合理主義者, rationalistes)들은 위와 같은 현상을 자연적인 방법으로 설명하고자 시도하였다.

---

[268] 성인 전집을 편집하여 간행한 벨기에의 예수회 학자들(성인전을 편집한 사람, Bolland, 1596-1665).

그들은 육체의 허파 속에 숨을 깊이 들여 마심으로써, 알지 못하는 신체적인 힘에 의해 떨어져나간 영혼들(âmes)과 영들(esprits)의 개입 등으로 이해하려 했다. 그러나 실상 합리주의자들은 이 공중부유의 현상을 정확하게 설명하지 못하였다.

교황 베네딕도 14세는 얼마나 더 지혜로운가! 그는 먼저 이 현상이 모든 영혼의 기만(欺瞞)을 피하기 위해, 보다 명확하게 잘 증명되기를 바랐다. 그래서 교황은 다음과 같은 의미를 주장하였다.

① 공중부유에서 잘 증명된 현상은 공중에 떠오르는 것이 자연적으로 설명할 수 없다.

② 그럼에도 불구하고, 이 공중부유는 육체를 들어올릴 수 있는 천사나 악마의 힘을 능가하지는 못한다.

③ 영광의 육체에 알맞은 민첩한 은사를 예상한 성인들에게서는, 이 공중부유의 현상이 존재한다.[269]

II. 빛의 발산[270]

1519 정신생리학적 영혼의 황홀경은 이따금 빛의 현상을 동반한다. 즉 이마를 뒤덮는 빛의 관(冠)이 생기든지, 아니면 온몸이 빛으로 감싸이게 된다.

여기서 다시 교황 베네딕도 14세의 교의를 요약할 수 있다.[271] 무엇보다 먼저 빛이 자연적으로 설명될 수 없는가를 보기 위해,

---
269) *De beatificat.*, 1. III, c. XLIX.
270) Ribet, *La Mystique*, IIe P., ch. XXIX; Mgr. Farges, *op. cit.*, IIe Part., ch. III, a. 3.
271) *De beatific.*, 1. IV, I^e Part., c. XXVI, n. 8-30.

우리는 모든 경우를 검증해보아야 한다.

특별히 다음의 것들을 검증해야 할 것이다.

① 이 현상이 밤에 일어났는지 또는 낮에 일어났는지를 알아본다. 만일 밤에 일어났다면, 다른 빛들보다 훨씬 더 밝은 빛이었는지 알아본다

② 그 빛이 전기 불과 비슷한 단순한 번뜩임이었는지, 아니면 빛나는 현상이 오랜 시간 지속되고 여러 번 되풀이되었는지 알아본다.

③ 그 빛이 종교적 행사나 황홀경, 강론 도중, 기도 중에 일어났는가를 알아본다.

④ 과연 그 빛이 은총의 결과인지, 항구적 회심(悔心)의 결과인지 등을 살핀다.

⑤ 그 빛이 발산되는 영혼이 덕이 있고 거룩한가를 본다.

이처럼 모든 상세한 현상의 사항들을 오랫동안의 심사 숙고를 위해 검증한 후, 그 현상의 초자연적인 성격을 결론지을 수 있을 것이다. 이와 같이 빛을 발산하는 현상은 영광의 육체를 빛나게 하는 일종의 빛의 전조이다.

Ⅲ. 향기의 발산

1520 하느님께서는 가끔 성인들의 몸에서 그들이 살아 있는 동안 또는 죽은 후에, 성인들이 실천한 덕의 좋은 향기를 표현하기 위해 향기가 발산되게 하신다.

그래서 성 아씨시의 프란치스코의 성흔(聖痕)에서는 가끔 감미로운 향기가 발산되었다. 성녀 예수의 데레사가 죽었을 때, 성

녀의 몸을 씻은 물은 향기롭게 남아 있었다. 아홉달 동안 신비로운 향기가 그의 무덤에서 풍겨 나왔고, 성녀의 관을 파내었을 때, 성녀의 지체에서 향기로운 기름이 흘러내렸다.[272] 그리고 이 기적 외에 그와 비슷한 성녀에 관한 많은 사실들을 시성 조사 기록에 적고 있다.

교황 베네딕도 14세는 향기의 기적을 증명하기 위해 어떻게 처리해야 하는지를 다음과 같이 가르친다.

향기의 기적을 검증할 때

① 감미로운 향기가 지속적으로 풍겨났는가?

② 이 향기가 육체나 땅 속에서 나오는 것을 설명할 수 있는가?

③ 성녀의 육체에서 나온 기름이나 물의 사용으로 기적이 일어났는가를 알아본다.[273]

Ⅳ. 지속적인 금식(禁食)

1521 특히 성흔(聖痕)을 받은 성인들 중에는 수년 동안 성체 말고는 다른 음식을 취하지 않고 살았던 성인들이 있다.

정신생리학적 현상에 대해서, 임베르토 구뷔르 박사(Dr Imbert-Goubeyre)는 특별히 몇몇 충격적인 경우를 제시한다. "복녀 폴리뇨의 안젤라(Angéle de Foligno)는 12년 동안 어떤 음식도 먹지 않았다. 성녀 시에나의 카타리나는 약 8년 동안 먹지 않았으며, 복녀 렌트(Rente)의 엘리사벳은 15년 이상을, 성녀 리드비나

---

272) 이 기적은 시성식 과정에서 조심스럽게 검토되었고, 조사단들은 그것을 자연적으로는 설명할 수 없는 것으로 결론내렸다(Bollandistes, 10월 15일, t. LV, p. 368, n. 1132).
273) *De beatific.*, l. IV, P. I, c. XXXI, n. 19-28.

는 28년 동안, 복녀 라꼬니지(Racconigi)의 카타리나는 10년⋯ 현대에 이르러서는 로사 안드리아니는 28년⋯ 루도비카 라또(Lateau)는 14년을 먹지 않았다." [274]

교회는 매우 엄격하게 이런 종류의 정신생리학적 현상들을 조사하고, 오랜 기간 동안 매 순간 감시하며, 수많은 증거와 부정행위를 적발하는 데 숙달되어 있다.[275]

그러기 위해, 이 금식이 완벽한지, 단단한 음식뿐 아니라 음료수까지 조절하는지, 금식이 지속적인지, 그 영혼이 자기 일에 계속 열중하는지 등을 엄격하게 검증해야 한다.

또 이러한 현상을 수면(睡眠)의 제한과도 연결시켜야 한다. 성 알칸타라의 베드로(Pierre d'Alcantara)는 40년 동안 하루에 1시간 30분 밖에 자지 않았다. 성녀 리치의 카타리나(Catherine de Ricci)는 일주일에 한 시간만을 잤다.

V. 성 흔(聖痕)

1522 (1) 정신 생리학적 현상에서 성흔의 근원과 본질

이 현상은 이마와 옆구리, 손과 발에 구세주의 성흔(Stigmates)이 생기는 현상이다. 이 흔적은 외적인 어떤 상처로 인해 유발되지 않고, 자연스럽게 나타나며, 주기적으로 깨끗한 피가 흐른다.

첫 번째 성흔으로 알려진 성인은 아씨시의 프란치스코이다. 성인은 1222년 9월 17일, 알베른느(Alverne) 산에서 극치의 황홀

---

274) *La stigmatisation*, t. II, p. 183.
275) Bened. XIV, *op. cit.*, 1. IV, P. I, c. XXVII.

경 속에, 십자가의 예수님의 형상을 자신에게 보여 주는 세라핌을 보았고, 그 세라핌은 그에게 성흔을 새겨 주었다. 성인은 죽을 때까지 그 성흔을 간직했으며 거기서는 붉은 피가 흘렀다. 성인은 이 기적(奇蹟)을 숨기려고 애를 썼지만, 완전히 숨길 수 없었다. 이 성흔은 1226년 10월 11일 성인의 죽음으로 인하여 기적이 모두에게 공개되었다.

이 때부터, 비슷한 정신생리학적 현상은 많이 늘어났다. 임베르토 박사(Dr. Imbert)는 이와 비슷한 현상을 이야기하는 사람들을 대개 321명으로 보았다. 그 가운데 41명은 남자였다. 교회로부터 성흔을 인정받은 62명은 시성(諡聖)이 되었다.

1523 정신생리학적 현상의 성흔은 황홀경에 있는 영혼에게만 존재한다는 것이 증명된 것 같다. 그리고 성흔을 받은 영혼은 정신적으로나 육체적으로 고통받는 예수님과 일치하게 되면서 매우 생생한 고통을 경험한다. 만일 이 성흔에서 고통이 없다면 그것은 분명 부정적인 징표가 된다. 왜냐하면 성흔은 십자가에 처형(處刑)된 예수님과의 일치의 상징이며, 순교(殉敎)에 참여하는 것이기 때문이다.

성흔의 현상에 대해서는 많은 증인에 의해서 증명되었기 때문에, 믿지 않는 사람들도 일반적으로 그 존재를 인정한다. 그러나 그들은 성흔을 자연적인 방식으로 설명하고자 한다. 그래서 때로는 과도하게 예민한 몇몇 사람들이 상상으로 지나치게 흥분하여, 성흔과 비슷한 피땀을 흘릴 수 있다고 주장한다. 실제로 그들이 얻은 몇몇 결론은 성흔을 입은 영혼들에게서 보여지는 것과는 매우 다르다.

1524 (2) 정신생리학의 현상에서 성흔을 분별하는 지표

어떤 개인에게 유발되는 인위적인 성흔의 현상과 참된 성흔을 구분하기 위해, 참된 성흔을 특징 짓는 모든 상황에 주의를 기울여야 한다.

① 성흔은 예수님이 받은 다섯 개의 상처(五傷)와 같은 장소로 국한된다. 그리고 성흔은 결코 최면술사(催眠術師)의 핏빛 자국과 같은 방식으로 정해지지 않는다.

② 일반적으로 성흔의 아픔과 상처의 갱신은 성 금요일 또는 주님의 몇몇 축일 같은 구세주의 수난을 기념하는 시기나 날짜에 이루어진다.

③ 성흔의 상처는 곪지 않는다. 그래서 성흔에서 흐르는 피는 깨끗하다. 여기에 비해 성흔을 받은 사람의 육체의 다른 부위에 자연적으로 난 상처는 그것이 아주 작은 것이라도 곪는다. 그리고 성흔은 낫지 않는다. 일반적인 치료에도 불구하고 성흔은 30년에서 40년까지 지속되기도 한다.

④ 성흔은 많은 출혈을 하게 한다. 그리고 이 출혈은 성흔이 나타나는 첫날은 이해가 되지만 잇따르는 출혈은 설명할 수 없다. 이와 같이 성흔에서 일어나는 많은 출혈은 설명이 불가하다. 성흔은 일반적으로 그 상처가 굵은 혈맥이 아니라 표면적이지만, 피를 제법 흘리게 한다.

⑤ 끝으로 특히 성흔은 십자가에 대한 사랑으로 가장 영웅적인 덕을 실천하는 영혼에게서 찾아볼 수 있다.

정신생리학적 현상에 대한 모든 상황 분석은, 일상적인 병리학(病理學)의 상황에 있지 않다. 오히려 이 현상은 영혼으로 하여금 십자가의 형벌(刑罰)을 당하신 예수님께 더욱 일치하게 한다.

결 론 : 지금까지 말한 여러 현상(공중부유, 빛의 발산, 향기의 발산, 금식, 성흔 등)과 병적인 현상과의 차이점

1525 영혼이 황홀경과 연결된 정신생리학적 현상은 너무나 명백하게 잘 증명되어서, 실증주의(實證主義, positivistes)자들이 부인할 수 없다. 실증주의자들은 정신생리학적 현상을 다만 히스테리(hystérie)나 정신신경증(psychonévroses)에서 오는 병적인 현상과 동일시 하려한다. 그중 몇몇 실증주의자들은 위와 같은 현상을 광증(狂症)으로 보기도 한다.

물론 성인들도 평범한 사람들처럼 일반적인 병에 노출되어 있다. 그러나 여기서는 평범한 병에 대한 것이 문제가 아니다. 문제는 성인들이 그 병에도 불구하고, 정신적으로 균형 잡히고 건강한지를 알아보는 것이 중요하다. 그런데 이 점에서, 신비적 현상과 신경병 사이에는 본질적인 차이점이 있다. 언제나 솔직한 사람이라면 누구도 이 현상을 증명하는 것을 막을 수 없으며, 이들 사이에 같은 것은 아무것도 없다는 결론을 내릴 수밖에 없다.[276]

이 두 가지, 신비적 현상과 신경병의 차이점은 특히 (1) 신비적 현상과 신경병이라는 두 주체의 차이점, (2) 두 다양한 현상의 차이점, (3) 결과로 나타난 차이점, (4) 이 두 현상에 대한

---

276) 이 차이점은 그들 자신이 이 현상을 환각 현상으로 간주함에도 불구하고, 무신론자인 M. de Montmorand, Psychologie des Mystiques, 1920년에서 명백하게 설명되고 있다.

이론(異論)을 이끌어 내어야 한다.

1526 (1) 신비적 현상과 신경병이라는 두 주체의 차이점

신경병환자와 황홀경에 빠진 영혼을 비교해 본다면, 환자는 정신적 육체적으로 불균형을 이루고 있지만, 황홀경에 있는 영혼들은 정신적으로 완벽하게 균형이 잡혀 있다.

(가) 신경병 환자들은 육체적인 관점에서뿐만 아니라, 정신적 관점에서도 불균형을 이룬다.

그래서 신경병 환자들에게서 지적인 활동과 의지의 힘이 감소되는 것이 증명된다. 그 결과 양심은 왜곡되거나 갈팡질팡하고, 주의(注意)가 산만해지며, 지식은 메말라 버리고, 기억력은 이중인격자가 된 것으로 믿을 정도로 붕괴(崩壞)되어 버린다. 곧이어 정신 속에는 고정된 작은 생각들만이 남는다.

바로 여기에서 광증(狂症)의 이웃인, 단일 관념 편집증(偏執症, monoidéisme)이 생긴다. 그리고 이와 동시에 의지마저 약해진다. 또 흥분이 그 위를 덮치고, 자신의 변덕과 의지의 놀림감이 되고, 자제심마저 잃어 버린다. 즉 이와 같은 신경병은 정신적인 지적 힘과, 인격의 감소와 약화를 가져온다.[277]

1527 (나) 신비가들에게서 일어나는 정신생리학적 현상은 신경병 환자와는 그 반대이다. 오히려 지성은 확대되고 의지는 강해지며, 그로 인하여 더 큰 일을 실행하거나 구상할 수 있게 된다. 우리는 신비가들이 자신의 믿음에 대한 교의(教義, dogmes)를 통해, 어떻게 하느님과 신적 속성(神的屬性)에 관한 새로운

---

277) P. Janet, *L'automatisme psychologique*, IIe P., ch. III-IV에 의해 표시된 특징들로 요약된다.

인식을 얻었는가를 보았다. 물론 신비가들도 정신생리학적 현상에서 본 모든 것을 설명할 수는 없다. 그러나 신비가들은 오랜 시간의 독서보다 관상기도를 통해 훨씬 더 많은 것을 얻었다고 솔직히 고백한다.

그리고 신비가들의 이 확신은 가장 영웅적인 덕의 실천 속에서 현실적인 진보를 통해 표현된다. 그 결과 신비가들은 더욱 겸손해지고, 사랑이 풍요로워진다. 그리고 그들은 매우 힘든 고통 속에서도 신적 의지에 더욱 순종하며, 변함 없는 침착성과 평화와 고요함을 누리게 된다. 정신생리학적 현상으로 나타나는 신비가들의 자세와 히스테리(hystériques)적으로 흥분된 신경병 환자의 행동과는 얼마나 큰 차이가 있는가!

1528 (2) 두 다양한 현상의 차이점

정신생리학적 현상에서 신경병 환자들과 신비가들에게 생기는 방법적인 측면에서도 큰 차이점이 있다.

(가) 신경병 환자에게 히스테리 발작보다 더 역겹고, 슬픈 것은 없다.

① 첫 단계는 가벼운 간질(癎疾, épilepsie) 현상 같지만, 목구멍에서 올라오는 종창(腫脹)의 느낌으로 인해 그것과는 구별되며, 이 종창은 사실 숨막히는 느낌과 함께 목구멍이 부푸는 것에 불과한데, 사람들이 귀로 들을 수 있는 소리가 난다.

② 둘째는 온 몸을 비트는 괴로워하는(무질서한) 행동으로 나타난다.

③ 셋째는 줄곧 머리에서 떠나지 않는 생각 또는 형상에 관계되는 음란과 투기와 두려움의 열정적인 속성이다.

④ 모든 것은 발작적인 흐느낌이나 웃음으로 끝난다. 이것은 긴장완화에서 오는 것이다. 이 발작을 하면서, 그 환자는 여러 악한 감정으로 고통을 당하고 지치고 녹초가 된다.

(나) 신비가들에게 나타나는 현상은 얼마나 황홀한가! 어떤 발작도 어떤 맹렬한 행동도 없다. 그리고 이 환상은 하느님과 내적으로 일치된 영혼의 황홀함으로 잔잔할 뿐이다. 그래서 황홀경의 증인들은, 예를 들어, 루르드의 마싸비엘(Massabielle) 동굴에서 베르나뎃다와 함께 환시를 보는 순간 그들은 감탄을 억제할 수 없었다. 또 제1456항에서 성녀 예수의 데레사가 말하듯이, 이 환시로 인해 육체가 녹초가 되는 대신, 영혼은 황홀 속에서 새로운 힘을 얻게 된다고 하였다.

1529 (3) **정신생리학적 현상의 결과에 나타난 차이점들**

물론 이 결과에서도 두 현상의 모습에는 큰 차이가 있다.

(가) 히스테리 환자의 경우, 묘사된 장면이 더 많아질수록 능력의 불균형은 더욱 증가된다. 그리고 은폐, 거짓말, 우둔함, 음란 등은 불행한 희생자들이 행한 체험들의 결과이다.

(나) 이와 반대로, 신비가들의 영혼 안에는 하느님 사랑과 이웃에 대한 헌신과 지성이 한결같이 자란다. 신비가들이 공동체의 창설이나 사업을 시작하게 되면, 힘있는 의지와 단단하고 개방된 정신과 양식을 발휘하게 되며, 그것을 성공으로 이끌게 된다.

성녀 예수의 데레사는 죽기 전까지, 수많은 반대에도 불구하고 14개의 남자 가르멜 수도원과 16개의 여자 가르멜 수도원을 창설하였다. 성녀 꼴렛뜨(Colette)는 13개의 수도원을 창설했고,

수많은 다른 수도원들 속에 규칙을 소생시켰다. 16살부터 황홀경에 빠졌던 아카리아(Acarie) 부인은 30년 동안 결혼생활을 했고, 여섯 자녀를 키우면서 남편의 경솔함으로 인해 위태롭게 된 가족의 재산을 일으켜 세웠다. 그리고 나중에 과부가 되었을 때, 프랑스에 가르멜 수도원을 창설하도록 헌금을 하였다.

성녀 시에나의 카타리나는 32세에 죽었는데, 오랫동안 읽지도 쓰지도 못했지만, 그 시대의 문제에 대해 매우 중요한 역할을 수행하였다. 최근에 교회의 한 역사가는 성녀 카타리나를 일컬어 매우 위대한 정치가라고 칭송했다.[278]

그러므로 히스테리 환자와 성혼을 받은 영혼 사이에는 위에서 말한 것처럼 많은 차이점이 있다. 그러므로 정신 생리학적 현상에서 신비적 현상과 정신병을 동일시하려는 것은 과학적 고찰의 모든 규범에 반대되는 것이다.

1530 (4) 정신생리학적 현상에 대한 이론(異論)

그럼에도 불구하고 우리가 이 현상에 나타난 문제들을 결의해야 할 마지막 어려움이 남아 있다. 리보(Ribot)와 함께 몇몇 사람들은 황홀경을 감정적 단일관념을 편집증(偏執症, monoidéisme)에 이르는 양심의 편협 가운데 하나라고 주장하는 이들이 있다. 왜냐하면 신비가들은 하느님과의 내적 일치만을 꿈꾸기 때문이라는 것이다.

이 어려운 문제점에 대한 대답으로, 신비가들의 황홀경과 이중적인 단일관념 편집증을 구분할 수 있다.

첫째 편집증은 질서파괴자로써, 판단이 흐려지면서 인격이 조

---

278) Em. Gebhart, *Rev. hebdomadaire*, 1907년 3월 16일.

금씩 붕괴되어 간다는 것이다. 이러한 사람은 자살 생각을 고정시키면서 모든 허무를 최고로 추구한다.

둘째 편집증은 단일관념 편집증으로, 인격을 붕괴시키지 않고 오히려 강화시킨다. 왜냐하면 훌륭한 정치는 고정된 생각을 갖고, 거기로 모든 계획을 모아들이기 때문에, 위대한 일을 성취할 수 있다는 것이다. 물론 이 생각은 매우 정의로워야 한다.

그러나 신비가들의 경우는 다음과 같다. 신비가들은 무엇보다 먼저 그들의 최종 목표를 추구하는 지배적이고 고정된 생각을 갖고 있다. 말하자면 모든 완덕과 행복의 원천인 하느님과의 내적인 일치이다. 바로 그곳으로 신비가들은 다른 모든 생각과 힘을 집결한다. 물론 이 생각은 완벽하게 정의롭다. 이 생각은 모든 생각과 행위를 조화시킨다. 우리에게 참된 행복과 완전을 줄 수 있는 유일한 목표를 향해 모든 것을 그 곳으로 집중시킨다.

그러므로 인간적인 관점에서조차, 성인들은 매우 활동적이며, 훌륭한 양식을 가지고 힘과 항구함을 통해 훌륭한 교화 사업을 좋은 목표로 이끌고 구상한다. 이것은 무신론자도 지적하는 바로 우리는 이미 제43항에서 다루었다.

그러므로 우리는 언제나 공정해야 한다. 그리고 우리는 모든 신비가들이 탁월한 영혼들인 동시에 성인들이라는 사실을 고백해야 한다.

제2장 악마적 현상[279]

1531 악마(惡魔, démon)는 성인들이 하느님의 모습을 본받는 것을 매우 질투한다. 그래서 악마는 성인들이 있는 하느님 나라와 세상의 인간에게 절대적인 지배를 행사하려고 한다. 그래서 악마는 인간에게 극심한 외적 유혹을 야기(惹起)시켜 영혼들을 공격한다. 그런가 하면 다른 한편으로, 육체 속에 정착하여 자기가 마치 영혼의 주인인양 그의 생각대로 움직이면서, 영혼을 혼란 속에 빠뜨리려 한다.

이처럼 영혼에 일어나는 현상을 두고, 첫째 것을 강박관념(强迫觀念, obsession)이라 하고, 둘째는 마귀(魔鬼) 들림(possession)이라 한다.

악마의 활동에 대해서는 피해야 할 이중적인 과격한 행위가 있다. 영혼에게 생기는 모든 악을 악마에게 부여하는 사람들이 있다. 이것은 악마의 개입을 전제하지 않고도 세 가지 탐욕에서 오는 악한 성향이 영혼 안에 있다는 것을 잊은 처사이다. 그러기에 우리는 이 자연적 원인에서 오는 유혹을 설명하는 데 별로 어려움이 없을 것이다.

---

[279] Del Rio, *Disquisitiones magicae*, 1600; Thyraeus, *De locis infestis; De spirituum apparitionibus; De doemoniacis*, 1699; Ribet, *Mystique divine*, t. III; A. Poulain, *op, cit.*, ch. XXIV, § 6-8; A. Saudreau, *L' Etat mystique*, ch. XXII-XXIII.

이와 반대로, 성서와 성전(聖傳)에서 악마의 행위에 대해 증거하는 것을 잊어 버린 영혼은, 어떤 경우에도 악마의 개입을 허락하려 하지 않는다. 이제 우리는 여기에서 중용(中庸, juste milieu)을 지켜야 한다. 그러기 위해 우리가 따를 규범은 전체적으로 또는 특이한 성격으로 인해 악령의 행위로 나타나는 것만을 악마적 현상으로 받아들일 것이다.

이제 우리는 영혼 안에 일어나는 강박관념과 마귀 들림을 차례로 살펴보기로 한다.

제1절
강박 관념

1532 Ⅰ. 강박 관념의 본질

강박 관념은 영혼 안에서 일반적인 평범한 유혹보다 더 오래 지속되며 매우 강렬한 일련의 유혹이다. 먼저 외적 감각과 연관된 발현(發現)을, 우리는 외적 강박관념이라 한다. 그 대신 그 발현이 내적 느낌을 자극할 때, 이것을 내적 강박 관념이라 한다.

강박 관념이 순전히 외적인 것만은 매우 드물며, 악마는 영혼을 더 쉽게 혼란시키기 위해서만 외적 감각을 사용한다.

1533 (1) 악마는 영혼의 외적인 모든 감각에 영향을 미칠 수 있다.

ㄱ) 시선(視線)에서 : 악마는 랑자크의 아녜스(Mère Agnès de Langeac) 원장 수녀와 다른 여러 사람들에게 했던 것처럼, 덕의

실천을 단념하게 하고 영혼을 두렵게 하기 위해, 불쾌한 형태로 나타났다.[280] 그리고 악마는 성 알퐁스 로드리게즈(Rodriguez)에게 자주 일어났던 것처럼, 성인을 악으로 끌어들이기 위해 아주 매력적인 형태로 나타났다.[281]

ㄴ) 청각에서 : 악마는 복녀 꼬르똔의 마르가릿다(Cortone de Marfuerite)의 생애에서 음란하거나 신성을 모독하는 말과 노래를 들리게 하였다.[282] 악마는 성녀 빠지의 막달레나(Pazzi de Madeleine)와 성 아르스의 비안네에게 가끔 일어났던 공포에 빠뜨리기 위해 가끔 소동을 일으켰다.[283]

ㄷ) 접촉에서 : 악마는 감각적인 접촉으로 두 가지 방법을 쓴다. 즉 성녀 시에나의 카타리나, 성 프란치스코 사베리오의 시성식 문서와, 성녀 예수의 데레사의 생애에서 보는 것처럼 상처와 채찍을 가하면서 접촉하기도 한다.[284] 또 성 로드리게쯔의 알퐁소가 이야기하는 것처럼, 악을 유발시킬 목적으로 포옹 같은 행위를 한다.[285]

셔람(P. Schram) 신부가 지적한 바와 같이, 위에서 말한 이와 같은 감각적인 발현들은 신경적인 지나친 흥분으로 인해 생기는 단순한 환각(幻覺)일 경우도 있다. 그러나 이러한 경우에서조차, 환각은 영혼에게 매우 무서운 유혹에 속한다.

1534 (2) 악마는 또 상상이나 기억력 등, 내적 감각에도 작용

---

280) M. de Lantages, *Vie de la Vén. M. Agnès*, ed. Lucot, 1863, Ie Part. ch. X.
281) P. Poulain, *op. cit.*, ch. XXIV, n. 94.
282) *Bollandistes*, 2월 22일, t. VI, p. 340, n. 178.
283) A. Monnin, *Le Curé d'Ars*, 1. III, ch. II.
284) *Vie* par une Carmélite, t. II, ch. XXVII.
285) P. Poulain, *l. cit.*

한다. 그리고 악마는 이 감각을 자극하기 위해 영혼 안에 격정(激情)을 일으키게 한다. 악마는 영혼의 끈질긴 노력에도 불구하고 집요하게 강박적(强迫的)이고 성가신 영상(映像)들로 영혼을 침해한다. 악마는 영혼으로 하여금 화가 치밀어 오르고, 절망의 고통과, 반감의 충동 또는 그 반대로 위험한 애정에 시달리게 하여, 아무 것으로도 증명할 수 없게 한다. 그로 인하여 영혼은 무엇이 진정한 강박 관념인가를 결단하기가 어렵다.

그러나 유혹이 갑작스럽고, 강렬하며, 완강하고, 자연적인 원인으로 그 유혹을 설명하기 어려울 때, 거기서 악마의 특별한 행위를 느낄 수 있다. 어쨌든 악마의 유혹에 대한 의심의 여지가 있을 경우, 이 악마의 현상들을 고칠 수 있는 병적인 상태를 의사에게 상의하는 것이 좋다.

1535　Ⅱ. 영적 지도자를 위한 지도

영적 지도자는 영혼을 도와 주기 위해 빈틈없는 현명(賢明)한 덕과 가장 부성애적(父性愛的)인 친절함을 동시에 갖추어야 한다.

ㄱ) 영적 지도자는 진정한 강박 관념의 확고한 증거 없이는 절대로 믿지 말 것이다. 그러나 강박관념이든 아니든 간에, 집요하고 맹렬한 유혹에 공격당하는 회개(悔改)자들을 가엾게 여기고, 현명한 권고로 그 영혼들을 도와 주어야 한다.

영적 지도자는 이미 제902항-제918항에 서술된 유혹에 저항하는 방법과, 또 제223항-224항에 적힌 악마적 유혹에 대항하는 특별한 구제책을 영혼들에게 되새겨 주어야 한다.

ㄴ) 만일 악마의 유혹이 맹렬하고, 무질서(無秩序)가 의지의

공감 없이 나타났다면, 지도자는 유혹에 대한 공감 없이는 죄가 아님을 일러 주어야 한다. 그래도 영혼이 의심스러워 할 때, 영적 지도자는 유혹을 이길 수 있는 준비가 되어 있는 사람일 경우에는, 유혹이 죄가 아니거나, 적어도 중죄가 아니라고 판단해야 한다.

ㄷ) 열심한 영혼일 경우, 영적 지도자는 그 끈질긴 유혹이 제1426항에서 묘사된 수동적(受動的) 시련(試鍊)의 한 부분이 아닌가를 자문해 볼 것이다. 그리고 지도자는 그 영혼의 완덕 단계에 알맞은 권고를 그들에게 준다.

1536 ㄹ) 만일 악마적 강박관념이 심증적(心證的)으로 명백하거나, 또는 매우 가능성이 있을 경우, 로마 전례서(典禮書)에 적혀있는 구마경(驅魔經, exorcismes)을 사용할 수 있다. 이 경우, 구마의 기도를 받게 될 영혼이 구마경으로 인해 혼동되고, 그의 상상을 자극 받게 된다면, 미리 알리지 않는 것이 좋다. 그때는 다만 구마경을 읽으면서 그에게 교회를 통해 승인된 기도를 드릴 것이라고 알리는 것으로 충분하다.

장엄(solennels)한 구마경을 할 경우에는 주교의 허락을 받고서 사용할 수 있다. 그리고 영혼은 이 기도에서 마귀 들림을 다루면서 신중해야 할 것이다.

제2절
마귀 들림[286]

I. 마귀 들림의 본질

1537 (1) 마귀 들림의 구성요소들

마귀 들림은 다음 두 가지 요소로 구성한다. 그것은 다름 아닌, 마귀 들린 육체 안에 있는 악마의 현존과 또 악마가 육체에 작용하는 세력을 매개로 하여 영혼에게 작용하는 것들이다. 여기에서 후자의 요소는 설명되어야 한다.

왜냐하면 영혼이 육체에 일치하는 것처럼, 악마는 육체와 일치하지 못하기 때문이다. 이 말은 영혼에 비기면 악마는 외적인 원동력에 불과하다는 것이다. 악마는 육체의 매개를 통하여 육체 안에 살면서 영혼을 움직인다. 악마는 육체를 직접 움직일 수 있으며, 온갖 종류의 행동을 실행시킬 수 있다. 악마는 간접적으로 그들의 작용을 위해 육체에 종속되는 한도 내에서 능력을 통해 작용한다.

우리는 마귀 들린 사람들 가운데서 두 가지 상태를 구분할 수 있다. 즉 영혼이 발작을 일으키는 시기와 잠잠한 시기이다. 발작은 마귀에 의한 신성모독, 불경한 말, 격노한 큰 소리, 사지를 비트는 식으로 나타난다. 이 발작은 매우 흥분된 동요를 몸에 전달하면서 압도적인 지배를 나타내는 일종의 맹렬한 몸짓이

---

[286] 저자가 인용한 것 이외에도, cfr. Mgr waffelaert, au mot *Possession* dans *le Dict. d'Apologétique*.

다. 이 때 환자는 자신 안에 일어나는 모든 감정을 잃어 버린다. 그리고 정신이 되돌아 왔을 때, 환자가 했던 말과 행동 또는 악마가 그를 통해서 했던 것에 대한 어떤 기억도 갖고 있지 않다. 영혼은 초기에만 악마의 침입을 자신 안에 느낄 뿐, 그 뒤에는 의식을 잃어 버린 것 같다.

1538 그럼에도 불구하고, 마귀 들림은 이 일반적인 규칙을 넘어서는 예외들이 있다. 쉬렝(P. Surin) 신부는 루됭의 우르술라(Ursulines de Loudun) 수녀회 수녀들을 구마하면서, 자신이 마귀 들리게 되는데, 신부는 그에게 일어나는 것에 대해 의식을 갖고 있었다. 쉬렝 신부는 나중에 어떻게 그의 영혼이 나뉘어져, 악마적 느낌에 한 쪽이 열리고, 다른 한 쪽이 하느님의 활동에 맡겨지는지를 말한다. 그리고 신부는 몸이 땅에서 뒹굴고 있는 동안 어떻게 그가 기도했는지를 묘사하였다.

쉬렝 신부는 덧붙여서, "나의 상태는 내가 자유롭게 행동하는 것이 조금 남아 있는 형편이었습니다. 내가 말하려 하면, 내 혀가 나를 따르지 않습니다. 미사(messe)를 드리는 동안 나는 갑자기 멈출 수밖에 없었습니다. 나는 식탁에서 음식을 입으로 가져 갈 수 없었습니다. 내가 고백하려 하면, 내 죄는 나를 빠져 나갑니다. 나는 악마가 내 안에서 마치 자기 집에서처럼 자기 좋을 대로 들어왔다 나갔다 하는 것을 느낍니다."[287]

1539 영혼이 고요할 동안, 악령(malin esprit)의 존재는 드러나지 않고, 마치 악령이 내 영혼으로부터 멀리 물러간 것 같다.

---

287) Lettre du 3 mai 1635 au P. d'Attichy.

그럼에도 불구하고, 이따금 마귀는 영혼 안에 모든 의술(醫術)의 지원을 무력하게 하는 일종의 결함을 나타낸다.

거의 대부분 한 영혼 안에 여러 악마가 들어가 있다. 이러한 현상은 바로 영혼의 나약함을 보여 주는 것이다.

일반적으로 마귀 들림은 죄인들에게만 집중적으로 행해진다. 그럼에도 불구하고 우리는 쉬렝(Surin) 신부의 경우에서 보듯 예외가 있음도 알고 있다.

1540 (2) 마귀 들림의 징표

우리는 마귀 들림에 가까운 신경 질환(nerveuses)이나 편집광(偏執狂, monomanies)과 정신병(aliénation mentale)이 있음을 알고 있다. 그래서 쉽게 표현(表現)하기 위해 병적인 현상들과 구별될 수 있는 징표를 주는 것이 중요하다.

로마 전례(典禮)에 의하면, 마귀 들림을 알아볼 수 있는 세 가지 주된 징표가 있다. "낯선 언어의 여러 단어를 구사하면서 생소한 말을 하거나, 또 이 낯선 말을 하는 영혼을 이해한다거나, 불가해(不可解, occultes)하고 멀리 있는 것을 알아낸다거나, 그리고 자연적인 나이나 조건을 능가하는 힘을 보일 때 마귀 들린 징표가 된다.

그 외 이 징표들과 비슷한 다른 징표들의 숫자나 회수가 증가되었을 때, 이것은 마귀 들림의 가장 유력한 징후들이다."[288]

우리는 위에서 말한 징표들을 간단히 설명하기 위해 몇 마디 덧붙인다.

ㄱ) 마귀 들린 사람이 생소한 언어를 사용할 때 그것을 증명

---

[288] Rituel Romain : *De exorcizandis obsessis a daemonio.*

하기 위해, 그 말을 하는 영혼을 세밀하게 조사해야 한다. 곧 그가 지난날에 말하는 그 언어의 몇몇 단어를 배울 기회가 없었는지, 암기했던 몇몇 문장을 발음하는 대신, 그가 참으로 알지 못하는 말을 이해하고 말하는지를 엄격하게 알아보아야 한다.[289]

ㄴ) 마귀 들린 사람이 말하는 불가해한 것에 대한 계시는, 어떤 자연적인 방법으로도 설명할 수 없다. 그러기에 이 점에 대해서도 매우 엄격하게 심층적인 조사가 필요하다.

예를 들어, 알지 못하는 곳에 대한 문제일 때, 그 사람이 통신이나 또는 다른 자연적인 방법으로 그것을 알고 있지 않는가를 분명하게 확인해야 한다. 또 미래에 대한 것일 때는, 예언된 방식대로 이루어지고 있는지, 애매하지 않고 매우 정확하게 예언이 실현되는가를 인내하면서 기다려야 한다.

그러므로 영혼은 엄청난 큰 재난(災難)을 알리면서, 좋은 결과가 뒤따른다는 애매한 예언을 염두에 두지 않아야 한다. 그렇지 않으면 누구나 예언자란 평판을 얻기가 매우 쉬울 것이다. 이와 같은 여러 현상을 듣고 보면서, 이제 영혼은 초자연적인 인식을 바르게 가져야 한다. 이 올바른 인식은 이러한 현상들이 성령이나 악령에서 온 것인가를 바른 규범을 통해 영을 식별(識別)하게 한다. 물론 실제적으로 위에서 말한 현상들은 의심할 필요 없이 악한 영이 마귀 들린 사람 속에 있다는 것이다.

ㄷ) 마귀 들린 사람의 나이와 병적인 상태 등을 고려할 때,

---

[289] 병적인 흥분의 경우 잊어 버린 언어에 대해 기억을 되살린다거나, 적어도 들었던 말의 조각들을 기억하는 경우를 인용해 보면, 사제관 식모는 사제가 읽는 것을 들었던 히브리어나 그리스어의 짧은 말을 암송한다. 그러므로 전례는 현명하게 다음과 같이 말하고 있다. "ignota linguâ loqui pluribus verbis vel loquentem intelligere."

그 사람은 자연적인 힘을 현저하게 능가하는 힘을 발휘하기도 한다. 그는 힘이 두 배로 증가되는 극도의 흥분상태에 이르는 경우도 있다.

우리는 이미 영혼의 공중부유(空中浮遊)에 대한 현상이 참으로 엄격하게 잘 증명되었다면 그것을 초자연적인 현상이라고 하였다. 그러므로 우리는 악마가 영혼 안에 개입된 바른 징표를 정확하게 알아내어야 한다.

1541 우리는 이 징표들에 더하여, 축성된 것이나 구마(驅魔)에 대한 적용이, 마귀 들린 것으로 믿어지는 영혼에게 알리지 않고 실행할 때, 거기에서 발생되는 결과를 생각해볼 수 있다.

예를 들어, 마귀 들린 사람은 성물(聖物)을 만지거나, 또는 어떤 영혼에게 전례를 통해 기도를 드릴 때, 말로 다할 수 없는 분노를 느끼거나 끔찍하게 신성모독(神聖冒瀆)을 하는 것 등이다. 그러나 이 징표는 분명히 마귀 들린 영혼에게 알리지 않고 실행했을 때이다. 만일 마귀 들린 영혼이 이를 알아차리면, 그들은 종교적인 것에 대한 공포 때문이든 아니면 거짓꾸밈 때문에 분노할 수도 있다.

그러므로 우리는 참으로 마귀 들림을 알아보기 매우 힘들며, 또 이 마귀 들린 현상을 알리기 전에 매우 신중해야 한다.

1542 (3) 신경성 착란(錯亂)과 마귀 들림의 차이점

신경병에 걸린 사람에 관한 경험은 병적인 상태와 마귀 들린 사람의 외적 태도 사이에 명백한 유사점을 보여 준다.[290] 그러나

---

290) J. M. Charcot et Richer, *Les démoniaques dans l'art*; Bourneville et Regnard, *L' Iconographie de la Salpêtrière*; Richer, *Etudes cliniques sur la grande hystérie*.

우리는 이 유사점에 대해 놀라서는 안 된다. 악마는 신경병이나 이 증세와 유사한 외적인 현상을 생겨나게 할 수 있다. 이런 이유에서 마귀 들린 경우라고 부당하게 일컬어지는 것에 대한 판단은 매우 신중해야 한다.

그러나 병적인 상태와 마귀 들림의 유사점은 외적 행동에 있지만, 이 외적 행동만으로 마귀 들림이라고 증명하기에는 불충분하다. 일반적으로 신경병 환자들에게서는 이상한 언어를 말한다거나, 분명하고 정확하게 미래를 예언하거나 마음의 비밀을 알아내는 것을 찾아볼 수가 없다. 그런데 여기에 우리가 말한 바와 같이 마귀 들림의 참된 징표가 있다.

지금부터 우리가 말하는 마귀 들림의 현상이 없을 때에는, 그냥 단순한 신경병 환자라고 믿어도 된다.

가끔 구마(驅魔)하는 사람들이 실수한다면 그것은 전례가 말하는 규칙에서 멀어진 것 때문일 것이다. 그러나 이 실수를 피하기 위해 이때는 사제들뿐만 아니라 가톨릭 의사들에 의해서도 엄격하게 조사되어야 한다.

1543 트라피스트(Trappe) 수도원에 들어가기 전에 의사였던 드브리느(P. Debreyne) 신부는 어느 여자 공동체에서 마귀 들린 영혼을 치료한 적이 있었는데, 그의 상태는 다른 어느 수녀회의 것과 매우 닮았었다고 이야기하고 있다. 드브리느 신부는 그 영혼들을 단기간에 위생적(衛生的, hygiéniques) 방법으로, 특히 꾸준하고 다양한 육체적인 일을 통해 치료하였다.[291]

---

291) *Essai de théol. morale*, ch. IV, éd. refondue par le D'Ferrand, 1884, p. IV, ch. III,¡ 2.

특히 영혼은 전염성(傳染性)이 있는 마귀 들림을 조심해야 한다. 참으로 마귀 들림의 경우 영혼은 외적으로 마귀 들린 것과 비슷한 신경병 상태를 증언하기도 한다. 이와 같은 종류의 마귀 들림을 피할 가장 좋은 방법은, 신경과민에 걸리게 되는 장소를 멀리하고 신경병에 걸린 사람들을 분산시키는 것이다.

Ⅱ. 마귀 들림에 대한 구제책

마귀 들림에 대한 구제책(救濟策)은, 일반적인 방법으로는 영혼을 정화하고 악마의 공격에 대항하여 의지를 강화시키는 것이다. 그러기 위해 영혼은 인간에 대한 악마의 활동을 약화시킬 수 있는 모든 것에서 이탈해야 한다. 물론 가장 특별한 방법은 역시 구마식(驅魔式)이다.

1544 (1) 마귀 들림에 대한 일반적인 구제책

이미 우리는 제223항-제224항에서 악마의 유혹을 다루면서 지적한 모든 방법을 사용하면 좋을 것이다.

(가) 마귀 들림에서 벗어나는 가장 효과적인 방법 가운데 하나는, 고해성사를 통해, 특히 총 고해성사를 통해 영혼을 정화하는 것이다. 고해성사는 영혼을 하느님 앞에 굴욕적이게 하고 거룩하게 하면서 불경(不敬)하고 교만한 정신을 없애 준다. 여기에 전례는 영혼에게 단식(斷食)과 기도와 영성체를 덧붙여서 권고한다.[292]

---

292) "Admoneatur obsessus, si mente et corpore valeat, ut pro se oret Deum ac jejunet et sacrâ confessione et communlone saepius ad arbitrium sacerdotis se communiat"(*Rituale*, De exorciz. obsessis).

우리의 영혼이 더 순결하고 가치로운 고행을 실천할수록 악마는 영혼에게 덜 영향을 미친다. 거룩한 영성체는 사탄(Satan)을 이기신 예수님을 우리 안에 모시게 한다.

(나) 마귀 들린 영혼에게 성사(聖事)와 축성된 물건들은, 교회가 이것들을 축복하면서 드렸던 기도 덕분에, 매우 큰 효과가 있다. 성녀 예수의 데레사는 성수(聖水)에 특별한 신뢰를 가졌는 데 거기에는 충분한 이유가 있었다. 왜냐하면 교회는 악마를 쫓아 버릴 효력을 성수에 주고 있기 때문이다.[293] 그러나 우리는 축성된 이것들을 큰 믿음과 겸손과 신뢰의 정신으로 사용하여야 한다.

(다) 마귀 들린 영혼에게 십자가와 성호(聖號)의 힘은, 특히 십자가로 인해 패배 당했던 악마에게 가공할 만한 무기이다. "나무로 이긴 자는 또 나무로 패배하리라"(et qui in ligno vincebat, in ligno quoque vinceretur).[294] 같은 이유에서 악령은 거룩한 예수님의 거룩한 이름을 부르는 것을 매우 두려워한다. 예수님의 이름은 당신의 약속에 의하면 악마를 쫓는데 탁월한 능력을 가진다.[295]

1545 (2) 구마경(驅魔經)

예수 그리스도는 교회에 악마를 쫓아내는 능력을 남기셨다. 그래서 교회는 마귀 들린 사람에게 안수(按手)하는 능력을 주었

---

293) "Ut fias aqua exorcizata ad effugandam omnem potestatem inimici, et ipsum iminicum eradicare et explantare valeas cum angelis suis apostaticis" if (*Rituale*, Ordo ad fac. aquam benedictam).
294) 십자가의 감사송.
295) 마르 16, 17. 성 알퐁소 리고리오는 강박관념의 순간에 성호를 크게 긋고 유혹 받는 자에게 무릎을 꿇어 예수를 흠숭하게 하는 관례를 가졌다. 사도 바오로의 이 말은 다음과 같다. "하늘과 땅 위와 땅 아래에 있는 모든 것이 예수의 이름을 받들어 무릎을 꿇고"(필립, 2,10) 성인은 이런 방법이 악마를 쫓아 냈다고 덧붙이고 있다.

다. 그리고 후에 교회는 그들이 사용하는 구마기도(驅魔祈禱)의 형식을 만들었다. 그러나 현대 교회에서 마귀를 쫓는 이 구마경은 주교님의 특별한 허락을 받아야 한다.[296]

마귀 쫓는 사람의 기능은 완수하기가 매우 힘들고, 또 많은 지식과 덕, 재치를 보유함으로써, 오늘날 이 능력은 성품성사를 통해 선택된 사제들에 의해서만 실행될 수 있도록 권고한다.

그럼에도 불구하고 사제들은 물론 개인들도 교회의 기도나 다른 기도 형식을 사용할 수 있다. 그렇지만 마귀를 쫓는 개인 기도는 어떤 형태로든 교회의 이름으로 해서는 안 된다.[297]

1546 제2차 바티칸공의회 이전에는 마귀 들림이 증명되었을 때, 구마기도를 실천하였다.

① 구마기도를 하기 전에는 겸손하게 고해성사를 보아야 한다. 때로는 단식과 기도를 준비하는데, 악마는 이 기도에 저항하지 못하기 때문이다. "기도하지 않고서는 악마를 쫓아낼 수 없다"[298]

② 마귀를 쫓는 사람은 혼자서 마귀 들린 사람과 대적해서는 안 된다. 환자가 발작할 때, 이를 제어하기 위해 신심 깊은 증인들을 대동해야 한다. 이때 사제는 더 큰 조심과 겸허함을 보일 것이다.

1547 ③ 구마기도에서는 예수와 마리아의 거룩한 이름을 부르고, 성수를 뿌리며 성호를 긋는다. 특히 마귀 들린 사람을 위한

---

296) 역 자 : 제2차 바티칸 공의회 이후 소품식(小品式)에서는 구마품(驅魔品)을 제외하였다.
297) Lehmkuhl, *Theol. moralis*, t. II, p. 574, éd. 1910.
298) 마르 9, 28.

기도나 그를 대적하는 행위는 교회의 권위자에게 언제나 문의하고 허락을 받도록 해야 한다.

1548 ④ 마귀 들린 사람을 위한 기도는 언제나 신중해야 한다. 그리고 마귀 들린 그 악령에 대한 내용이나, 거기에 대한 질문은 증인들과 함께 하면서 매우 조심해야 한다.

⑤ 특히 기도 없이 절대로 악령이 행하는 내용들을 단순하게 인간적으로 처리해서는 안 된다.

⑥ 마귀 들린 사람의 운명을 하느님의 정의에 맡기고, 악한 영을 쫓기 위해 끊임없이 기도하면서 하느님께 특별한 도움을 청하도록 한다.

결 론

1549 지금까지 말한 정신생리학적인 특이한 여러 현상 가운데, 한편으로 선택된 영혼들을 통해 하느님께서는 당신의 자비로우심을 우리에게 보여 주신다. 신비가들에게 이 특이한 현상은 하느님의 나라에서 그들이 받을 영광의 전조(前兆)이자 예고(豫告)로써 당신 사랑의 상징이 된다. 그 예로써 하느님께서는 선택된 영혼에게 성흔(聖痕)을 통해 말할 수 없는 고통을 주신다.

다른 한편으로 악마는 미움과 질투를 통해 영혼들을 악에 참여시킨다. 그리고 악마는 영혼들이 저항할 때, 그들을 학대하고 마귀 들림으로 고문하면서, 악의 세력을 영혼 안에 행사하기를 원한다.

즉 성 아우구스티누스가 묘사한 바에 따르면, 땅에는 두 도시

(都市)가 있고, 성 이냐시오는 두 기지(基地), 두 깃발이 있다고 표현한다. 그러나 참된 그리스도인은 선택을 망설일 수 없다. 영혼들이 자신을 하느님께 송두리째 바치면 바칠수록, 그들은 악마의 진영에서 빠져나올 수 있다.

만일 하느님께서 영혼들에게 시련(試鍊)을 주신다면, 그것은 영혼들의 유익을 위한 것일 뿐이다. 그로 인하여 영혼은 고통 중에서도 하느님께 크나큰 신뢰를 드리면서 다음과 같은 말을 되풀이 할 수 있다. "하느님께서 우리편이 되셨으니 누가 감히 우리와 맞서겠습니까?"(Si Deus pro nobis, quis contra nos?).[299]

---

299) 로마 8, 31.

제IV부 주입적 관상에 논쟁되는 문제들[300]

300) A. Saudreau, *L'etat mystique*, ch. IX, XI, XIY et Appendides; A. Poulain, Grâces d'oraison, 10e éd. avec introd. du p Bainvel; Mgr Lejeune, art. contemplation du Dict. de Théologie; Mgr A. Farges, phénom. mystiques et controv. de La Presse; P. Joret, La contemplation mystique; p. Garrigou-Lagrange, perfect. et contemplation.

1550 지금까지 우리는 여러 영성학파(靈性學派)에서 일반적으로 갖는 교의(敎義)들을 소개하였다. 이제 독자들은 가장 높은 완덕으로 영혼들을 이끌기 위해, 이 수덕·신비신학의 교재가 공통 교의로써 충분하다는 것을 아마 이해하였을 것이다. 하느님께서는 영혼이 성성(聖性)으로 진보하는 데 폭넓게 논란이 되고 있는 여러 질문의 해결책에 집착하기를 바라지 않으실 것이다.

그럼에도 불구하고, 우리는 몇 가지 간단하게 이 논쟁의 주된 점들을 소개할 것이다. 그러나 우리가 아는 것처럼 여러 영성학파의 의견을 조정한다는 것은 사실 불가능하다. 그래서 온건한 여러 학파들에게 접근을 시도할 목적으로, 우리는 가능한 한 공정하게 몇 가지 문제점들을 다루려 한다.

1551 영성학파들이 갖는 논쟁의 원인

먼저 우리는 수덕과 신비신학에서 논쟁이 되는 주된 원인에 대하여 종합적으로 간략하게 말하겠다.

① 첫째 원인은, 물론 신비신학에서 논의되는 질문의 애매함과 학문의 어려움에서 나온다. 이 어려운 주제의 예로써, 영혼이 자유를 잃지 않고 사랑과 빛을 받을 때, 그는 활동적이기보다는 더 수동적이 되는가? 이때 하느님께서는 영혼 안에 신비적 행위의 본질을 분명히 하시는가? 또는 주입적 관상에 세례자들이 보편적으로 불림 받아 하느님의 비밀스런 계획에 들어가는 것은 쉬운가? 이러한 예를 통해, 위와 같은 경이(驚異)들을 이해하고자 시도하는 저자들이 항상 같은 설명에 이르지 않는 것은 매우 놀라운 일이 아니라는 점이다.

② 둘째 원인은, 수덕·신비신학의 연구에서 오는 방법의 다양성(多樣性)에 기인한다. 이미 우리가 제28항에서 말한 것처럼, 신비신학의 모든 학파는, 예를 들어 관상의 관점에서 볼 때, 연역적(演繹的, déductive)[301]이고 체험적(expérimentale)인 두 가지 방법을 모두 조화시키려 노력한다. 그러나 우리가 아는 것처럼, 한편은 연역적인 부름에 특히 주력하는 반면, 다른 한편은 체험적인 방법에 더 주력한다. 바로 여기에서 다른 결론들이 나온다.

즉 한쪽 사람들은 관상적인 영혼의 숫자가 적은데 충격을 받아서, 모든 영혼이 관상에 불림을 받지 않았다고 설명하려 한다. 그러나 다른 편 사람들은 관상에 이르기 위해 충분히 초자연적인 구조를 우리 모두가 가졌음을 주장한다. 그런데 현실적으로 관상자가 적은 이유는 관상에 필요한 희생을 할 만큼 충분히 용기 있는 영혼들이 적기 때문이라고 결론짓는다.

1552 ③ 세째 원인은, 이러한 관점의 다양성은 우리가 이끄는 삶의 방식, 교육, 성격에 의해 뚜렷해진다. 물론 어떤 영혼은 다른 사람보다 관상에 더 맞는 본성을 가졌다고 생각된다. 그리고 이 관상의 적성(適性)이 교육과 삶의 유형(類型)에 의해 증가할 때, 영혼에게 관상이 정상적인 성소라는 생각을 자연스럽게 가지게 된다. 그러나 영혼이 보다 활동적이고 그들의 기질(氣質)이 활동에서 관상에 더 장애(障碍)가 되는 것을 알 때, 그는 스스로 자신을 특이한 단계라고 결론짓는다.

---

301) 역 주 : 일반적인 원리를 전제로 하여 특수한 다른 사실을 이끌어 내는 추리나 체험을 필요로 하지 않는 순수한 사유(思惟)이다.

④ 네째 원인은, 충만하고 효과적인 은총에 관해, 그리고 사랑과 인식에 대해 알고 있는 철학적이고 신학적인 체계가 신비신학에 영향을 미친다는 것을 잊어서는 안 된다.

그래서 토마스 학파와 함께 은총이 그 자체로써 효과적이란 것을 승인할 때, 우리는 활동적 상태의 연장을 수동적 상태 속에서 보아야 하는 경향이 있다. 왜냐하면 이 활동적 상태 속에서조차 이미 은총의 효과적인 움직임이 있기 때문이다.

그러므로 각자가 자신에게 더 근거가 있을 법한 학설을 자유롭게 선택할 수 있다는 것과, 매우 까다로운 관점에 관한 다양성에 놀라서는 안 된다.

이제 우리는 오늘날 논란이 되고 있는 주된 관상의 문제들을 다음과 같이 세 가지로 나눌 것이다. (1) 주입적 관상의 본질에 관한 논쟁, (2) 보편적 부르심에서 주입적 관상까지, (3) 주입적 관상이 시작되는 순간 등이다.

제1절
주입적 관상의 본질에 관한 논쟁

1553 많은 사람은 주입적 관상 또는 신비적 관상이란, 영혼을 수동적 상태에 놓고, 하느님의 사랑과 인식(認識)을 받기만 하면 된다고 생각한다. 그래서 관상이란 하느님께서 영혼에게 주시는 무상(無償)의 은사(恩賜)라는 것을 인정한다. 그러나 영혼에게 이 하느님 인식은 무엇으로 이루어질까? 분명, 하느님 인식은 신앙의 빛이 주는 도움으로 영혼이 얻는 것과는 다르다.

많은 사람의 주장에 의하면, 이 하느님 인식은 체험적 또는 준 체험적이라는 것이다. 우리는 이미 제1394항에서 영혼의 몫에 대하여 말하였다. 그러나 관상이 수득적(修得的, acquises) 또는 주입적(注入的, infuses)인 종류와 함께 간접적인가 아니면 어떤 도움 없이 직접적인가 이 점에 대해서는 다음 두 학설(學說)이 대치하고 있다.

1554 (1) 직접적인 하느님 인식에 대한 이론

위(僞)-디오니시오(Pseudo-Denys)와 성 빅토르(Victor) 학파, 플라망드(flamande)의 신비학파의 권위에 준거한 하느님 인식에 대한 이론은 주입적 관상이 막연하고 불명확함에도 불구하고, 하느님에 대한 직관(直觀) 또는 인식을 인정한다. 영혼에게 주입적 관상은 직접적이므로 이 인식은 믿음의 보편적인 인식과는 구별된다. 불확실하지만, 이 인식은 지복(至福)의 환시(幻視)와는 다르다. 이것은 우리가 앞서 서술했던 것과는 방법에서 애매함이 있다.

그래서 뿔랭(P. Poulain) 신부는 영적 감각(感覺) 이론에 근거하면서, 관상적인 영혼은 하느님의 현존을 직접 느낀다고 생각한다. "하느님과 일치하는 동안, 영혼은 마치 완전히 어둡고 은밀한 장소에서, 친구들 가운데 함께 곁에 앉은 한 사람과 비슷합니다. 즉 영혼은 하느님을 보지도 듣지도 못하지만, 다만 접촉으로 그분을 느낍니다.

왜냐하면 하느님의 손이 내 영혼의 손을 붙들고 있기 때문입니다. 그러므로 영혼에게는 하느님을 생각하고 사랑하는 것만이 남았을 뿐입니다."[302]

---

302) *Grâces d'oraison*, ch. VI, n. 16.

1555 신비가들은 관상의 높은 단계에서, 불가분 하게 삼위일체와 하느님을 지적인 직관으로 그 존재를 확신한다고 한다. 이 점에 대하여 마르샬(P. Maréchal)은, "관상의 높은 단계는 일상 은총과 정상적인 활동과는 질적으로 구별되는 새로운 요소를 내포하고 있습니다…. 이 상관적(相關的, corrélatif)인 심리는 하느님께서 영혼에게 상징적인 소개가 아닌 직접적인 소개를 통해, 영혼이 하느님을 직접 직관하는 것"[303]으로 간주한다.

이와 같은 이론은 뻬까르(P. Picard) 신부에 의해 완성된다. 하느님에 대한 인식은 영혼에게 매우 불명확하고 혼란스럽다. 그러나 자연적인 관점에서 볼 때, 하느님에 대한 직관 또는 이해가, 전통적인 증거를 통해 하느님의 존재가 증명되었을 때 불가능하지 않다는 것이다. 그래서 뻬까르 신부는 위와 같은 이론을 신비적 관상에 적용시킨다. 이 말은 하느님의 현존이 영혼의 심층(深層)에서 살아 움직인다는 것이다.

"하느님 인식은 때로 영혼을 평화와 찬미, 침묵 속에서, 하느님께 집중시키는 능력을 포옹하면서 영혼을 사로잡습니다. 그러나 때로는 이 인식이 감정적 능력과 의지를 주인처럼 장악합니다…. 하느님에 의해 영혼이 장악되고, 영혼의 인식 능력들에 의해 하느님을 느낄 때, 우리는 '거둠의 기도'를 할 수 있습니다. 또 영혼이 감정적이고 의지적인 능력들을 통해 사로잡힘을 느낄 때, 영혼은 '고요의 기도' 속에 있게 됩니다."[304]

그 다음, 하느님께서는 영혼에게 당신을 인식하는 것에 대한 중압감을 증가시킴에 따라, 더욱 절대적이고 독점적으로 점유하

---

303) *La mystique chrétienne*, dans la *Rev. de Philosophie*, 1921, t. XXX. p. 478.
304) *La saisie immédiate de Dieu dans les états mystiques*, 1923.

는 힘을 주신다. 이때 비로소 영혼은 관상의 최고 단계까지 발전한다는 것을 보여 준다.

끝으로 삐까르 신부는 이 인식에 관한 이론이 본체론적(本體論的, ontologisme) 경향과는 매우 차이가 있음을 지적한다. 왜냐하면 이 이론은 유한한 존재의 인식 속에서 하느님 존재에 대한 근원을 찾게 하기 때문이다.

이와 같은 이론은 영혼으로 하여금 하느님의 환시(幻視)를 거부한다. 즉 유한하고 불완전한 우리의 정신이 자신의 행위와 생각의 도움만으로 영혼이 알게된 모든 진리에 도달한다고 생각한다. 그런데 이와 같은 영혼의 직관(直觀)은 본질적으로 막연하고 불명확하다.

1556 (2) 간접적인 하느님 인식

일반적으로 인정된 간접적 하느님 인식에 대한 견해는, 그것이 아무리 완전하다 하더라도 관상적인 인식으로는 어디까지나 체험적이다. 그러기에 이 인식은 영혼에게 막연하고 불명확하며 동시에 간접적이다.

이제 우리는 이미 제1390항에서 말한 것처럼, 하느님 사랑과 인식의 두 가지 전제에서 우리를 강하게 감동시키는 결론을 내리면서, 그분이 주시는 은사의 빛으로 만족해야 할 것이다.

정신 생리학적 현상에서, 황홀경(extatique)은 평범한 영혼의 개념보다 훨씬 더 충격적인 방법으로 신적 진리를 소개하는 새로운 형태를 우리 안에 주입시킨다. 그래서 영혼은 지금까지 모르던 진리를 인식하면서 황홀해진다.

영혼은 이 진리를 맛보고 만끽하면서 체험적(體驗的)인 인식을 갖는다. 이 하느님 인식(認識)은 믿음을 통한 인식보다 더 생생하고, 특히 영혼에게는 일상적인 인식보다 더 정감적이다. 일상적인 인식과 구분되는 것은, 이 인식을 하느님으로부터 받았다는 것이다. 영혼이 하느님 사랑과 인식을 동시에 받을 때, 그는 매우 값진 은사를 주시는 신적 활동에 더욱 공감할 뿐이다.

1557 우리는 이 책의 제II부에서 이미 주입적 관상에 대하여 논하였다. 이 교의는 간접적이고 불명확한 관상을, 우리에게 "간접적으로 희미하게, 거울을 통해 은유적으로"(per speculum et in Aenigmate) 보여 주었다. 그래서 이 관상의 교의는 마치 직접적이고 명확한 지복직관(至福直觀)인 관상과 불명확한 관상 사이의 중요한 차이점을 나타내는 것처럼 보인다.

그러나 관상은 우리의 정신이 피조물에서 출발함으로써 하느님께 올라갈 수 있다는 것을 단언한다. 관상은 영혼에게 본체론적 경향(本體論的傾向, ontologisme)의 근본적인 원칙을 버리고, 불명확하고 혼동된 기도의 특징을 강조한다. 그러기에 영혼은 관상에서 직접적 직관(直觀)의 그럴 듯한 견해를 단언하는 본체론적 주의(主義)를 조심해야 한다.[305]

때로는 여러 신비가들이 처음부터 신적 본체와 직접적인 접촉을 가지고 하느님을 보았다고 가정하는 열정적인 표현을 사용한다. 그러나 전후 문맥(文脈)을 검토해 보면, 그 말은 신적 활

---

305) 이 고소는 Mgr. Farges(*Phén. myst.*, p. 95 ss., et *Réponses aux Controverses*, ch. V-XII)처럼 관상이 주입적인 인상으로 인해 첫 단계부터 이루어지고 관상에 직접 불림을 받았다는 것을 승인하는 사람들에게는 부당하다. 왜냐하면 이런 종류의 인상은 *idin quo videtur*도, id in quo videtur도 아닌, id quo res ipsa videtur이기 때문이다. 이 방식으로 보는 것을 비판할 수는 있으되, 여기서 본체론적 주의를 알아볼 수는 없다.

동을 통해 영글게 된 결과들이 영혼 안에 미치고 있음을 볼 수 있다.[306]

관상은 지혜(知慧)의 은사를 통해 하느님께서 영혼 안에 넣어주신, 사랑과 기쁨, 영적인 평화를 맛보게 한다. 여기서 성녀 예수의 데레사가 '고요의 기도'에 부여한 신적 맛의 이름이 나온다. 신비가들은 신적 접촉을 통하여, 그들 영혼의 실존 자체가 상처를 입은 것처럼 보인다. 그만큼 관상 안에서 영혼은 신적 사랑으로 인해 야기된 깊은 인상을 갖는다.

그러나 신비가들이 관상을 통한 체험의 인상을 상세하게 묘사하려 할 때, 그들의 묘사는 강렬하고 너그러운 사랑의 또 다른 결과에 이른다. 이렇게 강렬한 표현을 신비가들이 사용하는 이유는, 그들의 영혼 안에 생긴 은총의 느낌을 묘사하기에는 인간의 언어가 너무나 빈곤한 데 있다고 생각된다.

제2절
보편적 부르심에서 주입적 관상까지

1558 여기서는 이미 우리가 제1406항에서 말했던, 주입적(注入的, infuse) 관상에 대한 개인적 부르심의 문제를 다루지 않겠다. 이 점에 대해서는 모두 십자가의 성 요한과 따울레(Tauler)의 교의를 받아들이고 서로 의견이 일치하기 때문이다. 그러나 우리

---

306) 이 말을 더 잘 알기 위해, P. Poulain, *Grâces d'oraison*, ch. V-VI과 그 자신이 해설한 것을 읽어보는 것이 유용하다. 또한 반대되는 의미를 준 M. A. Saudreau, *L'Etat mystique*, Appendise II 도 참고할 만하다.

제 Ⅳ 부 주입적 관상에 논쟁되는 문제들 293

는 은총의 상태에 있는 모든 영혼이 충족하게 다른 일반적인 방법으로 주입적 관상에 불림을 받았는가에 대해서 자문하게 된다.

이 점에 관해서는, 적어도 대부분의 영혼들은, 관상의 개념에서 생기는 다른 두 가지 형태의 대립된 결론을 살펴야 한다.

1559 (1) 보편적으로 관상에 부르심

하느님께서 관상을 위해 여러 표현과 함께 영혼을 보편적으로 부르신 수도회가 많다. 예를 들어, 도미니꼬회,[307] 베네딕도회,[308] 프란치스코회,[309] 가르멜회[310]처럼 다양한 여러 수도회들이다.

그리고 예수의 동료 수도회,[311] 어디스트(Eudistes)[312], 재속 사제단[313] 등에서도 몇 몇 수도회를 찾을 수 있다. 많은 수도회에서, 특히 영성생활을 위해 많은 영성잡지들을 만들었다. 가리구 라그랑즈(P. Garrigou-Lagrange) 신부는 신비생활에서 내적 삶의 정상적인 발전을 확고하게 해야 한다고 강조하였다. 그 결과 은총의 상태에 있는 모든 영혼들이 관상에 도달한다는 주장을 단호하게 설명한다.

그래서 라그랑즈 신부는 다음과 같이 내적 삶에 대하여 설명한다.

---

307) Les PP. *Arintero, Garrigou-Lagrange, Joret, Janvier*, etc.
308) *Dom Louismet, Dom Huyben*, etc.
309) *P. Ludovic de Besse.*
310) *P. Théodore de S. Joseph, Essai sur l'oraison selon l'école carmélitaine*, 1923. - Voir cependant ses restrictions, p. 128.
311) *L. Peeters, Vers l'union divine par les Exercices de S. Ignace*, 1924.
312) *Le P. Lamballe, La contemplation.*
313) *M. A. Saudreau, L'Ami du Clergé*, etc.

ㄱ) 관상에서 신비적 삶의 근본 원리는 보편적인 내적 삶의 원리와 같다. 곧 이 내적 삶은 성화 은총(聖化恩寵, grâce sanctifiante) 또는 덕의 은총과 은사(恩賜)이다. 이 은사는 애덕과 함께 자라는데, 우리 안에서 초인간적인 상태에 따라 움직이며 영혼을 신비적 또는 수동적 상태에 이르게 한다. 즉 내적 삶의 원칙은 초자연적 생명의 꽃처럼, 영혼은 이 땅에 있는 신비생활을 잠재적으로 포함하고 있다.

1560 ㄴ) 관상에서 내적 삶의 진보는 대개 영혼의 정화(淨化)가 수동적 정화를 통해서만 완성된다. 그러나 이 정화는 어디까지나 신비적 규범에 속한다. 영혼의 내적 삶은 신비적 삶을 통해서만 완전한 진보에 도달할 수 있다.

ㄷ) 관상에서 내적 삶의 목표는 신비생활의 목표와 같다. 이 내적 삶은 영혼이 연옥(煉獄, purgatoire)을 통하지 않고, 죽은 후 즉시 영광의 빛을 받게 되는 매우 완전한 자세이다.

"그런데 마지막 숨을 거둔 후, 즉시 참된 행복을 느끼는 이 완전한 삶의 자세는 영혼으로 하여금 하느님의 신비적 일치 안에 만나게 합니다. 특히 관상은 하느님을 뵙고자 하는 열망과 함께, 완전히 정화된 영혼의 강렬한 사랑일 뿐입니다. 관상에서 변모(變貌)된 일치는, 영혼이 이 땅에서 도달할 수 있는 은총의 삶 가운데 최고 정점(頂点)입니다."[314]

1561 (2) 특별히 한정적으로 관상에 부르심

특별한 영혼만을 한정되게 관상으로 부르셨다는 이 논리는 모든 사람들에게 설득력이 없어 보인다. 그리고 영성 저자들의

---

314) P. Garrigou-Lagrange, *op. cit.*, p. 450.

대다수는, 예를 들어, 비요 추기경(Card. Billot), 모미니(Maumigny), 뿔렌(Poulain), 벤벨(Bainvel), 구이베르(Guibert), 예수의 동료수도회에 속해 있던 그들과 그리고 성심의 마리 요셉은 맨발의 가르멜 수도회와 르전(Lejeune) 주교, 파르즈(Fartges) 주교 등은 주입적 관상이 모든 영혼들에게 주어지지 않고 한정된 영혼에게 주어진 무상(無償)의 은총이라고 생각하였다. 그런가 하면 한편으로 어떤 영성가들은 영혼이 성성(聖性)에 이르기 위해서는 주입적 관상이 꼭 필요한 것이 아니라고 생각했다.[315]

ㄱ) 분명 매우 앞섰다고 생각하는 이 이론은 훌륭한 신학적 구조일 수도 있다. 이 점에 대하여 구이베르 신부는 다음과 같이 주장한다. "성령의 일곱 가지 은사(恩賜)가 일곱 가지 형태로 영혼 안에 일치합니다. 그리고 이 은사는 영혼 안에 일곱 가지의 질서뿐만 아니라, 지성과 의지가 각 은사를 하나의 형태로 준비한다는 사실을 나는 증명하지 못했습니다.

한편 나는 통찰과 지혜의 은사가 묵상기도의 여러 형태를 필연적으로 포함하지 않는 대신, 이 은사가 관상에서만 기능을 완전히 발휘할 수 있다는 것을 증명해야 했습니다."[316]

위에서 말한 구이에르 신부의 이론은, 관상 안에서 영혼이 초인간적인 양식에 따라 항상 은사가 행동하지 않는다는 것도 증명하지 못했다. 비요(Billot) 추기경은,[317] 관상 안에서 성령의 은사가 다음 두 가지 방법으로 움직인다고 생각했다. 즉 때로는

---

315) 이 논거들의 논문은 P. R. de Maumigny, *Pratique de l'oraison mentale*, t. II, V^e P ; Mgr. Farges, *Phénomènes mystiques*, I^e Part., ch. IV; *Controv. de la Presse*, ch. IV; J. de Guibert, *Rev. d'Asc. et de Mystique*, Janv. 1924, p. 25-32. 등에서 찾을 수 있다.
316) J. de Guibert, *l. cit.*, p. 26.

인간적인 양식에 맞는 일반적인 방법으로 움직이거나, 아니면 주입적 관상을 영혼 안에 일으키면서, 탁월한 형식으로 움직인다는 것이다.

1562 ㄴ) 물론 관상에서 영혼의 수동적 시련(試鍊)은, 연옥(煉獄, pugatoire)을 통해 지나가게 하면서 영혼을 정화시키는 가장 강력한 방법처럼 보인다. 그러나 고통과 고행의 수많은 기회가 있는 눈물의 골짜기에서 하느님의 뜻에 따르는 포기를 통해, 또 성령과 지혜로운 지도자의 인도 아래 적극적인 고행을 통하여 이 세상에서 연옥을 거치는 일이 가능한가? 관상의 은총이 선택을 통한 은총의 유일한 형태임을 증명할 수 있는가?

많은 사람은, 자신보다 더 완전한 영혼이 주입적 관상에 높이 이르지 않아도, 하느님께서는 그들을 관상으로 높여 주는 영혼이 있다고 말한다. 우리는 이 문제에 대하여 제1407항에서 바르게 설명하였다.

ㄷ) 신비생활의 목표처럼, 내적 삶의 목표는 참된 행복을 준비하도록 하는 것이 사실이다. 그런데 관상을 하는 어떤 영혼에게 있어서는 변모(變貌)된 일치만이 참된 행복을 위해 가장 좋은 준비라고 말하는 것이 사실인가? 다만 그것 하나뿐일까? 그러나 영혼은 정감적이고 논리적인 묵상기도를 하면서도, 영웅적인 덕을 모범적으로 실천할 수 있다. 그리고, 외적으로 관상하는 자들보다 덕이 더 있어 보이는 영혼이 있다.

성령의 은사를 통해 영혼이 매일 자기 직무에 충실하면서, 짧고도 열렬한 기도가 그 삶 안에 개입하지 않는다고 증명할 수

---

317) *De virtutibus infusis*, th. VIII.

있는가? 자기 직무를 초자연적으로 끈기 있게 실천할 때, 영혼에게 영웅적인 용기가 요구되지 않을까? 그럼에도 불구하고 우리는 이들 영혼에게 질문할 때, 적어도 일상적이거나 엄밀한 의미에서 관상의 흔적을 찾지 못한다.

곧 각자의 섭리적(攝理的) 상황과 교육, 성격에 따라 은총을 적용시키시는 하느님께서는 모든 영혼을 같은 관상의 길로 인도하지 않는다는 사실을 인정해야 한다. 하느님께서는 관상 안에서 각 영혼들에게 성령의 영감(靈感)에 완전한 순종을 요구하신다. 그러기에 우리는 하느님께서 여러 방법을 통해 영혼이 성화되도록 기다리신다는 것을 인정해야 하지 않겠는가?

1563 (3) 보편적 또는 특별한 두 형태의 방법으로 부르시는 관상에 대한 접근 시도

영혼을 관상으로 부르시는 이 두 형태(보편적이거나 특별한)를, 우리는 여러 측면에서 접근하도록 할 것이다.

(가) 먼저 우리는 관상의 부르심에 대하여, 각 견해의 공통점을 긍정적으로 살펴보기로 한다.

ㄱ) 물론 관상의 모든 조건과 체질의 차이에 따른 관상가들이 있어 왔다고 볼 수 있다. 그러나 사실 현실적인 면에서는, 주입적 관상이 더 많은 영혼에게 적합한 삶의 형태와 개성(個性)이 되었다고 일반적으로 말한다.

이미 우리가 제1387항에서 본 바와 같이, 하느님께서는 당신이 원하실 때, 원하시는 영혼에게 관상을 허락하신다. 그리고 관상이 무상의 은사(don)라는 것과, 일반적으로 하느님께서는 각자의 직분과 기질에 알맞게 은총(grâce)을 내려 주시는 것이 그

이유이다.

ㄴ) 관상은 결코 성성(聖性, sainteté)이 아니다. 그러나 관상은 영혼이 성성에 이르기 위한 가장 탁월한 방법 가운데 하나이다. 관상은 성성을 통해 영혼으로 하여금 하느님께 일상적이고 내적인 사랑의 일치에 관여하게 한다. 그리고 관상은 영혼이 하느님과 일치할 수 있는 지름길을 일깨워 준다. 그러나 이 관상은 영혼이 하느님과 일치하는 유일한 방법은 아니다. 관상가(觀想家)가 아닌 많은 영혼들도, "주입적 관상을 빨리 받은 영혼들보다 다른 영혼이 완덕과 참된 사랑에서 더 진보할 수 있습니다."[318]

ㄷ) 우리는 세례성사를 통해 초자연적으로 하느님 안에 조직되었다. 우리는 하느님으로부터 생명의 은총, 덕, 은사를 받았다. 그래서 이 초자연적 기관이 우리 안에 충분히 성숙되었을 때, 보통 영혼을 관상으로 이끈다. 이러한 의미에서 이 기관은 관상 안에서 영혼에게 유연성과 온순함을 준다. 이 유연성과 온순함은 하느님께서 원하실 때, 원하시는 방법으로, 허락하시는 영혼을 수동적인 상태 속에 놓아 두신다. 그러나 때로는 영혼 스스로의 잘못이 없어도, 이 세상에서는 관상에 도달하지 못하는 영혼이 있다.[319]

1564 (나) 위에서 말한, 관상에 대한 주된 관점이, 관상의 단계에 부여되는 다소 보편적 단계와 특별한 신비적 단계에 대해

---

318) P. Garrigou-Lagrange, *op. cit.*, t. II, p. [78].
319) "P. Garigou, *op. cit.*, t. II, p. [75]에서 언급하듯이 이것은 불리한 조건과 지도의 부재뿐만 아니라, 육체적인 기질에서도 기인할 수 있다. 이 주제에 대해서는, M. J. Maritain과 함께 Bannez, Jean de S. Thomas 같은 여러 토마스 학파들과 살라망까의 가르멜회원들에 따르면, 기질과 자질들조차 어떤 의미에서는 예정된 사람에게 예정설의 결과가 있다는 것을 되새기는 것이 좋다고 하였다."

서는 일치하지 않는 것도 있다. 이제 우리는 보편적인 특별한 관상에 대한 결론을 간략하게 다음과 같이 소개하고자 한다.

① 주입적 관상은 모든 그리스도인에게 정상적인 삶의 모습이다.

② 그럼에도 불구하고, 실제로는 은총의 상태에 있는 모든 영혼들이, 변모된 일치를 포함하는 이 관상에 모두 불림을 받은 것 같지는 않다.

ㄱ) 이따금 관상에 동반되는 특이한 신비적 현상과 관계없이 관상을 고려할 때, 주입적 관상은 기적적이고 예외적인 어떤 것이 아니라, 다음 두 가지 원인의 결과이다. 즉 제1355항에서 말한 성령의 은사인 영혼이 하는 초자연적 구조의 연마와, 그 자체로는 기적적인 것이 없는 능동적 은총의 결과이다. 이미 우리는 제1390항에서 새로운 지적(知的) 형태의 주입이 관상의 첫 번째 단계에서는 필요치 않다고 말했었다.

마드리드(Madrid)의 가르멜회원들과 함께, 우리는 주입적 관상은 그 자체로써 이 세상에서 영혼이 하느님께 도달할 수 있는 가장 완전한 일치의 단계라고 인정한다. 그리고 이 관상은 하느님과의 신비적 일치에 불림을 받은 영혼들에게는, 그리스도인의 삶의 마지막 단계로써 가장 높은 이상(理想)이며, 일반적인 성화의 길이며, 영웅적인 덕행의 길이라 인정한다.[320]

이 교의는 알렉산드리아의 클레멘스에서부터 성 프란치스코 살레시오에 이르기까지 신비 신학자들에게서 찾을 수 있는 전통

---

[320] 1923년 가르멜회 회의 주제 5. - 학회는 보편적인 관상의 부르심에 관해 의견을 표명하기를 피했다. 의심할 여지없이 학회는 이 문제를 의심스럽게 보았기 때문일 것이다.

적인 교의인 듯 싶다.

1565   ㄴ) 그럼에도 불구하고 은총의 상태에 있는 많은 영혼이, 다른 방법으로 관상의 변모된 일치에 불림을 받았다는 이 전제는 필연적인 것이 아니다. 마치 하늘에서도 영광에는 매우 다양한 단계가 있음과 같이, "별과 별 사이에도 그 영광이 다릅니다"(stella enim a stella differt in claritate).[321]

지상에서 영혼들이 이 관상의 삶에 불림을 받은 모습에서부터, 영혼이 성성에 이르는 단계도 다양하다. 그런데 하느님께서 영혼에게 은총을 나누어주시는 데 있어, 당신은 자유로우시다. 또 하느님께서는 각자 삶의 방식과 교육 정도, 기질과 그의 행동에 따라 은총을 주신다. 그리고 하느님께서는 여러 갈래 길을 통해서 관상하는 영혼들의 성성(聖性)을 단계적으로 높이신다.

하느님께서는 매우 활동적인 성격과 사도직에 전념하는 영혼들에게는 그 성소에 알맞은 은총을 주신다. 그래서 이 영혼들은 하느님과의 내적이고 일상적인 일치 속에서 산다. 이따금 인간의 힘을 넘어서는 것처럼 보이는 문제들을 위해, 하느님께서는 영혼 안에 짧고 열렬한 기도를 증가시키도록 하신다.

사도직을 실천하는 이 영혼들은, 특히 하느님에 대한 시선(視線)과 그분을 위한 사랑을 통해, 은총의 영감(靈感)에 언제나 온순하다. 이 은총은 영혼에게 매일 주어진 여러 가지 작은 의무를 영웅적인 인내로 완수하게 한다. 이렇게 함으로써 사도직에 충실한 영혼은 하느님이 정해 준 성성의 단계에 도달하게 되며, 주입적 관상의 도움 없이 이루어진다. 이때 이 영혼들은

---

321) 1고린 15, 41.

앞서 제1303항에서 묘사하는 단순한 일치의 길 속에 있는 것이다.

물론 하느님과의 일치의 길에는 예외가 있지만, 역시 성성의 정상적인 단계의 길은 바로 관상이다.[322] 그러므로 영혼의 직무와 기질이 성소 문제를 도와 주는 요소이기 때문에, 다른 부르심의 문제 속에서 관상을 고려해야 하지 않겠는가?

사실상 관상 안에서 영혼의 일치는 이론적으로 말하는 것보다 더욱 현실적이다. 어떤 영혼은 형식적이며 절대적인 관점에서서, 보편적인 관상의 부르심에 수많은 예외는 인정하지만, 역시 보편성의 원칙은 고수한다. 그 대신 다른 영혼들은 실천 영역에 서서, 관상이 그리스도인의 삶에 정상적인 결과임에도 불구하고, 이 부르심은 보편적이 아니라는 사실을 주장한다.

1566 ㄷ) 우리가 제시하는 관상의 부르심에 대한 해결책은, 어디까지나 교회의 전통적인 교의에 기초를 두고 있다.

① 한편에서는, 알렉산드리아의 클레멘스에서 성 프란치스코 살레시오까지, 거의 모든 영성신학자들은 영성생활의 정상적인 완성으로 관상을 다루고 있다.[323]

② 다른 편에서는, 영성신학자들 가운데 아주 소수만이 관상의 보편적인 부르심에서부터 특별한 관상까지의 문제를 명시적 (明示的)으로 주장한다. 그들은 관상적인 공동체에서 생활하거나

---

322) P. Garrigou-Lagrange. *op. cit.*, t. II, p. [71-79].
323) 아래의 저서들 속에서 많은 자료를 찾게 된다: Honoré de Ste. Marie, *Tradition des Péres et des auteurs ecclésiastiques sur la Contemplation*; A. Saudreau, *La Vie d' unioná Dieu*, 3ᵉ éd. 1921; P. Garrigou-Lagrange, *op. cit.*, t. II, p. 662-740; P. Pourrat, *La Spiritualité chrétienne*. 그러나 관상에의 보편적인 부르심의 특별한 관점에서 이 문헌들의 역사 비평 연구는 아직 해결해야 할 일이 남아 있다.

또는 매우 열성적이고 모범적인 영혼에게만 이 관상을 적용시켰다.

그러므로 모든 영혼이 생명의 샘인 관상에 도달할 수 있다고 주장할 때, 이 모두는 그들이 말하는 공동체의 어떤 일원만을 가리키는 것이지, 은총의 상태에 있는 모든 영혼들을 가리키는 것이 아니라는 것이다. 한편, 17세기부터 대다수의 신비신학자들은 주입적 관상이 특별한 부르심이라 생각했고, 몇몇 영성 저자들은 이 주입적 관상 없이도 성성(聖性)에 도달할 수 있다고 긍정적으로 주장했다.[324]

곧 우리는 이 관상의 부르심에 관한 두 문제를 혼돈할 이유가 없다. 그리고 관상을 통해서만 은총 상태에 있는 모든 영혼의 변모된 일치에 부르심을 받았음을 주장하지 않고도, 영성생활의 정상적인 결과가 관상이란 것을 인정할 수 있다.

1567 성성의 습득(習得)과 영혼의 지도에 영향을 미치는 매우 까다로운 이 문제는 어떤 해결책이 정해져 있지 않다. 관상에서 성령의 은사에 대한 수련(修鍊)을 강조할 때, 마찬가지로 피조물과 자신에 대한 완전한 이탈(離脫)을 동시에 강조해야 한다. 그로 인하여 조금씩 단순한 묵상에로 영혼을 이끌고, 하느님의 목소리를 듣게 하고, 그분의 계시를 따르게 하는 것을 가르쳐 줄 때, 영혼은 관상으로 이끄는 길 위에 놓이게 될 것이다. 분명한

---

324) 이 해결책은 Dom. V. Lehoday, *Voies de l'orison*, IIIe P., ch. XIII, *Le saint Abandon*, IIIe P., ch. XIV; de Mgr. Waffelaert, *R. A. M.*, janv. 1923, p. 31과 여러 작품 속에 있는 것 같다. 가르멜 학파와 아무리 짧더라도 수득 관상의 단계를 인정하는 이들의 책에 있다. 이 해결책은 P. M. de la Taille, *L'oraison contemplative*의 이론에 가까우며, 또한 M. J. Maritain, *Vie spirituelle*, 1923년 5월호에 제시된 결론과 유사하며, P. Garrigou, t. II, p. [58-71]에서 되찾을 수 있다.

사실은 관상의 여러 형태의 부르심과 은총의 상태 등, 그 밖의 모든 것은 오로지 하느님께 속한다. 오직 그분만이 영혼을 사로잡으실 수 있다.

제3절
주입적 관상이 시작하는 순간

1568 대부분의 신비신학자들과 함께, 우리는 주입적 관상이 '일치의 길'에 속한다고 생각한다. 물론 제1407항에서 말한 것처럼, 영혼을 효과적으로 완전하게 할 목적으로, 하느님께서는 덜 완전한 영혼을 관상으로 높이는 예외적인 경우가 있다. 그러나 이것은 하느님께서 일상적으로 행하시는 모습이 아니다.

그럼에도 불구하고 가리구 라그랑즈(P. Garrigou-Lagrange)와 여러 신부는, '빛의 길'에 감각의 정화와 고요의 기도를 넣는다. 그들은 「어둔 밤」에서 말하는 십자가의 성 요한의 다음 글에 근거하여 이를 주장한다. "감각의 수동적인 정화는 보통 것으로, 많은 사람 말하자면 초심자들에게 있습니다…. 영의 길이란 나아가는 사람, 나아간 사람의 길을 말함인데 이것은 달리 빛의 길, 또는 주입적 관상(contemplation infuse)의 길이라고도 부릅니다. 여기서는 하느님이 손수 영혼을 기르고 먹이시므로 영혼은 추리도 어떤 긍정적 협력도 하지 않는 것입니다."[325]

우리는 성 십자가 요한의 이 본문을 오래 전부터 알고 있었지만, 성 요한 사상(思想)의 해설자인 저명한 신비신학자 호르네

---
325) 「어둔 밤」 1편 8장, 14장.

르(H. Hoornaert)[326]와 함께 이 구절을 다르게 해석하게 된다. 십자가의 성 요한은 그의 여러 저서에서 주입적 관상에 대해서만 말하고 있다.

그런데, 성인이 말하는 이 주입적 관상 속에 있는 영혼들을 초보자, 진보자, 완전한 자들이라 한다. 먼저 성인이 말하는 주입적 관상에 있는 초보자들은, 감각의 수동적 정화에 들어갈 사람들이다. 그래서 성인은 「어둔 밤」의 첫 장부터 관상을 말한다. 진보자들은 충만한 일치와 고요의 기도인 주입적 관상에 들어간 사람들이라고 한다. 그리고 완전한 자는 영의 밤을 건너가서, 변모된 일치 또는 황홀한 일치 속에 있는 영혼들을 말한다.

1569 한편, 우리는 위에서 말한 관상의 분명한 개요(槪要)를 교훈적인 관점에서 살펴야 한다. 즉 관상의 여러 단계와 그 본질을 잘 드러나게 하기 위해, 관상의 여러 양식에 가까운 것을 모두 연결시키는 것이 중요하다. 그래서 우리는 일반적으로 주입적 관상에 따르는 계획을 간직해야 한다고 믿었다.

그러나 우리는 관상의 길이 풍요롭기에, 하느님께서는 우리가 시도(試圖)하는 논리적 규정을 항시 따르지 않으신다는 사실을 덧붙여야 한다. 주입적 관상에서 영적 지도자들에게 중요한 것은, 영혼이 은총의 움직임을 따라야지 이 은총을 앞지르지 않도록 지도하는 일이다.

1570 바로 이러한 이유 때문에 우리는 이 장을 마감하면서, 영성 잡지 「사제들의 친구」에 쓰인 글에 다음을 덧붙이고자 한

---

326) Note sur la *Nuit obscure*, p. 5-6.

다. "이것은 마치, 식물의 의학적 효능을 알기 위하여, 식물의 종류와 그 이름을 필연적으로 알아야 하는 것은 아닙니다. 관상에서도 마찬가지입니다.

우리는 관상의 정의라든가, 신학적 분류에서 관상에 부여되는 그 자리 매김에 대해 정통하지 않아도 됩니다…. 이론적이고 기술적인 결과를 기다리지 않고서도, 어떤 형제들은 용기 있고 예정된 영혼이 관상에 이르도록 도와 주기 위해, 나아가는 목표를 충분히 알고 있었습니다."[327] 이 말은 우리가 지금 마무리할 말을 매우 명확하게 결론지어줄 것이다.

제5편 결 론 : 관상하는 영혼들의 영적 지도에 대하여

이 책을 쓰는 동안 나는 이미 여러 번 이 영적 지도를 위해 따라야할 규범들을 제시하였다. 이 영적 지도에 대한 일반 규범은 지도 과정에서 만나게 되는 장애물을 통해 영혼을 이끌어 주는 데 있다. 즉 영적 지도는 영혼이 은총을 잃어 버리는 불행을 당할 때 그들을 일으켜 세우도록 도와 주어야 한다. 그리고 관상으로 영혼을 준비시키기 위해, 지도자가 인도해야 할 문제들을 지적하는 것은 매우 중요하다고 생각한다.

1571 (1) 영적 지도자들에게 용기 있는 영혼이 있다면, 그들을 조금씩 일치의 길과 관상에로 준비시켜야 한다. 이것은 영적 지도자의 의무이다. 여기서 영적 지도자가 주의해야 할 과도함은 다음 두 가지이다. 곧 무차별적으로 재빨리 모든 신심 깊은

---

327) *Ami du* Clergé, 1921년 12월 8일, p. 697.

영혼을 관상에로 밀어 넣으려는 것과, 관상에 대해 관심을 두는 것이 필요 없다고 생각하는 것이다.

1572 (가) 첫 번째 위험을 피하기 위해

ㄱ) 영적 지도자는 일반적으로 그리스도인적 덕행과 묵상기도, 마음의 순결, 자신과 피조물에 대한 초연함, 겸손, 순명을 실천하도록 준비시켜야 한다. 그리고 영혼에게 하느님의 뜻과 일치, 사랑과 믿음의 정신을 오랫동안 실천했을 때만 관상을 꿈꿀 수 있다는 사실을 상기시켜야 한다.

영적 지도자는 또 성 베르나르도의 가르침[328]을 되새겨야 한다. 만일 수도자들 중에 관상의 영혼이 있다면, 그는 죄로 인한 죽음, 심판에 대한 두려움과 신음 속에서 있겠지만, 언제까지 덕의 실천에서 수련자(修鍊者)로 머물지 않는다는 사실이다.

관상의 영혼은 은총에 오랫동안 동참(同參)한 후, 진지하게 덕으로 나아간 사람이다. 그들은 죄의 슬픈 영상(映像)을 자신 안에 더 이상 되새기지 않는다. 그 대신 영혼은 하느님의 법을 밤낮으로 묵상하는 기쁨을 누리려고 한다.

ㄴ) 영적 지도자가 만일 관상에 대해 교만하고 성급한 열정을 알아차리게 되면, 즉시 그 영혼을 진정시켜야 한다. 또 영적 지도자는 누구도 관상하는 영혼 안에 끼어들 수 없으며, 묵상기도의 달콤함은 쓰디쓴 시련이 앞선 뒤에야 그 맛을 볼 수 있다는 것을 되새겨 주어야 한다.

ㄷ) 영적 지도자는 초보자들의 감각적 위로 또는 제1439항에서와 같이, 진보자들의 영적 위로를 관상과 혼동하는 것을 조심

---

328) *In Cantica* sermo LVII, n. II; 우리는 성인의 생각을 요약했다.

하도록 지도해야 한다. 영혼이 관상의 수동적 단계에 들어갔다고 말하기 위해서는, 제1413항-제1416항에서 우리가 다루었던 세 가지 구별되는 징표의 출현을 기다려야 한다.

1573 (나) 두 번째 위험을 피하기 위해

하느님께서는 영혼에게 은사를 주시는 데 항상 자유로우시다. 그래서 하느님께서는 온순하고 열심한 영혼에게 관대하게 통교(通交)하신다.

ㄱ) 영적 지도자는 관상을 직접 말하지 말고, 영혼에게 덕(德)뿐만 아니라 성령께 대한 신심도 아울러 양성하도록 할 것이다. 지도자는 영혼에게 자주 영혼 안에 성령의 현존을 상기시키면서, 성령을 흠숭하고, 그분의 영감(靈感)에 순종하고, 은사를 가꾸어야 할 의무를 상기시키도록 한다.

ㄴ) 영적 지도자는 영혼을 조금씩 정감적인 기도로 이끌어 주면서, 덕의 실천과 직무를 소홀하지 않도록 한다. 그리고 지도자는 마음의 단순함을 주님께 드리고, 하루 중에 자주 하느님의 뜻에 순종하면서 사랑과 경신의 행위에 동참하도록 도와 준다. 영적 지도자는 영혼이 하느님의 뜻을 실천하고 그분의 말씀을 듣기 위해, 그분 안에 조용히 머물러 있음을 발견할 때, 지도자는 그것이 영혼에게 매우 풍요로운 묵상기도임을 말해 주면서 용기를 북돋아 준다.

1574 (2) 영혼이 신비의 길에 들어갈 때, 영적 지도자는 영혼의 메마름과 신적 온유함 가운데 있는 그를 이끌기 위해 절대적으로 현명(賢明)함이 필요하다.

(가) 관상에서 영혼의 수동적인 시련은, 제1432항-제1434항에

서 이미 제시한 것 같은 여러 유혹이나 실망에 대항하여 영혼이 지탱하도록 도와 주어야 한다.

(나) 감미로운 관상 속에서, 영혼은 헛된 호의(好意)나 영적 탐식(貪食, gour mandise)에 노출될 수 있다.

ㄱ) 영적 지도자는 영혼의 영적 탐식을 피하게 하고, 끊임없이 영적 취향을 갖게 하고, 하느님을 사랑하도록 도와 주어야 한다. 영적 탐식에 대한 영혼의 위로는 하느님께 자신을 일치시키는 방법뿐이다. 이 말은 영혼에게는 언제나 하느님만으로 충분하다는 것이다.

ㄴ) 이따금 하느님께서는 영혼 안에 자신의 비참함과 허무(虛無)에 대한 강렬한 감정을 새겨 주신다. 그리고 하느님께서 이 은혜는 우리 스스로 얻을 수 없는 당신의 온전한 선물임을 보여 주시면서, 당신 스스로 우리의 교만을 막아 주신다. 그러나 영혼들이 아직 영적 밤에서 완전히 정화되지 않았을 때, 성녀 예수의 데레사의 말처럼, 제1447항, 제1474항에서 언급한 바와 같이, 하느님의 뜻에 일치하는 겸손을 끊임없이 실천해야 한다.

특히 환시(幻視, visions)와 계시(啓示, révélations), 그리고 놀라운 현상(現像)에 대한 열망을 영혼은 매우 조심해야 한다. 그리고 영혼은 관상기도에서 놀라운 현상을 절대로 열망해서는 안 된다. 이미 제1496항에서 보듯이, 성인들은 오히려 이 열망을 겸손하고 조심스럽게 거부하였다.

1575 (다) 제1461항의 말처럼 관상에서 황홀경(恍惚境, extase)은, 성 프란치스코 살레시오의 표현에 따르면, 삶 속에서 영웅적인 덕의 실천이 동반되지 않는 한, 그것은 다만 환상(幻想)에

지나지 않음을 잊지 말 것이다. 또 영혼이 관상에 더 많은 시간을 갖기 위해, 자기의 의무를 소홀히 하는 것은 위험한 환상(幻想)으로 이끈다.

① 성녀 예수의 데레사의 고백 신부였던 발다살 알바레스(P. Bathazar Alvarez)는 이웃의 필요를 마련해 주거나 성무일도를 드리기 위해서는 관상을 그만두어야 한다고 분명히 말하고 있다. 알바레스 신부는 덧붙여서, 고행(苦行)할 줄 아는 사람이 하는 한시간 동안의 묵상기도가, 다른 사람들이 여러 시간에 걸쳐 얻는 하느님의 빛과 사랑보다 더 많은 것을 받을 수 있다고 말하고 있다.[329]

1576 (라) 관상이 영혼에게 완전무결(完全無缺)함의 특권으로 주어진다고 상상하는 것은 위험한 환상이다. 역사는 베가르드(Bégardes)와 정적주의자(Quiétistes)들처럼[330] 스스로를 완벽하다고 믿는 거짓 신비가들이 가장 외설적(猥褻的)인 악에 빠졌다는 것을 보여 준다.

성녀 예수의 데레사는 관상의 가장 높은 단계에 도달했을 때조차도, 항시 죄를 피하기 위해 경계해야 할 필요성을 강조한다. 그리고 성 필립보 네리는 자주 이같이 말한다. "나의 하느님, 필립보를 믿지 마십시오. 그렇지 않다면 필립보가 당신을 배신할 것입니다." 우리는 특별한 은총 없이 오랫동안 죄에서 보호될 수 없다. 그런데 이 은총은 자신을 믿지 않고 하느님께 온전히 신뢰를 두는 겸손한 사람들에게만 허락된다.

---

329) *Vie* par le P. Dupont, ch. XIII, ch. XLI, 5ᵉ difficulté.
330) 역 주; 제1482항 참조. Bégardes와 정적주의자들에 대한 사상을 살펴 볼 것.

1577 (3) 그러므로 관상적인 영혼은 언제나 죄에 빠질 수 있는 경우를 예견(豫見)해야 한다. 이 죄로 인한 영혼의 추락(墜落)은 여러 원인에서 유래할 수 있다.

ㄱ) 영혼은 자신의 열정을 충분히 자제(自制)하게 될 때 관상에까지 높이 이르게 된다. 관상에서 영혼이 죄와 싸움에서 승리할 때, 그는 감미로운 휴식 속에 잠든다. 그 대신 관상에서 영혼 안에 맹렬한 유혹이 일어나고, 자신을 너무 신뢰할 때 영혼은 악마에게 패하고 만다.

관상에서 영혼이 죄로부터 구제될 수 있는 것은, 회개(悔改)의 마음으로 되돌아오는 것이며, 힘든 고행을 실천하는 것이다. 일반적으로 영혼이 높은 곳에서 떨어질수록, 그 정상(頂上)으로 되돌아가기 위해서는, 더 겸손하고 항구한 노력을 해야 한다. 영적 지도자들은 영혼에게 선(善)과 단호함을 통해 죄에서 이탈하도록 끊임없이 되새겨 주어야 한다.

ㄴ) 영혼들 가운데는 악한 성향을 지배하기 위해 용기 있게 죄와 싸운 관상가들이 많다. 그러나 죄와의 싸움이 끝났다고 상상하면서, 그들이 노력을 느슨하게 할 때, 영혼은 또 다시 죄에 빠지게 된다.

좋으신 하느님께서 영혼에게 너그러움을 보여 주시면 주실수록, 그들은 두 배로 더욱 열심 해야 한다. 만일 영혼이 형제들을 소홀히 할 때, 이러한 행위는 은사를 아낌없이 주시는 분께 깊은 상처를 주는 것과 같다.

성녀 마르가릿다 마리아의 자서전을 보면, 주님께서는 성녀의 가장 작은 불충실과 존경의 부족, 묵상기도와 성무일도의 불성실함을 꾸짖으신다는 것이다. 그리고 순수성의 결핍, 헛된 호기심, 아주 작은 불순명, 엄한 고행을 고치기 위해, 성녀에게 엄하게 질책을 하신다고 하였다.

1578 ㄷ) 관상에서 많은 영혼들은 첫 번째 수동적 시련(試鍊) 이후에, 신적 맛과 감미로움만을 추구한다. 그런데 실제로, 하느님께서는 그 영혼을 더욱 효과적으로 성화시키기 위해, 고뇌(苦惱)와 위로를 교대로 보내기를 계속하신다. 그러나 영혼들은 고뇌를 받게 될 때 감미로움의 때보다 쉽게 실망하고 나태(懶怠)에 빠져 버린다. 이러한 시련에서 영혼을 구제할 수 있는 것은 십자가에 대한 사랑을 끊임없이 추구하는 것뿐이다. 이것은 결코 십자가 그 자체가 사랑스럽기 때문이 아니라, 십자가를 통해 못 박히신 예수님과 좀더 일치할 수 있기 때문이다.

한편, 성 아르스(Ars)의 비안네 본당 신부는 말하기를, "십자가는 하느님께서 당신의 친구에게 주시는 선물입니다. 십자가가 우리에게 감미롭게 되기 위해, 십자가에 대한 사랑을 간청해야 합니다. 나는 경험한 바가 있습니다…. 아! 나는 많은 십자가를 가졌었습니다. 내가 질 수도 없는 많은 십자가를 가졌었습니다. 나는 하느님께 십자가에 대한 사랑을 간청하기 시작했고, 그때 나는 정말 행복해졌습니다…. 진정으로 십자가 안에는 참된 행복이 있습니다."[331]

한마디로 요약하면, 관상적인 영혼들의 영적 지도자는 신비가들의 전기(傳記)나 책들을 연구해야 한다. 그리고 성령 안에서 기도하기 전에는 영혼에게 아무 말도 하지 않도록, 주님께, 충고(忠告)의 은사를 청해야 한다.

---

331) Monnin, *Le Curé d' Ars*, 1. III. ch. III.

결 론 : 완덕의 세 가지 길과 전례시기[332]

1579 우리는 영혼을 완덕으로 이끄는 세 가지 길 또는 세 가지 단계를 전례와 함께 간단히 살펴보기로 한다. 매년 성 교회는 전례시기(典禮時期, liturgique)를 통해 완덕으로 나아가는 세 가지 단계인 정화의 길, 빛의 길, 일치의 길과 함께, 우리의 성화를 완성시키고 새로 시작하도록 영혼을 초대한다.

결국 영성생활은 일련의 영원한 새로운 시작이며, 매년 우리에게 새로운 노력을 촉구하는 전례주기(典禮週期)이다.

전례에서 모든 것은 육화(肉化)하신 말씀과 관련이 있다. 주님은 하느님과 우리의 중재자(仲裁者)이시면서 동시에 인류의 속죄자(贖罪者)이시다. 주님은 우리가 본받아야 할 모범(模範)으로 뿐만 아니라, 모든 신비체(神秘體)의 머리로써 모범으로 남기신 덕성을 실천하기 위해 영혼 안에 오신다.

교회가 제정한 전례의 각 기간과 축일들은 예수님의 덕성을 되새기게 한다. 그리고 전례는 주님의 도움으로 우리 안에 당신의 성덕을 재생시키기 위해 공헌했던 은총을 영혼에게 준다.

1580 1년 사계절에 알맞은 전례시기는, 영성생활의 주된 4단계와 잘 조화를 이룬다.[333] 대림시기(待臨時期)는 영혼에게 정화의

---

332) Dom. Guéranger, *L'Année liturgique*; Dom Leduc et Dom. Baudot, *Catchisme liturgique*; Dom Festugiere, *La liturgie catholique*, F. Cavallera, *As-cétisme et Liturgie*.

333) 영성생활에서 세 가지 길로 구분함에도 불구하고, 수동적인 정화와 감미로운 관상과의 사이에는 충분한 차이가 있으므로 일치의 길을 두 개의 단계로 구분할 수 있다. 그래서 영성생활을 때로는 4단계로 나누기도 한다.

길과 연결된다. 그리고 성탄(聖誕)과 주님의 공현(公現)은 영혼에게 빛의 길과 관련된다. 이 기간에 우리는 예수님의 덕성을 본받으면서 그분을 따른다.

사순시기(四旬時期)는 대림절의 첫 번째 정화보다, 훨씬 더 강하게 본질적으로 영혼의 두 번째 정화로 이끈다. 부활시기(復活時期)는 일치의 길로 부활하신 예수님과 일치한다. 이 일치는 예수승천(昇天)과 성령강림(聖靈降臨)으로 완성된다.

이제 우리는 간략하게 전례시기의 회기(回期)를 설명하겠다.

1581 (1) 대림시기

그리스도의 강림(降臨)을 의미하는 대림시기는, 고행과 정화의 기간으로 구세주의 강림을 준비한다.

교회는 예수님의 삼중(三重) 강림을 묵상하도록 우리를 초대한다. 먼저, 예수님은 육화(肉化)를 통해 이 땅으로 내려오신다. 다음, 은총을 통해 우리 영혼 안으로 들어오신다. 그리고, 예수님은 모든 영혼을 심판하기 위해 마지막 날에 재림(再臨)하실 것이다.

그러나 특히 우리의 주의를 끄는 것은 첫 번째 도래(到來)에 관한 것이다. 예수님의 이 도래는 우리 영혼 안에 당신의 나라를 견고하게 세우는 데 있다. 그리고 약속된 구세주(救世主)의 탄생을 모든 선조(先祖)들과 함께 열망하게 하고, 선조들과 예언자들의 한숨을 되새기게 한다.

그러므로 이 대림시기는 하느님께 은총의 이슬을 우리에게 내려 주시도록 기도하는 시기이다. 그리고 특히 구세주를 우리에게 내려 주시기를 하느님께 간청하는 열렬한 탄원과 성스러운 열망의 시기이다.

"하늘이여, 위로부터 이슬을 내려라. 구름은 의인을 비처럼 내리라"(Rorate, caeli, desuper, et nubes pluant justum!). 이 기도의 유명한 응답송(應答頌)은, 오 임마뉴엘(O Emmanuel), 영광의 왕이시여(Rex gloriae), 등과 함께 더욱 간절한 의미를 갖게 된다.

이 응답송은 우리의 슬픔을 덜어 주실 수 있는 유일한 분의 육화를 열망하게 한다. 또 이 응답송은 예수님의 사명과, 예언자들을 통해 메시아(Messie)에게 주어진 영광의 칭호(稱號)를 되새기게 한다.

1582 그러나 대림시기는 또한 고행(苦行)의 시기이기도 하다. 그래서 교회는 이 시기에 우리 죄의 속죄를 통하여 준비하게 하는 마지막 심판(審判)을 생각하게 한다. 광야에서 부르짖는 세례자 요한의 선포(宣布)는, 구세주의 길을 준비하기 위해 고행(苦行)하라고 우리를 초대한다.

"너희는 주의 길을 닦고 그의 길을 고르게 하여라"(Parate viam Domini, rectas facite semitas ejus).[334] 옛날에는 한 주일에 세 번씩 단식(斷食)을 했었다. 아직도 몇몇 수도원에서는 이 고행을 실천하고 있다.

교회의 이 거룩한 열망과 고행의 실천은 분명 영혼을 정화시키고 예수의 내림(來臨)을 준비하게 한다.

1583 (2) 성탄시기

하느님의 말씀은 나약한 육체를 통해 세상에 나타나신다. 이

---

334) 루가 3, 4.

예수님의 육화(肉化)는 어린이의 나약함과 함께 나타나며, 우리로 하여금 마음 안에서 그분을 주인으로 섬기게 한다. 그리고 이 육화는 예수님의 덕성을 통교(通交)할 수 있도록 우리의 마음을 열도록 초대하신다. 이것이 바로 빛의 길의 시작이다.

성탄 시기는 우리의 죄를 정화하고, 다시 죄에 떨어지게 할 수 있는 모든 죄와 그 원인에서 떼어내게 한다. 그 이유는 예수님이 처했던 상황 속에서, 그리고 당신의 탄생 순간에 실천했던 가난, 순명, 겸손의 덕에 참여하기 위해 예수님과 합체(合體)되기 위함이다. 그러나 육화되신 주님을 맞아들인 사람은 기껏해야 몇몇 목동들과, 경의를 표하기 위해 찾아 온 동방박사(東方博士)들 뿐이다. 그리고 주님의 백성으로 간택한 유다인들 마저 당신을 맞아 주지 않았다.

"그분이 자기 나라에 오셨지만 백성들은 그분을 맞아 주지 않았다"(in propria venit et sui eum non receperunt.)[335] 예수님은 이집트로 피난하셔야 했고, 그가 돌아왔을 때, 그분은 갈릴래아의 작은 고을에 은둔(隱遁)하신다. 거기서 지식과 지혜가 나이와 함께 자라면서, 마리아와 요셉에게 순명하고, 평범한 목수(木手)처럼 손수 일하시면서 삼십년 가까이 거기에 머무신다.

이러한 성탄과 주의 공현시기의 전례는 우리에게 구세주의 모습을 모범으로 따르도록 권고한다. 동시에, 교회는 우리에게 당신 자신을 겸손하게 낮추신 아기 예수님께 더욱 깊은 감사와 사랑을 드리며 흠숭하도록 초대한다. "우리를 이렇게 사랑해 주

---

335) 요한 1, 11.

시는 분을 누가 사랑으로 갚지 않으리?"(sic nos amantem quis non redamaret?)

1584 (3) 사순시기

영혼이 하느님과 일치의 기쁨을 맛보기 이전에, 첫 번째 영혼의 정화보다 더욱 힘들고 더 원초적(原初的)인 새로운 정화가 절대로 필요하다. 특히 사순시기는 영혼의 참된 정화를 할 수 있는 기회를 우리에게 준다.

사순시기는 인간 타락의 이야기와 그들이 추종했던 죄와, 그 벌(罰)로써의 홍수 이야기, 속죄했던 성조(聖祖)들의 삶의 이야기를 되새기게 한다. 그리고 이 시기는 영혼으로 하여금 우리 자신의 모든 죄를 되짚어 보도록 초대한다. 또 진심으로 죄를 미워하고 용기 있는 고행으로 이 잘못을 속죄하도록 우리를 초대한다. 이러한 관점에서 교회는 우리에게 다음과 같은 방법을 제시한다.

① 하느님의 사랑을 위해 직무를 충실하게 완수한다. "너희도 내 포도원으로 가서 일하시오"(ite et vos in vineam meam).[336]

② 영혼 안에 일어나는 격정(激情)에 대항하여 싸운다. 즉, 교회는 승리의 월계관을 얻기 위해 싸우고 달리면서, 우리의 육신을 벌하고 속박(束縛)하도록 초대한다.

③ 우리는 죄에 대한 영혼의 시련이 의미가 있게 하기 위해 겸손한 기도와 함께 시련과 고통을 흔쾌히 받아들인다. "죽음의 신음이 나를 에워쌌고, 나는 환난 중에 주님을 불렀나이다"(Circumdederunt me gemitus mortis… et in tribulatione mea

---

[336] 마태 20, 7.

invocavi Dominum."[337)]

1585 사순시기는 영혼이 죄의 유혹에 대항하면서 싸우기 위해, 단식(斷食)과 금욕(禁慾)과 희사(喜捨)를 하도록 권고한다. 예수님은 40일 동안 사막으로 물러가서 악마에게 어떻게 저항할 것인지를 우리에게 가르쳐 주시기 위해 유혹(誘惑)을 당하셨다. 우리는 예수님의 이름으로 고행을 실천하면서 그분과의 일치를 통해 이것을 실천한다. 사순시기의 감사송(感謝頌)을 통해 단식이 우리의 악을 진압하고 우리의 마음을 하느님께로 들어올리며, 공로와 덕의 성장이 우리 영혼을 유익하게 해 준다는 것을 알 수 있다.

사순시기에 읽게 되는 성서의 다볼(Thabor) 산의 장면은, 우리의 피난처를 고행에서 찾도록 하느님께 눈을 돌리게 한다. 그리고 고행이 기도와 만날 때, 그 고행은 오히려 우리의 즐거움이 될 것임을 보여 준다. "나의 눈은 항상 주님께로 향하나이다. 그분이 내 발을 올무에서 풀어 주시리라"(Oculi mei semper ad Dominum, quia ipse evellet de laqueo pedes meos).[338)]

1586 수난(受難), 성지(聖枝)주일 가운데, 특히 수난 성금요일에는 십자가의 깃발이 세워진다. 이 십자가는 모두 벗겨진 십자가이다. 왜냐하면 이것은 아무 위로(慰勞)도 느낄 수 없이 시련만 있는 시기가 있다는 것을 우리에게 가르쳐 주기 위한 것이다. 이것은 슬픔과 죽음의 상징으로, 십자가에 못 박히신 예수님의 형상은 감추어졌기 때문이다.

---

337) *Introit* du dim. de la Septuagésime.
338) *Introit* du 3ᵉ dim. de Carême.

이 수난은 죽음의 상징인 십자가가 이제 생명의 샘으로 바뀐다는 사실을 통해 영혼을 위로한다. "죽음이 시작한 곳에서부터 또한 생명이 되살아나기로 되어 있었다"(ut unde mors oriebatur inde vita resurgeret).

고통의 신비가 곧 뒤따르게 되는 수난 성지주일은, 이 땅에서 가장 영광스런 승리가 얼마나 일시적이며, 극도의 굴욕(屈辱)이 어떻게 따르는가를 우리에게 가르친다. 그때 고통받는 영혼은 고통스러운 외침을 높이 부른다. "하느님, 나의 하느님, 나를 돌아보소서, 어찌하여 나를 버리시나이까"(Deus Deus meus, respice in me: quare me dereliquisti).[339]

이것은 갈바리아 산과 올리브 동산에서 하신 예수님의 외침이다. 이것은 중상모략(中傷謀略)을 당하거나 부딪히거나 내적인 고뇌(苦惱)를 당할 때, 그리스도인이 부르짖는 영혼의 외침이다. 고통의 신비는 예수님이 십자가에 달려서 죽기까지 순종하시면서, 당신의 내적 감정에 우리를 일치시킨다. 그리고 영혼에게 오히려 고통의 가치를 느끼게 한다.

곧 우리가 예수님의 수난과 고통에 참여한다면, 사도 바오로의 말처럼, 우리도 그분의 승리에 참여하게 될 것이다. "우리가 그리스도와 함께 고난을 받고 있으니 영광도 그와 함께 받을 것이 아닙니까?"(si tamen compatimur ut et conglorificemur).[340]

1587 (4) 부활시기

부활시기 동안 우리는 일치의 길의 모상(模相)인 예수님의 영

---

339) 시편 21, 2.
340) 로마 8, 17.

광에 대한 신비를 묵상한다. 이 일치의 길은 세상의 것보다 더 경이로운 참 생명의 길이다. 예수님은 세상에 계시는 동안 사람들과 대화하고 일하시면서 항상 선교(宣敎)하셨다.

예수님은 부활하신 후, 제자들에게 마지막 가르침을 주시기 위해 사도들에게만 나타나셨다. "사도들에게 자주 나타나시어… 하느님 나라에 관한 말씀을 들려 주셨다"(apparens eis et loquens de regno Dei).[341]

이와 같은 예수님의 모습은, 우리가 일치의 길에 있으면서, 하느님과 내적으로 대화하기 위해 고독을 찾는 영혼들의 모습이기도 하다. 그리고 우리의 사도직(司徒職)은 많은 영혼들을 성화시키는 데 그 목적이 있을 뿐이다.

이것은 사도 바오로가 많은 영혼들에게 제시한 권고이다. "이제 여러분은 그리스도와 함께 다시 살아났으니 천상의 것들을 추구하십시오. 거기에서 그리스도는 하느님의 오른편에 앉아 계십니다. 여러분은 지상에 있는 것들에 마음을 두지 말고 천상에 있는 것에 마음을 두십시오. 여러분이 이 세상에서는 이미 죽었기 때문입니다. 여러분의 참 생명은 그리스도와 함께 하느님 안에 있어서 보이지 않습니다."[342]

예수님의 승천(昇天)은, 이제 예수님이 하늘에서 아버지의 오른편에 계시면서 우리를 위해 계속 기도하신다는 것을 알려 준다. 그래서 승천하신 예수님은 우리에게 더 많은 열매를 맺어 주신다. 왜냐하면 예수님은 우리에게 성령을 보내시어, 사도들을 변화시키시고, 수많은 영혼들이 사도들에 의해 변화되었기 때문

---

341) 사도 1, 3.
342) 골로 3, 1-3.

이다.

이와 같이 마음과 영(靈)으로써 하늘에 이미 살고 있는 신비가들은 많은 영혼들의 구원(救援)을 위해 희생과 기도를 멈추지 않을 것이다. 이러한 신비가들의 선교는 예수님 안에서 매우 풍성한 열매를 맺을 것이다.

1588 (5) 성령 강림시기

성령 강림(聖靈降臨)시기는, 성령께서 사도들에게 행했던 탁월한 변화를 작용하시기 위해 우리 각자의 영혼 안에 내려오시는 것이다.

삼위일체(三位一體)의 신비는, 성화의 모범과 경신(敬神)과 믿음의 위대한 대상으로 우리 눈 앞에 다가온다. 이 신비는 인간을 지어내시고 구원하신 사랑의 신비이다. 물론 이 사랑의 신비의 원천은 성부·성자·성령이시다. 예수 성심 대 축일과 성체성혈(聖體聖血) 대 축일은 성체 안에 계신 예수님께서 우리에게 성심(聖心)의 보화를 드러내 보이신다. 예수 성심은 우리에게 그리스도의 사랑을 진하게 느끼게 한다. 그리고 성체성혈은 우리에게 빵을 나누는 사랑과 새로운 생명의 신비를 묵상하게 한다.

성령강림 주일 뒤에 따르는 수많은 주일은 교회에서뿐만 아니라 그리스도인의 각 영혼 안에서 성령의 작용을 체험하게 한다.

1589 교회의 전례시기에서 성인들의 축일 또한 큰 자리를 차지한다. 그리스도의 지체인 성인들의 모범은, 모든 유혹과 어려움에도 불구하고 우리의 삶에 강한 촉진제 역할을 한다.

우리는 성인들이 사도 바오로와 함께 우리에게 말한 것을 듣게 된다. "내가 그리스도를 본받았음 같이 나를 본받으십시오"

(imitatores mei estote sicut et ego Christi).[343] 그리고 성무일도(聖務日禱) 기도에서 성인들의 영웅적인 덕담(德談)을 읽으면서, 우리는 성 아우구스티누스의 말을 되풀이한다. "저 사람들도, 저 여자들도 한 것을 네가 못하다니"(Tu non poteris quod isti, quod istae).

우리 구세주의 어머니이신 성모님은, 천사들과 성인들의 여왕으로서 항상 전례(典禮) 가운데 아드님과 함께 우리 안에 현존하신다. 그러기에 우리는 어머니를 따르고 사랑하고 공경하면서 아들을 공경하고 사랑해야 한다.

이제 우리는 거룩한 전례시기를 통해 육화(肉化)되신 말씀에 순종하고, 성모님과 성인들의 도움을 받아 하느님께 가까이 나아가면서 영적 성장을 해야 한다.

1590 거룩한 교회가 우리에게 주는 성화(聖化)의 풍성한 방법을 사용하기 위해, 예수님의 현존이 항상 우리 영혼 안에 머물도록 해야 한다.

그러기 위해서, 영혼에게 생기를 주는 아름다운 기도가 있다. 이 기도는 '오! 마리아 안에 살아 계시는 예수님'(O Jesu vivens in Maria)이란 기도이다. 우리는 예수님께 이 기도를 드리면서 위에서 말한 개요(槪要)를 끝맺는다.

이 기도는 다음 세 부분으로 나눌 수 있다. 첫 부분에서는 이 기도를 누구에게 드리는가를 본다. 두 번째 부분은 이 기도의 내용을 알려 준다. 세 번째 부분은 기도의 마지막 끝맺음을 표현한다.

---

343) 1고린 4, 16.

기도문 : 오! 마리아 안에 살아 계시는 예수님[344]	
O Jesu vivens in Maria, veni et vive in famulis tuis,	오 마리아의 품 안에 살아 계시는 예수님 오시어 당신 종들 안에서 생활하소서.
in spiritu sanctitatis tuae, in plenitudine virtutis tuae,	당신의 거룩한 영 안에 당신의 충만하신 권능으로,
in perfectione viarum tuarum, in veritate virtutum tuarum, in communione mysteriorum 　tuorum, dominare omni adversae potestati, in Spiritu tuo ad gloriam Patris.	당신 완덕의 길로, 당신의 진실한 덕성으로, 당신 신비의 일치 안에서, 모든 반대 세력을 다스리소서. 성령 안에서 아버지의 영광을 위하여.

1591 (1) 이 기도는 누구에게 드리는가?

이 기도는 마리아 안에 현존하시는 예수님께 드리고 있다. 말하자면 이 기도는 인간 본성과 신적 본성을 동시에 갖고 계시는 예수님의 인격 안에 일치하면서, 하느님이시고 사람이신 육화되신 말씀께 드리는 것이다. 이미 제132항에서 언급했듯이, 우리의 성화를 위해 매우 중요하고 모범적이며 공로(功勞)의 원천이신 예수님께 드린다.

예수님은 성령을 통해 신비체(神秘體) 안에 살고 계신다. 말하자면 성령께서 인간 그리스도의 영혼에서 작용한 것과 같이, 성모님 안에서도 작용하도록, 예수님은 성모님과 통교하신다.

---

344) P.de condren에 의해 작성되고, M.Olier에 의해 완성된 이 기도는 성 술피스 신학교에서 매일 묵상기도 끝에 암송되었다. Vén.P. Libermann은 이 기도에 대해서 Lettres. t. II, P. 506-522에서 신심 깊은 해설을 붙인다.

구세주의 기도와 공로(功勞) 덕분으로, 성모님이 살아 계시는 예수님의 모습이 될 수 있도록 성령께서는 마리아를 영광스럽게 하고 성화시키려고 오신다. "그리스도의 이 완전무결한 모상, 이 모상을 성령께서는 살아 있는 사람들에게 그려 넣으셨다" (hoec est imago Christi perfectissima quam ad vivum depinxit Spiritus Sanctus).

이것은 올리에(Olier)가 잘 설명하고 있다. "교회에 주님이 계시는 것은 그분이 거룩한 어머니 안에 계시는 것과 같습니다. 그러나 예수님은 신적이고 또 내적으로 충만하십니다. 예수님은 성모님을 위해 특별히 더 각별하게 희생하셨으므로, 온 교회보다 더 하느님의 생명을 성모님께 주십니다. 예수님은 성모님께 받은 생명에 대한 감사로써 무상으로 하느님의 생명을 영혼들에게 주십니다.

왜냐하면 예수님께서는 모든 지체(肢體)에게, 이 땅에서 사람들이 사랑을 베푼 것에 대해 백 배로 상급을 주시겠다고 약속하셨기 때문입니다. 그러기에 예수님께서는 또한 어머님께로부터 사랑과 신심으로 받은 인간 생명을 사람들에게 주시기를 원하십니다. 물론 이 생명은 영혼에게 매우 고귀한 신적 생명입니다…. 즉 성모님 안에서 하느님의 생명을 충만히 생활하시는 예수 그리스도를 우리는 찬양해야 합니다.

우리는 성모님 안에서 신적 생명의 기쁨과 아름다움, 풍성함의 모든 보화를 보아야 합니다…. 예수님은 성모님 안에서 성령의 작용 아래, 하나의 생명, 하나의 영혼, 하나의 마음을 갖고 계십니다."[345]

---

345) J.J. Olier, lettre CCCLXXXIII, t. II, p. 468, éd. 1885.

예수님께서 성모님 안에 끊임없이 부어 주시는 이 생명은 "성모님 안에서 하느님을 사랑하고 찬양하며, 하느님을 아버지로 흠숭하기 위해서입니다…. 성모님의 마음에 잘 맞는 보물처럼, 예수님은 성모님 안에서 흥겨워하시며 기쁘게 활동하십니다."[346]

1592 예수님은 마리아의 성화(聖化) 뿐만 아니라, 성모님을 통한 신비체의 다른 구성원들이 성모님 안에서 성화 되기를 원하신다. 이로써 아드님을 통하여 받게 된 모든 은총은 성모님을 통해 우리에게 이르게 된다. 성 베르나르도는 말하기를, 예수님은 "마리아를 통하여 우리가 모든 것을 갖기를 원하셨습니다" (Sic est vonluntas ejus qui totum nos habere voluit per Mariam).[347] (제161항 참조).

우리가 '마리아 안에 살아 계시는 예수님'께 기도를 드리는 것은, 우리 영혼에게 매우 유익한 동시에, 예수님께서 매우 흡족히 여기시기 때문이다.

"모든 사람의 행복을 위해서, 거룩한 사랑의 왕좌인, 그분의 기쁨을 찾아가는 것보다 더 예수 그리스도께 큰 기쁨과 편안함을 주는 것이 무엇이겠습니까? 교회의 어머니 안에, 그리고 인간의 생명의 원천으로 예수님이 사시는 이 곳에 보다 더한 생명과 은총의 충만한 샘이 어디에 있습니까?"

우리가 '마리아 안에 살아 계시는 예수님'을 위해 기도할 때, 영혼은 그분께 전적인 신뢰를 갖게 될 것이다.

---

346) J.J. Olier, *Journée chrét.*, p. 395-396.
347) Sermode aquaeductu, n. 7.

1593 (2) 이 기도의 내용은 무엇인가?

이 기도는 내적 삶을 구성하는 모든 요소로 이루어져 있다. 여기서 내적 삶이란, 예수님이 마리아와 통교했던 생명에의 참여이다. 그래서 우리는 성모님께 우리 자신과도 당신이 통교(通交)해 주시도록 간청해야 한다.

(가) 성모님 안에 살아 계신 예수님이 생명의 원천이시므로, 우리는 예수님께 겸손하게 우리 안에 오셔서 생활하시기를 기도해야 한다. 그리고 예수님의 작용에 온순하게 순종할 것을 약속 드린다. "당신의 종 안에 오셔서 생활하소서."

ㄱ) 성령을 통해 도움의 은총(grâce actuelle)으로 마리아 안에 오시는 것처럼, 예수님께서 우리 안에 오신다. 매번 우리 안에서 생명이 자랄수록, 예수님의 성령도 함께 우리 영혼 안에서 크신다. 그리하여, 영혼이 매번 공로적이고 초자연적인 행위를 실천할 때마다, 성령은 우리 안에 오시고, 우리의 영혼은 예수님과 마리아의 생명에 일치한다.

이 기도는 신적 사랑을 통해, 우리의 공로적 행위를 강화시키고 키워 준다(제236항-제248항).

ㄴ) 예수님은 성령을 통하여 우리에게 주신 도움의 은총으로 "우리 안에서 완성하기를 원하시고 작용하신다"(operatur in nobis velle et perficere). 즉 우리의 행위가 예수님을 통해 유래하게 되므로, 예수님은 우리 행동과 내적 자세의 주된 원인이 되신다.

그래서 우리는 사도 바오로와 함께, "이제는 내가 사는 것이 아니라, 그리스도께서 내 안에 사시는 것입니다."[348]라고 말할 수

---

348) 갈라 2, 20.

있다.

ㄷ) 그리스도께서 내 안에 사신다면, 당신의 충실한 종처럼(in famulis tuis), 그분의 뜻에 일치하도록 모든 것을 맡겨야 한다.

그리고 우리는 겸손한 동정녀와 같이 진실로 이렇게 기도해야 한다. "주님의 종이오니 그대로 제게 이루어지소서"(ecce ancilla Domini, fiat mihi secundum verbum tuum). 우리는 자신의 비참함과 무능력을 인식하면서 그분의 뜻에 순종하도록 노력해야 한다. 여기에 참된 복종이 있다.

그래서 예수님은 영혼의 행복에 유익한 것이 아니면 아무것도 명하지 않으신다. 영혼이 우리의 아버지이시고 주인이신 분께 순종하는 것은 진정한 사랑의 모습이다. 그러므로 예수님이 성모님의 마음을 차지하시는 것처럼, 우리 마음도 다스려 주시도록 예수님과 성령께 마음을 열자!

1594 (나) 모든 거룩함의 샘이신 예수님께서 우리 안에서 생활하시도록 간절한 기도를 청하자.

우리 안에는 두 형태의 거룩함이 있다. 먼저 위격(位格)의 일치에서 흘러나오는 본체적(本體的)인 거룩함과, 다른 하나는 이미 제105항에서 언급한 창조된 은총에 참여하는 거룩함이 그것이다.

우리는 기도 안에서 이 두 번째 거룩함을 간청해야 한다. 이 거룩함은, 먼저 죄에 대한 혐오와 죄로 이끌 수 있는 모든 것에서 격리시킨다. 또 이 거룩함은 모든 이기적인 것과 피조물을 이탈하게 하면서 신적 생명에 참여하게 한다.

이 참여의 거룩함은 거룩한 삼위(三位)와의 내적인 일치, 모든 정감을 지배하는 하느님의 사랑에 참여하게 하는 적극적인 거룩함이다.

1595 그러나 우리 자신으로서는 이 참여의 거룩함을 획득할 수 없으므로, 우리는 은총과 "당신 힘의 충만함 속에서"(in plenitudine virtutis tuae) 예수님께 기도해야 한다.

예수님은 성 교회와 함께, 우리의 반역적인 능력을 당신의 통치 아래 복종시키게 하신다. "당신에게 반역하는 의지도 더욱 자비로이 몰아치소서"(etiam rebelles ad te propitius compelle voluntates).

우리가 예수님께 참여할 수 있는 것은 효율적인 은총이다. 이 은총은 우리의 자유를 존중하면서, 자기 만족을 이끌어내기 위해 의지의 비밀스런 충동에 작용할 줄 안다. 또 이 은총은 우리의 충동적인 혐오나 광적인 반대 앞에 멈추지 않고, 천천히 힘있게 우리 안에서 작용한다.

1596 (다) 거룩함은 신적 모형의 본받음(imitation) 없이 얻어질 수 없으므로, 우리는 "당신 길의 완전함 속에서"(in perfectione viarum tuarum) 걸을 수 있도록 주님께 기도를 통해 간청해야 한다. 여기서 완전한 거룩함을 얻기 위해서 예수님의 모든 내적 외적인 행동, 품행과 행동 방식을 본받게 해 달라고 청한다.

다른 말로 표현한다면, 우리는 사도 바오로처럼 권고할 수 있다. "내가 그리스도를 본받은 것처럼, 나를 본받으십시오"(imitatores mei estote sicut et ego Christi). 그러나 아는 것처럼 우리에게는 너무나 완벽한 이상(理想)이므로, 우리 스스로는 이 거룩함을 실천할 수 없다. 예수님은 우리가 거룩함을 실천할 수 있는 우리의 길이 되신다.

"나는 길이다"(ego sum via). 그리고 살아있는 빛의 길이다. 나를 따르게 행진하는 길이다. "내가 이 세상을 떠나 높이 들리게 될 때에는 모든 사람을 이끌어 나에게 오게 할 것이다"(Et ego, cum exaltatus fuero a terrâ, omnia traham ad me ipsum).[349]

오 우리의 신적 모형이시여! 이제 우리는 주님께서 우리를 이끄시도록 내어 맡기고, 당신의 덕성을 본받도록 노력해야 한다.

1597 (라) 위와 같은 기도의 이유 때문에, 우리가 추구하는 덕을 "당신 덕성의 진리 속에서"(in veritate virtutum tuarum)라고 덧붙인다. 우리가 간청하는 덕들은 현실적인 덕이지만 결코 허울뿐인 덕이 아니다. 순전히 외적인 덕으로 장식한 교만과 감각적인 유혹이 숨겨진 덕이 우리 주위에 많이 있다. 분명한 사실은 올바르지 못한 덕들은 절대로 영혼을 거룩하게 할 수는 없다.

예수님이 우리에게 주신 덕성은, 몸과 마음과 정신을 정결하게 하고, 고행과 가난, 겸손이 깃 든 고통스러운 내적인 덕이다. 이 덕성은 영혼으로 하여금 믿음의 정신, 희망과 사랑과 정신을 일치시키는 덕이다. 바로 이 덕을 통해 우리는 그리스도화 되고 그리스도인으로 변신될 수 있는 것이다.

1598 (마) 예수님은 위에서 말한 덕들을 당신의 신비 속에서 실현하셨다. 그러기에 우리의 기도는 예수님 신비의 은총과 통교하게 해달라고 간청한다. "당신 신비의 일치 속에서"(in communione mysteriorum tuorum).

---

349) 요한 12, 32.

예수님의 신비는 물론 당신의 뜻을 우리 안에 이루시는 데 있다. 예를 들어 육화의 신비는 예수님과 일치하여, 아버지께 모든 것을 봉헌하기 위해, 이기적인 것들을 모두 벗어버리도록 우리를 초대한다. "하느님 보소서, 저는 당신의 뜻을 이루려고 왔습니다"(Ecce venio ut fatciam, Deus, voluntatem tuam).[350]

십자가에 못 박히심, 죽음, 장례 등은 완전한 희생의 단계를 표현한다. 이로써 우리는 악한 성향을 못박고 이 성향을 죽이고 영원히 묻어버리도록 노력해야 한다. 부활과 승천의 신비는 영혼이 피조물에서 완전히 이탈하는 것을 상징하며, 하느님의 나라에 가기 위해 우리가 열망하는 모든 천상적(天上的)인 생명을 의미한다.

1599 (바) 우리는 예수님이 악마와 세속과 육신을 지배하러 우리 안에 오심으로써, 우리가 완덕에 도달할 수 있도록 기도해야 한다. "모든 반대 세력을 다스리소서"(dominare omni adversae potestati).

지금 말한 이 세 가지 영혼의 적(敵)들은 우리가 세상에 살고 있는 한, 패배하지 않고, 맹렬한 공격을 우리에게 가해 올 것이다. 그러나 예수님은 이 적들을 굴복시키시고, 우리에게 효율적인 은총을 주심으로써 이 적들과 대항하게 하신다. 그러기 때문에 우리는 겸손하게 '마리아 안에 살아 계시는 하느님'께 간절하게 기도해야 한다.

(3) 기도의 마지막 끝맺음은?

이 기도의 은총을 보다 쉽게 얻기 위해, 우리는 성령의 도움

---

350) 히브 10, 9.

아래 아버지의 영광을 예수님과 함께 추구할 것을 선포해야 한다. "당신의 성령 안에서 아버지의 영광을 위하여"(in spiritu tuo ad gloriam Patris).

예수님은 아버지의 영광을 위해 이 땅에 오셨다. "나는 아버지의 영광을 드러내었습니다"(Ego honorifico Patrem). 예수님은 우리 안에서 당신의 사업이 완성되기를 원하신다. 그리고 우리가 당신과 함께 아버지께 영광을 드리고, 또 찬양을 드리도록 거룩한 내적 통교(通交)를 허락하신다.

바로 이때, 우리는 진정한 그리스도 신비체의 구성원이 될 것이며 하느님의 참된 제자가 된다. 그 결과 예수님은 찬양하올 성삼위(聖三位)의 보다 큰 영광을 위해, 우리 마음을 다스리시고 우리 안에 현존(現存) 하신다.

이 기도는 우리의 영성생활에 대한 개요(槪要)이기도 하다.

'오! 마리아 안에 살아 계시는 하느님'의 노래를 마치면서, 사랑의 하느님께서 모든 축복을 당신 아들을 통해 우리 안에 채워 주시도록 축원하자. 그리고 우리는 이 책의 독자들을 주님의 생명에 참여할 수 있게 해 주신 좋으신 아버지께 찬양드리도록 초대한다.

"하느님께서는 우리 주 예수 그리스도를 통하여 하늘의 온갖 영적 축복을 우리에게 베풀어 주셨습니다"(Benedictus Deus et Pater Domint Nostri Jesu Christi, qui benedixit nos in omni benedictione spirituali in caelestibus in Christo)[351]

---

351) 에페 1, 3.

부 록

Ⅰ. 신약성서의 영성[352]

신약성서에 있는 영적 보물(寶物)을 정리하고 보다 더 잘 파악하도록 독자들을 돕기 위해, 우리는 여기에서 공관(共觀) 복음서, 사도 바오로, 복음사가 요한의 영성을 간략하게 그 개요를 제시한다.

(1) 공관복음의 영성

공관(synoptiques) 복음서에 나오는 예수님 가르침의 중심 사상은 하느님의 나라에 있다. 그래서 우리는 하느님의 나라와 견관된 영성을 보다 정확히 이해하기 위해, 그 본질과 구성 그리고 조건들을 간단하게 다룰 것이다.

(가) 하느님 나라의 본질

예수님이 설교하신 하느님의 나라와 그분의 통치는 유다인들의 억측과는 반대로, 지상(地上)의 것이 아니다. 하느님의 통치(統治)는 그분을 반역(反逆)한 천사인, 사탄(Satan)의 통치와는 대립되는 영적(靈的)인 것이다.

ㄱ) 하느님의 통치는 다음 세 가지 형태로 소개된다.

① 이 통치는 뽑힌 이들에게 마련된 왕국(王國) 또는 하느님의

---

352) P. Pourrat, s. s. *La spiritualité chrétienne*, t. I, p. 1-15.

나라에 대한 것이다. "너희는 내 아버지의 축복을 받은 사람들이니 와서 세상 창조 때부터 너희를 위하여 준비한 이 나라를 차지하여라."(Venite, benedicti Patris mei possidete paratum vobis regnum a constitutione mundi).[353]

② 하느님의 나라는 이 땅에 이미 세워진, 하느님이 주신 신적 부성(父性), 은총, 우정을 인간이 선한 의지로 받아들인 내적 왕국이다.

③ 하느님께서 이 땅의 사업을 지속시키기 위해 세운 외적 왕국이다.[354]

ㄴ) 하느님의 나라에 대한 통치의 이 세 가지 형태는 모두 같은 한 왕국을 구성한다. 외적 교회는 평화 속에 발전하는 내적 왕국을 위해서만 세워졌고, 내적 왕국은 또한 천상 왕국을 여는 조건이기 때문이다.

(나) 하느님 나라의 구성

하느님의 나라에서 이 내적 왕국의 임금은 하느님이시다.[355] 그런데 이 임금님은 구약(舊約)에서처럼 그 백성이 이루는 공동체의 아버지이실 뿐만 아니라, 동시에 각 영혼들의 개별적인 아버지이시기도 하다. 하느님의 선성(善性)은 너무나 관대하여 이 세상에 사는 악한들[356]에게까지 그 선성(善性)이 미친다. 그러나 하느님의 정의(正義)는 마음이 굳은 죄인들에게만 나타난다. 모든 죄인들은 지옥불의 단죄를 받을 것이다.[357]

---

353) 마태 25, 34.
354) Ad. Tanquerey, *Synopsis Theol. fund.*, n. 608-611, 여기서 우리는 이 외적 왕국에 근거한 수많은 인용문들을 보게 된다.
355) 마태 6, 9-10; 26, 29.
356) 마태 5, 16-45.
357) 마태 25, 41.

하느님의 나라는 하느님의 아들이시며 동시에 사람의 아들이신, 예수 그리스도에 의해 이 땅에 세워졌다. 예수 그리스도는 또한 그의 탄생을 통해 우리의 임금이 되신다. 그분은 본성적(本性的)으로 상속자(相續者)이시며, 하느님께서 당신 자신을 아는 것 같이, 아버지를 아는 유일한 분이시며 아들이시기 때문이다.

그리스도는 당신의 권위(權威)로써 우리의 임금이 되신다. 그리스도는 잃었던 우리를 구원하러 오셨고, 우리의 죄를 속죄(贖罪)하기 위해 당신의 피를 흘리셨기 때문이다.[358]

예수 그리스도는 약자(弱者)와 가난한 사람들, 버림받은 이들을 사랑하시는 매우 헌신적인 임금이시다. 그리고 길 잃은 양(羊)들을 우리로 데려오기 위해 찾아 나서는 임금이시며, 십자가 위에서 자신을 사형에 처한 자들을 용서하신 임금이시다.[359]

그러나 예수님은 또한 산 자와 죽은 자들의 심판관(審判官)이기도 하다. 최후의 날, 그리스도는 의인(義人)과 악인(惡人)을 나눈 다음, 의인들은 영원한 왕국에 사랑으로 맞아들일 것이나, 악인들은 영원한 지옥으로 떨어뜨릴 것이다.[360]

그러므로 우리는 이 세상에서 하느님의 나라보다 더 값진 것은 없다. 영혼에게 하느님의 나라는 값진 진주(眞珠)이며, 가진 모든 것을 다 팔아 얻어야 할 숨겨진 보물(寶物)인 것이다.

(다) 하느님의 나라에 들어가기 위한 조건

이 하느님의 나라에 들어가기 위해서는 회개(悔改)해야 하며,[361]

---

[358] 마태 11, 27; 14, 33; 16, 16; 20, 28; 25, 31. 34. 40; 루가 10, 22; 19, 10; 22, 20; 23, 2-3.
[359] 마태 9, 13; 10, 6; 18, 12-24; 19, 14; 마르 2, 16; 루가 11, 12 등.
[360] 마태 25, 31-46.
[361] 마태 4, 17; 마르 1, 15; 루가 5, 32.

세례(洗禮)를 받고, 복음을 믿으며, 계명(誡命)을 실천해야 한다.[362]

그러나 이것을 완전하게 실천하기 위해, 제자들에게 제시된 이상(理想)은, 하느님의 덕성(德性)에 가능한 한 더 가까이 가는 것이다. 우리는 하느님의 자녀들답게 처신해야 하며, 그래서 신적 덕성에 더욱 가까워져야 하기 때문이다.

"하늘에 계신 아버지께서 완전하신 것같이 너희도 완전한 사람이 되어라"(Estote ergo vos perfecti, sicut et Pater vester coelestis perfectus est).[363]

이처럼 영혼이 완전한 이상에 도달하기 위해서는, 다음 본질적인 두 가지 조건이 절대적으로 필요하다. 먼저, 피조물과 자신에 대한 포기이다. 그 다음, 이 포기를 통해 하느님과의 일치를 방해하는 모든 것에서 빠져 나오는 것이다. 그로 인하여 영혼은 사랑으로 예수 그리스도를 따르면서 하느님께 완전히 자신을 드리게 된다.

"나를 따르려고 하는 사람은 누구든지 자기를 버리고 매일 제 십자가를 지고 따라야 한다"(Si quis vult post me venire, abneget semetipsum, et tollat crucem suam quotidie, et sequatur me).[364]

ㄱ) 포기에는 여러 단계가 있다. 모든 사람은 구원의 최대 장애물인 죄, 특히 대죄(大罪)를 구성하는 피조물과 자기 자신에 대한 무질서한 사랑을 없애야 한다. 그래서 만일 오른 쪽 눈이 죄를 지으면, 서슴없이 그 눈을 뽑아 버려야 한다. "오른 눈이 죄를 짓게 하거든 그 눈을 빼어 던져 버려라"(Quod si oculus

---

362) 마르 16, 16; 마태 28, 19-20.
363) 마태 5, 48.
364) 루가 9, 23.

tuus dexter scandalizat te, erue eum et projice abs te).[365]

이 여러 단계의 포기는 계명(誡命)과 권고(勸告) 사이의 구별에서 나타난다. 즉 영원한 생명에 들어가기 위해서는, 계명을 지키는 것으로 충분하다. 그러나 완전한 자가 되기 위해서는, 모든 재산을 다 팔아 가난한 사람들에게 나누어 주어야 한다.

"네가 생명의 나라로 들어가려거든 계명을 지켜라. 네가 완전한 사람이 되려거든 가서 너의 재산을 다 팔아 가난한 사람들에게 나누어 주어라"(Si autem vis ad vitam ingredi, serva mandata… Si vis perfectus esse, vade vende quae habes et da pauperibus).[366]

완전한 포기는 십자가에 대한 사랑에까지 이른다.[367] 우리는 십자가 자체를 사랑하는 것이 아니라, 십자가에 처형(處刑)되신 주님을 끝까지 따르기를 원하므로 십자가를 사랑한다. 그래서 참된 영혼은 십자가에서 자신의 행복을 찾는다.

"마음이 가난한 사람은 행복하다. 온유한 사람은 행복하다. 옳은 일을 하다가 박해를 받는 사람은 행복하다. 나 때문에 박해를 받는 사람은 행복하다"(Beati pauperes spiritu… beati mites.… beati qui persecutionem patiuntur… Beati estis cum

---

365) 마태 5, 29 : 그러나 완전하게 되려는 사람들의 포기는 더욱 완전해야 한다. 그래서 포기는 복음적 권고의 실천과 실천적인 가난, 가족을 떠남, 온전한 순결 또는 절제를 포함한다…. 마태 19, 16-22; 루가 14, 25-27; 마태 19, 11-12.
  이와 같이 되기를 원하지 않거나 할 수 없는 사람들은, 이 세상의 제물과 가족에 대해 내적인 포기로 만족한다. 그들은 영혼 안에 현존하시는 하느님과 대립되는 모든 것에 대해 내적인 무관심과 가난의 정신을 실천할 것이다. 이 방법으로 그들은 높은 단계의 거룩함에 도달할 수 있다…. 마태 5, 1-12.
366) 마태 19, 17, 21.
367) "tollat crucem suam."

maledixerint vobis).[368]

ㄴ) 그래서 영혼의 포기는 하느님과 이웃 사랑에 도달하기 위한 유일한 방법이 된다. 왜냐하면 사랑이 모든 법을 요약이기 때문이다. "이 두 계명이 모든 율법과 예언서의 골자이다"(In his duobus mandatis universa lex pendet et prophetae).[369]

사랑은 우리에게 마음과 정신과 힘을 모두 하느님께 바치게 한다. "네 마음을 다하고 목숨을 다하고 뜻을 다하여 주님이신 너희 하느님을 사랑하라. 네 이웃을 네 몸같이 사랑하라는 둘째 계명도 이에 못지 않게 중요하다"(Diliges Dominum Deum tuum ex toto corde tuo et in tot anim tu et in tot mente tu… Secundum autem simile est huic: Diliges proximum tuum sicut te ipsum).[370]

사랑은 모든 계명 가운데 가장 큰 계명이며 모든 완덕의 요약이다.

① 하느님께 대한 사랑은 자녀다워야 한다. 이 사랑은 먼저 하늘에 계신 우리 아버지를 찬양하게 한다. "하늘에 계신 우리 아버지… 아버지의 이름이 거룩히 빛나시며, 아버지의 나라가 오시며"(Pater noster… sanctificetur nomen tuum, adveniat regnum tuum).[371]

---

368) 마태 5, 3-12.
369) 마태 22, 40.
370) 마태 22, 36-40.
371) 마태 6, 9. 하느님을 더 잘 찬양하기 위해 계명을 지켜야 한다. "하느님의 뜻이 하늘에서와 같이 땅에서도 이루어지소서"… "나더러 주님, 주님하고 부른다고 다 하늘 나라에 들어가는 것이 아니다. 하늘에 계신 내 아버지의 뜻을 실천하는 사람이라야 들어간다." 마태 7, 21. "fiat voluntas" tua sicut in coelo et in terra"… "non omnis qui dicit mihi Domine, Domine, intrabit in regnum caelorum, sed qui facit voluntatem Patris mei."

② 이 사랑은 신뢰가 있어야 한다. 하늘에 계신 아버지가 하늘의 새들과 들의 백합보다 자녀들을 더 잘 돌보시기 때문이다. "목숨이 음식보다 중요하지 않으냐? 하느님께서는 이 모든 것이 너희에게 있어야 할 것을 잘 알고 계신다"(Nonne vos magis pluris estis illis?… Scii enim Pater vester quia his omnibus indigetis).[372]

이 신뢰는 기도를 통해서 나타난다. 그리스도의 약속에 의하면 우리가 간청하는 모든 것은 기도를 통해 얻을 수 있다. "구하라, 받을 것이다. 찾아라, 얻을 것이다. 문을 두드려라, 열릴 것이다. 누구든지 구하면 받고, 찾으면 얻고, 문을 두드리면 열릴 것이다"(Petite et dabitur vobis; quaerite et invenietis; pulsate et aperietur vobis. Omnis enim qui petit, accipit, et qui quoerit invenit, et pulsanti aperietur).[373]

③ 이 사랑은 이웃에 대한 사랑을 낳는다. 우리는 모두 하늘에 계신 아버지의 자녀이기 때문에 모두 형제들이다. "너희의 스승은 오직 한 분뿐이고 너희는 모두 형제들이다"(Unus est magister vester, omnes autem vos fratres estis).[374]

이와 같은 덕행들에 보다 효과적인 활력을 주기 위해, 주님은 최후의 심판(審判) 날에 가장 보잘것없는 형제들에게 해 준 것이 바로 당신께 해 준 것이라고 말씀하신다.[375]

주님은 당신의 지체(肢體)들과 동일화하시므로, 이웃을 사랑하는 것이 바로 주님을 사랑하는 것이라 하신다. 이 사랑은 원수

---

372) 마태 6, 26-33.
373) 마태 7, 7-8.
374) 마태 23, 8.
375) 마태 25, 40.

를 사랑하기까지에 이른다. 원수를 사랑으로 감내(堪耐)해야 하며, 그를 위해 기도하고 선을 실천해야 한다.[376]

이 사랑은 우리의 모범이신 주님께서 보여 주신 겸손과 온유를 동반한다. "나는 마음이 온유하고 겸손하니 내 멍에를 메고 나에게서 배워라"(Discite a me quia mitis sum et humilis corde).[377]

그러므로 포기와 사랑, 이것이 바로 하느님의 나라와 완덕을 얻기 위해 영혼이 획득해야 할 두 가지 본질적인 조건이다. 우리는 이 두 가지 조건이 어떻게 모든 덕을 포함하는지를 앞에서 보았다(제309항 계속).

(2) 사도 바오로의 영성[378]

사도 바오로는 하느님의 나라를 얻기 위해 다른 길을 통하지만 같은 결론에 도달한다. 사도 바오로의 하느님 나라에 대한 중심 사상은, 더 이상 왕국의 도래(到來)를 뜻하지 않는다. 사도의 하느님 나라는 유다인이나 이방인이나 할 것 없이, 인류의 머리로 택하신 당신 아들 예수 그리스도를 통하여, 모든 사람들을 구원하고 성화하고자 하시는 하느님의 성화자(聖化者, sanctificateur)적 구상이다. 즉 사도의 사상에서 볼 때, 모든 사람은 그리스도와 합체(合體, incorporés)되어야 한다.

"우리 주 예수 그리스도의 아버지 하느님께 찬양을 드립니다.

---

376) 마태 5, 44.
377) 마태 11, 29.
378) F. Prat, S.J., *La Théologie de S. Paul*, t. I, 7, 1920. p. 342-370; t. II, 1912, p. 123 sq., et passim; P. Pourrat, s.s., *La spiritualité chrétienne*, t. I, p. 25; J. Duperray, *Le Christ dans la vie chrétienne* d'apr s S. Paul, Lyon, 1922.

제Ⅳ부 주입적 관상에 논쟁되는 문제들 339

하느님께서는 그리스도를 통해서 하늘의 온갖 영적 축복을 우리에게 베풀어 주셨습니다! …우리는 그리스도의 죽음으로 말미암아 죄를 용서받고 죄에서 구출되었습니다. 하느님께서는 그분을 교회의 머리로 삼으시고 교회는 그리스도의 몸이며, 만물을 완성하시는 분의 계획이 그 안에서 완전히 이루어집니다" (Benedictus Deus et Pater Domini nostri Jesu Christi, qui benedixit nos in omni benedictione spirituali in caelestibus in Christo!.… in quo habemus redemptionem per sanguinem ejus… et ipsum dedit daput supra omnem ecclesiam, quae est corpus ipsius et plenitudo ejus).[379]

그러므로 사도 바오로가 말하는 영원 안에서, 하느님께서는 우리를 당신 자녀로 택하시고, 또 우리를 성화시키고자 하신다. 여기에 한 장애물(障碍物)이 있는 데, 그것이 다름 아닌 원죄(原罪)이다. 인류의 첫 인간인 아담이 저지른 이 원죄는, 우리를 사로잡는 탐욕(concupiscence)과 함께 그 후손들에게 물려지게 된다. 그러나 하느님께서는 인간을 불쌍히 여기신다.

하느님께서는 구원자(救援者, Sauveur)이시고, 속죄자(贖罪者, Rdempteur)이신 당신의 외아들 예수 그리스도를 인간에게 보내신다. 그래서 그리스도는 인류의 새로운 머리가 되셔서, 십자가에 달려 죽기까지 순명하심으로써 우리를 구원하신다. 이로써 예수님은 우리 삶의 중심이시다. "나에게는 그리스도가 생의 전부입니다"(mihi vivere Christus est).[380]

---

379) 에페 1, 3, 7, 22절. 사도 바오로 영성의 기초에 관한 생각을 이해하려면, 이 모두를 읽어야 한다.
380) 필립 1, 21.

예수님의 공로(功勞)와 성화작용(聖化作用)은 우리에게 세례와 성체성사를 통해서 적용된다. 세례는 우리를 다시 태어나게 하고, 우리를 예수 그리스도와 합체되게 한다. 그리고 세례는 우리를 성령의 활동과 인도 아래 끊임없이 낡은 인간 또는 육과 싸워야 하는 새로운 인간이 되게 한다.[381]

성체성사는 우리를 예수 그리스도의 삶과 죽음, 그분의 덕과 내적 감성들에 더 많이 참여하게 한다.[382] 그처럼 우리는 이 성사의 열매를 받기 위해, 그리고 우리에게 전달되는 신적 생명을 가꾸기 위해 믿음의 삶을 살아야 한다.

"믿음을 통해서 하느님과 올바른 관계를 가진 사람은 살 것이다"(justus meus ex fide vivit).[383] 올바른 관계는 하느님과 예수님께 신뢰를 두고, 하늘까지 우리를 동행할 뛰어난 사랑의 덕이다.[384] 그러나 우리는 이 세상에서 썩어 없어질 육체의 고행을 통해 사랑을 실천한다.[385]

이 모든 고행(苦行)은 사도 바오로 서간에 자주 되풀이되는 하나의 문장으로 요약된다. "여러분은 옛 생활을 청산하여 낡은 인간을 벗어 버렸고, 새 인간으로 갈아입었기 때문입니다. 새 인간은 자기 창조주의 형상을 따라 끊임없이 새로워지면서 참된 지식을 가지게 됩니다"(expoliantes vos veterem hominem cum actibus suis, et induentes novum eum, qui renovatur in agnitionem secundum imaginem ejus qui creavit illum).[386]

---

381) 로마 6, 4; 에페 6, 11-17.
382) 1고린 10, 14-22; 11, 17-22.
383) 로마 1, 17.
384) 1고린 13, 1-13.
385) 갈라 5, 24.
386) 골로 3, 10.

(가) 먼저 낡은 인간을 벗어 버려야 한다.

ㄱ) 육체라 불리는, 이 낡은 인간은 바로 우리의 본성이다. 그러나 본성 그 자체가 낡은 것이 아니고, 세 가지 탐욕(貪慾)을 통해 타락한 본성이다. 결과적으로 육체의 일은 거의 대부분이 죄들이다. 육체의 일에는 단지 육감과 음행의 죄 뿐만 아니라 다양한 형태의 교만이 있다.[387]

ㄴ) 우리는 두 가지 주된 이유 때문에, 고행하고 금욕해야 할 엄격한 의무를 갖는다.

① 죄와 단죄 받은 것에 대한 공감의 위험

육체와 그 욕망은 세례성사를 통해서 없어지지 않는다. 만일 우리가 예수 그리스도의 은총에 힘입어 철저하게 육체의 욕망에 대항해서 싸우지 않는다면, 육체는 맹렬하게 우리를 악으로 이끌어 놓는다. "누가 이 죽음의 육체에서 나를 구해 줄 것입니까? 고맙게도 하느님께서 우리 주 예수 그리스도를 통하여 우리를 구해 주십니다"(Quis me liberabit de corpore mortis hujus? Gratia Dei per Jesum Christum).[388]

② 세례 성사의 약속

세례를 통해 예수 그리스도와 함께 죽고, 묻치고, 새로운 생명으로 그분과 함께 살기 위해 우리는 죄를 피할 약속을 하고, 이로써 악마와 육에 반대하여 힘있게 싸울 것을 약속한다.[389]

삶은 곧 투쟁(鬪爭)이다. 이 투쟁에 내거는 것은, 사랑이시고 정의로우신 하느님이 우리를 위해 마련해 놓은 영광의 관이다.[390]

---

387) 로마 8, 1-16; 갈라 5, 16-25.
388) 로마 7, 24-25.
389) 로마 6, 1-23.

ㄷ) 이 투쟁에서 우리를 지탱하고, 우리의 약함과 무능에도 불구하고, 상대적으로 쉽게 승리를 돌려주는 것은, 그리스도를 통해 얻은 하느님의 은총이다. 만일 우리가 은총에 협력한다면, 우리의 승리는 확실할 것이다.

"하느님은 신의가 있는 분이십니다. 하느님께서는 여러분에게 힘에 겨운 시련을 겪게 하지는 않으십니다. 시련을 주시더라도 그것을 극복하고 벗어날 수 있는 길을 마련해 주실 것입니다…. 나에게 능력을 주시는 분을 힘입어 나는 무슨 일이든지 할 수 있습니다"(Fidelis autem Deus est, qui non patietur vos tentari supra id quod potestis; sed faciet etiam cum tentatione proventum... Omnia possum in eo qui me conforta).[391]

ㄹ) 낡은 인간을 벗어버리는 고행 속에는 두 단계가 있다.

① 먼저 영벌(永罰)과 대죄(大罪)를 피하기 위해 중요한 것이 있다. "나는 내 몸을 사정없이 단련하여 언제나 민첩하게 움직일 수 있게 합니다. 이것은 내가 이기자고 외쳐놓고 나 자신이 실격자가 되지 않게 하려는 것입니다"(Castigo corpus meum et in servitutem redigo, ne forte cum aliis proedicaverim, ipse reprobus efficiar).[392]

② 그러나 그 다음에는 철저한 무사무욕(無私無慾), 완전한 겸손, 정결 같은 완덕에 필요한 것들이 있다.[393] 또 다른 관점에서 사도 바오로는 고행을 세 단계로 구분한다. 아직 말을 잘 듣지 않는 육체의 고행, 다음으로 일종의 영적인 죽음, 끝으로 육체

---

390) 1고린 2, 12; 9, 25; 에페 6, 11-17; 2디모 4, 7; 1디모 6, 12.
391) 1고린 10, 13; 필립 4, 13.
392) 1고린 9, 27.
393) 1고린 7, 25-34; 필립 2, 5-11; 1디모 6, 8.

의 물으심이다.[394]

(나) 낡은 인간을 벗어버리면서, 우리는 예수 그리스도께 합체(合體)되고, 새 인간으로 태어난다. 이 새로운 인간은 세례성사를 통해 다시 태어난 그리스도인이다. 이 새로운 인간은 성령과 일치하고, 그리스도와 합체되고, 은총의 활동을 통하여 예수 그리스도 안에서 변화된다.

이러한 교의를 잘 이해하기 위해서는, 성령과 그리스도의 역할, 그리고 새로 태어난 영혼 안에서 자신의 역할을 바르게 인식해야 한다.

ㄱ) 성삼위께서는 의로운 영혼 안에 거주하시며, 그 영혼을 성전(聖殿)으로 바꾸신다. "하느님의 성전은 거룩하며 여러분 자신이 바로 하느님의 성전이기 때문입니다" (templum enim Dei sanctum est: quod estis vos).[395]

ㄴ) 성령께서는 영혼 안에서 작용하면서, 영혼을 도움의 은총(grâce actuelle)으로 자극하고, 성부께 대한 자녀적 신뢰심을 갖도록 기도하게 하신다.

"여러분 안에 계셔서 여러분에게 당신의 뜻에 맞는 일을 하고자 하는 마음을 일으켜 주시고 그 일을 할 힘을 주시는 분은 하느님이십니다. 우리는 성령에 힘입어 하느님을 '아빠 아버지'라고 부릅니다. 성령께서도 연약한 우리를 도와 주십니다. 우리를 대신해서 말로 다 할 수 없을 만큼 깊이 탄식하시며 하느님

---

394) "Qui sunt Christi, carnem suam crucifixerunt… Mortui estis et vita vestra est abscondita cum Christo in Deo… Consepulti enim sumus cum illo per baptismum in mortem…"(갈라 5, 24; 골로 3, 3; 갈라 3, 27). 이 문장들의 영적 의미는 J.J. Olier의 그리스도인의 교리, I권, 21-23과에 잘 설명되어 있다.
395) 1고린 3, 17.

께 간청해 주십니다"(Operatur in vobis velle et perficere… In quo clamamus : Abba Pater. Spiritus est qui adjuvat infirmitatem nostram… postulat pro nobis gemitibus inenarrabilibus).[396]

ㄷ) 그리스도는 신비체(神秘體)의 머리이시다. 우리는 그분의 지체(肢體)이며, 그리스도는 우리에게 생명과 길을 제시해 주신다. 세례성사를 통해 우리는 그리스도와 합체되고, 성체성사를 통해, "우리는 희망으로 구원을 받았습니다"(spe enim salvi facti sumus).[397]

하느님의 나라로 그리스도와 함께 오르기를 기다리는 동안, 우리는 희생제사와 부활을 기념하는 그리스도의 수난(受難)에 일치한다. 그래서 성체성사는 하느님과 영적 일치로 연장된다. 우리는 영적 일치의 덕분으로 하루종일 예수님의 생각과 정감과 의지를 우리 것으로 하게 된다.

"여러분은 예수 그리스도께서 지니셨던 마음을 여러분의 마음으로 간직하십시오. 이제는 내가 사는 것이 아니라 그리스도가 내 안에서 사시는 것입니다"(Hoc enim sentite in vobis quod et in Christo Jesu… Vivo autem, jam non ego, vivit vero in me Christus).[398]

그러므로 우리를 예수님으로부터 떼어놓을 수 있는 것은 아무 것도 없다. "누가 감히 우리를 그리스도의 사랑에서 떼어놓을 수 있겠습니까?"(Quis ergo nos separabit a caritate Christi?).[399]

ㄹ) 여기서 우리는 우리의 머리이시고 삶의 주인이신, 그분

---

396) 필립 2, 13; 로마 8, 15.26.
397) 로마 8, 24.
398) 필립 2, 5; 갈라 2, 20.
399) 로마 8, 35.

안에서 변화될 때까지 줄기차게 그분을 본받아야 한다. 우리의 완전한 이상(理想)이신 예수 그리스도와 긴밀하게 일치해야 할 의무가 있는 것이다.

① 우리는 먼저 예수님의 겸손과 순명에서, 그분의 내적 자세를 본받아야 한다.

"여러분은 그리스도 예수께서 지니셨던 마음을 여러분의 마음으로 간직하십시오. 그리스도 예수는 하느님과 본질이 같은 분이셨지만 당신의 것을 다 내어놓고 죽기까지 순명하셨습니다" (Hoc enim sentite in vobis quoa et in Christo Jesu, qui, cum in ferm Dei esset… exinanivit semetipsum… factus obediens usque ad mortem…).[400]

우리를 위해 희생하도록 그리스도를 충동한 하느님의 사랑을 우리는 본받아야 한다. "그리스도께서는 우리를 사랑하신 나머지 우리를 위해 당신 자신을 바치셨다."(dilexit nos et tradidit semetipsum pro nobis).[401]

② 예수님은 외적으로도 절제와 육체적 고행, 악과 격정에 대한 겸손을 실천하신다. 그리하여 우리로 하여금 예수님과 성령께 더욱 완전히 순종하게 하신다. "여러분의 너그러운 마음을 모든 사람에게 보이십시오"(Modestia vestra nota sit omnibus hominibus).[402]

우리 주 예수 그리스도를 본받음에는 여러 단계가 있다. 우리는 먼저 생각하고 말하고 행동하는 데서 어린아이가 되어야 한

---

400) 필립 2, 5-11.
401) 에페 5, 2.
402) 필립 4, 5.

다. 그 다음 우리는 자라서 완전한 인간이 된다. "마침내 우리 모두가 성숙한 인간으로써 그리스도의 완전성에 도달하게 되는 것입니다"(in virum perfectum in mensuram aetatis plenitudinis Christi).[403]

우리는 완전히 그리스도로 변화된다. "나에게는 그리스도가 생의 전부입니다… 그리스도가 내 안에 사시는 것입니다"(Mihi vivere Christus est… vivit vero in me Christus).[404] 그래서 우리는 그리스도인들에게 이렇게 말할 수 있다. "그러므로 나는 여러분에게 권합니다. 나를 본받으십시오"(Imitatores mei estote sicut et ego Christi).[405]

곧 사도 바오로의 영성은 공관복음의 영성과 본질적으로는 다르지 않다. 낡은 인간을 벗어버리는 것, 그것은 포기(抛棄)의 실천이다. 그리고 새 인간으로 갈아입는 것은 예수 그리스도께 일치하는 것이며, 그리스도를 통해 하느님께로 가는 것은 하느님을 사랑하고 이웃을 사랑하는 것이다.

(3) 복음사가 요한의 영성

복음사가 요한의 글에서는 더 이상 하느님의 나라에 대한 다스림의 개념이, 인간을 지배한다거나 세상을 다스린다는 데 있지 않고 오히려 하느님의 나라는 영성생활 안에 있음을 보여 준다.

---

403) 에페 4, 13.
404) 필립 1, 21; 갈라 2, 20.
405) 1고린 4, 16.

복음사가 요한은 우리에게 하느님과 육화(肉化)되신 말씀과 그리스도인의 내적 생활을 알게 한다.

(가) **하느님은 생명이시다.** 하느님은 빛이시고 사랑이시다. 하느님은 아버지이시며, 영원에서부터 말씀이신[406] 성자를 잉태(孕胎)하신다. 하느님은 성자와 함께 진리와 사랑의 성령이 나오는 원천이 되신다. 성령은 마지막 날까지 우리와 함께 머무시면서 우리를 교육시키고 힘을 주시면서, 육화된 말씀의 사명을 완성할 것이다.[407]

(나) **이 생명을 하느님께서는 사람들과 통교하신다.** 그래서 하느님께서는 당신 외아드님을 이 세상에 보내신다. 육화되어 사람이 되신 성자는 당신의 생명을 우리에게 주시면서, 우리를 하느님의 양자(養子)가 되게 하신다.[408]

신적 본성(本性)으로서 성부와 똑같은 예수님은 사람으로서 갖는 열등과 성부께 전적인 종속을 소리높이 선포하신다. 예수님은 당신 마음대로 판단하지도, 말하지도, 행동하지도 않으시고, 좋으신 성부의 뜻에 그의 모든 것을 일치시킨다. 그로 인하여 예수님은 성부께 당신 사랑을 증거하신다.[409] 예수님은 성부의 영광과 인간의 구원을, 당신의 생명을 바치기까지 순종하신다.[410]

우리에게 예수님은

① 우리 영혼을 밝혀 주시고, 생명으로 이끄시는 빛이시다.[411]

② 양떼인 우리를 먹이시고, 약탈자인 늑대로부터 보호하시며,

---

406) 요한 1, 1-5.
407) 요한 14, 26; 15, 26; 16, 7-15.
408) 요한 1, 9-14.
409) 요한 5, 19. 30.
410) 요한 10, 18.
411) 요한 1, 9; 8, 12.

당신의 양떼인 우리를 위해 목숨을 주시는 착한 목자(牧者)이시다.[412]

③ 예수님 없이는 아무도 성부께 갈 수 없는 필연적인 중재자(仲裁者)이시다.[413]

④ 예수님은 포도나무이시며, 우리는 거기서 수액(水液) 또는 초자연적인 생명을 받는 가지이다.[414]

(다) **예수님으로부터 우리의 내적 생명이 흘러나온다.** 우리의 생명은 하느님과 이루는 사랑의 관계를 통해 그분과 내적으로 하나가 된다.[415] 왜냐하면 예수님은 우리를 성부께 이끄는 길이시기 때문이다.[416]

ㄱ) 생명을 통해 하느님과 우리의 이 일치는 영적 탄생을 얻게 되는 세례성사로 시작된다.[417] 세례성사는 우리를 예수님과 일치시켜 준다. 이것은 마치 포도가지가 나무에 접목(接木)되듯이, 세례는 우리에게 구원의 열매를 맺게 해 준다.[418]

ㄴ) 생명의 일치는 예수 그리스도의 몸과 피로 우리 영혼을 양육하는 성체로 인해 성장된다. 우리는 성체를 통해 예수님의 신성(神性)과 인성(人性)의 피로써, 그분의 생명을 살게 된다. 이것은 예수님이 성부를 위해 사시는 것처럼, 우리 또한 성부를 위해 살게 한다.[419]

---

412) 요한 10, 11.
413) 요한 14, 6.
414) 요한 15, 1-5.
415) 요한 15, 5-10.
416) 요한 16, 6.
417) 요한 3, 3.
418) 요한 15, 1-10.
419) 요한 6, 55-59.

ㄷ) 생명의 일치는 예수님이 우리 안에 머무시는 것처럼, 우리 또한 예수님 안에 머물게 하는 영적 일치로 나타난다.[420] 이 일치가 너무나 밀접하기에, 예수님은 이 일치를 당신이 성부와 이루시는 일치에 비교한다. "내가 이 사람들 안에 있고 아버지께서 내 안에 계신다"(Ego in eis et tu in me).[421]

(라) 생명의 일치는 우리로 하여금 신적 스승의 덕성에 참여하게 한다. 특히 성부와 이웃의 사랑을 위해 자신마저 바치시는 그분의 사랑에 참여하게 한다.

ㄱ) 하느님께서는 우리를 당신 자식처럼 사랑하신다. 우리 또한 하느님을 아버지로 사랑한다. 우리는 하느님을 사랑하기 때문에 그분의 계명(誡命)을 지킨다.[422] 그리고 성삼위께서는 지속적으로 우리 영혼 안에 오셔서 현존하신다. "아버지와 나는 그를 찾아가 그와 함께 살 것이다"(Ad eum veniemus et mansionem apud eum faciemus).[423]

하느님은 사랑이시기에(Deus caritas est), 우리는 하느님을 참으로 사랑해야 한다. 하느님께서 우리를 먼저 사랑하시고, 우리를 위해 당신 외아들을 희생시키셨으므로[424] 우리는 하느님을 더욱 열심히 사랑해야 한다.

ㄴ) 하느님 사랑에서 형제적 사랑이 흘러나온다. 우리는 우리 자신처럼 모든 형제를 사랑해야 될 뿐만 아니라, 예수님처럼 형제를 사랑해야 한다. 그렇기 때문에 우리는 형제를 위해 나를

---

420) 요한 6, 57.
421) 요한 17, 23.
422) 요한 14, 21.
423) 요한 14, 23.
424) 1요한 4, 19.

희생시킬 준비가 되어 있어야 한다.

"나는 너희에게 새 계명을 주겠다. 내가 너희를 사랑한 것처럼 너희도 서로 사랑하여라"(Mandatum novum do vobis ut diligatis invicem sicut dilexi vos).[425] "그리스도께서는 우리를 위해서 당신의 목숨을 내어놓으셨습니다. 그러므로 우리도 형제들을 위해서 우리의 목숨을 내놓아야 합니다"(Quonoiam ille animam suam pro nobis posuit, et nos debemus pro fratribus nostris animas ponere).[426]

우리는 하느님이신 아버지와, 우리의 구원자이신 예수님과 함께 영적 가정(家庭)을 이루어야 한다. 우리의 이 영적 일치는, 성삼위의 일치와 비교될 만큼 밀접해야 한다. "아버지와 내가 하나인 것처럼 이 사람들도 하나가 되게 하려는 것입니다"(Sint unum sicut et nos unum sumus).[427]

우리가 하느님을 사랑한다면서 이웃을 사랑하지 않는다면, 이것은 거짓말이다.[428] 형제적 사랑은 영원한 생명을 위한 가장 확실한 보증(保證)인 것이다.[429]

그래서 많은 사람들은 복음사가 요한을 사랑의 사도라 부른다. 더구나 사랑은 복음사가 요한 자신이 매우 열심히 실천했던 덕이다. 그러나 이 사랑은 믿음, 특히 그리스도의 거룩하심과 인성(人性)에 대한 신뢰에 그 기반을 둔다. 사랑은 또한 세 가지 탐욕에(제192항) 대항한 싸움으로 언제나 고행을 전제로 한다.

---

425) 요한 13, 34.
426) 1요한 3, 16.
427) 요한 17, 22.
428) 1요한 4, 20-21.
429) 1요한 4, 12-17.

이 때문에 복음사가 요한은, 공관복음과 사도 바오로가 중요시하는 것보다 더 신적 사랑을 강조하지만, 결과적으로 그들은 서로 만난다.

따라서 공관복음에 나오는 완덕은, 포기와 사랑과 관계된다. 또 사도 바오로의 완덕은, 낡은 인간을 벗어 버리고 새 인간으로 갈아입는, 그리스도와 하나되는 사랑과 관계된다. 그리고 복음사가 요한의 완덕은, 자기희생까지 따르는 사랑과 관여된다.

그러므로 근본적으로는 같은 교의(敎義)이지만, 이 사랑의 다양한 여러 모습은, 영혼의 다양한 부류들의 교육과 성격에 따라 잘 적용되어야 한다.

Ⅱ. 자신의 성격 연구[430]

앞서 제452항에서, 자기 자신에 대한 인식을 말하면서, 자신의 기질(氣質, tempéraments)과 성격(性格, caractéres)을 연구함으로써 스스로를 아는 것이 매우 유익하다고 말하였다.

우리는 흔히 이 두 단어를 혼동한다. 이 단어를 구분할 때, 우리는 기질이 개인의 심리적 체질에서 나오는 심층적 성향들의 총체라고 말할 수 있다. 그리고 성격은 교육과 의지의 노력을 통해 개선되고, 습관으로 인해 형성된 기질의 결과인 심리적인 자세의 총체라고 말할 수 있다.

그래서 우리는 기질보다는 성격을 연구하는 것이 더 유익할

---

[430] Debreyne-Ferrand, *La Théologie Morale et les sciences médicales*, Paris, 1884, p. 9-46; Fouillée, *Tempérament et caractères*, 1895; Paulhan, *Les Caractères*, Paris, 1902; Malapert, *Leséléments du caractère et leurs lois de combinaison*, 1897.

것 같다. 왜냐하면 영성적인 관점에서 중요한 것은, 영혼의 성격이지 육체의 기질이 아니기 때문이다. 이러한 관점에서 고대인들은 이 관계를 잘 이해했었다. 기질을 묘사하면서, 고대인들은 생리학적인 차이점 보다는 심리적인 차이점을 연구하는 데 더 전념했기 때문이다.

그러므로 우리의 연구는 여기에서 성격의 문제에 한정할 것이다. 특히 말라뻬르(P. Malapert) 신부의,「성격들의 요소들」이란 책에서 나오는 분류를 단순화하고, 이따금씩 교정하면서 이 책을 사용할 것이다.[431]

우리는 간단하게 다음의 사항을 제시하고자 한다.
(1) 성격들의 분류에 대한 기초,
(2) 감수성에 관련된 다양한 성격들,
(3) 정신적 능력에 대한 다양한 성격들,
(4) 삶에 관계된 다양한 성격들,

이와 같이 인간의 네 가지 큰 자질과 관련하여 구분할 수 있는 다양한 성격을 살펴보기로 한다.

(1) 성격들의 분류에 대한 기초

(가) 성격이 다른 성향들의 기초를 명시(明示)하고자 할 때, 가장 확실한 점은 인간의 다양한 자질(資質)의 규범을 따르는 데 있다. 그럼에도 불구하고, 우리의 관점에서 덜 중요한 식물적 생명(vie végétative)의 자질은 열외(列外)에 둔다. 그 대신 우리는 감수성(感受性)과 정신적인 자질, 그리고 삶에 관계되는 성격의

---
431) P. Malapert. *Les Eléments du Caractère.*

주된 능력이 무엇인가를 살펴볼 것이다.

아래의 표는 우리의 생각을 보다 더 잘 이해하는 데 도움이 될 것이다.

● 감수성과 관련된 성격:
    무기력한 사람 = 나태한/힘있는
    감성적인 사람 = 감정적/열정적
● 정신적 능력들에 관련된 성격 :
    지적인 사람 = 순전히 사색적/열정적 지성인
    의지적인 사람 = 자신을 자제한다/다른 사람을 지배한다.
● 관계된 삶에 관련된 성격:
    소심한 또는 신중한 사람
    활동적인 사람 = 분주한/활동가

(나) 위의 분류를 설명하기에 앞서, 미리 몇 가지 점을 지적할 필요가 있다.

ㄱ) 우리가 묘사하려는 성격들은 순수한 상태에서는 존재하지 않는다. 이 성격들은 보통 섞여 있으면서, 다양한 단계로 구성되어 있다. 그래서 무기력(無氣力)한 사람들은 순전히 무기력하지만은 않고, 감수성(感受性)의 작은 분량만을 가질 뿐이다.

우리는 다만 감수성과 관련된 성격 안에 지배적인 것을 지칭했을 뿐이다. 또 감수성처럼 무기력함에도 많은 단계가 있는데, 이것은 개인적인 고찰(考察)로서만 구분될 수 있을 것이다.

ㄴ) 그러기에 각 개인은 우리가 표시한 세 가지 관점에서 검토되어야 한다. 무기력한 사람도 의지적이거나 지적인 사람이

될 수 있다. 이와 같이 의지적인 사람도 활동적 또는 무기력한 사람이 될 수 있다. 그러므로 우리는 이런 다양한 관점에서 알아 본 다음, 종합해야 한다.

ㄷ) 우리가 묘사한 틀은 엄격한 틀이 아니다. 다만 영적 지도자가 자신의 지도를 받는 영혼들을 좀 더 잘 관찰하게 해 주며, 각 개인을 연구하게 해 주는 지침일 뿐이다. 영적 지도에서 몇 번의 대화 후에, 자신의 판단을 정정하게 될 수도 있는 결정적인 판단을 너무 조속히 내리는 것은 유감스러운 일일 것이다. 그러므로 영적 지도자는 조심스러운 관찰을 통해 차분하게 지도하면서 영혼의 성격을 알도록 해야 한다.

ㄹ) 끝으로, 자주 간청하는 성령의 빛은, 자신과 다른 영혼들을 알기 위해 절대적으로 필요하다는 사실을 잊어서는 안 된다.

(2) 감수성에 관련된 다양한 성격들

모든 사람은 감수성을 타고 났다. 그러나 이 감수성이 약할 때, 흔히 무기력하다고 부른다. 그런가 하면 너무 진한 감수성을 가짐으로 인해 매우 감성적이라 불리는 사람들도 있다.

(가) 무기력한 사람들은 감수성과 감정의 비정상적인 저하로 인해 특징지어진다. 그들은 미소한 욕구와 열정 또는 격정(激情)밖에는 없다. 이들을 우리는 두 가지 부류로 나눌 수 있는데, 나태한 사람과 힘 있는 사람들이다.

ㄱ) 나태(懶怠)한 사람은 서툴고 행동이 느리다. 그들은 악의는 없지만, 이기적이고, 무사태평(無事泰平)하며, 사랑은 받지만, 사랑할 필요를 전혀 느끼지 않는다. 정확히 말하면 그들은 열정

적이지 않다. 그들은 활동적인 일에 대한 취향이 조금 있을 뿐이다. 그들이 하는 일에 공감할 때, 상상이나 감정을 요구하는 일보다는 인내를 요구하는 일을 더 훌륭히 해 낼 수 있다.

영성적인 관점에서, 나태한 사람들은 높은 덕에 대한 매력을 갖지 않을 뿐만 아니라, 강한 격정에도 관심이 없다. 그들이 강한 유혹에 대항해 싸우지 않을 때는 고결하게 보인다. 그러나 자신에게 다가오는 위험한 경우에 저항할 줄 모르며, 그들에게 만일 악습과 불행이 생겨도 고칠 줄 모른다.

나태한 사람들은 자신에게 주는 영적 지도가 그들에게 높은 완덕을 요구하지 않을 때, 또 지도자가 그들을 너무 강하게 진보하도록 서두르지 않을 때만 받아들인다.

나태한 사람들 가운데는 대개 성직(聖職) 또는 수도(修道) 성소를 찾을 수 없다. 그들은 절제되고 올바른 쾌락에 맞는 덜 피곤하고, 편안한 직업을 선택한다.

ㄴ) 힘이 있지만 무기력한 사람들은 둔하고 느리다. 노력 가운데 체계적이고 참을성 있게 일에 적응한다. 그들은 인내(忍耐)의 노력 덕분에 때로는 대단한 성과를 거둔다.

지적(知的)인 관점에서, 그들은 상상력과 재치(才致)가 적다. 그러나 심사숙고와 인내, 오랜 체계적인 탐구를 요구하는 진지한 일에는 성공한다.

힘있지만 무기력한 사람들은 정신적인 관점에서, 큰 비약(飛躍)은 없으나 지칠 줄 모르는 집요(執拗)함으로 확신을 갖고 행동한다. 그래서 그들은 높은 덕에 이를 수 있다. 그러므로 그들에게 하느님을 위한 사랑의 의무에 대한 깊은 확신을 마음에 새겨 주는 것은 좋은 일이다. 그리고 그들에게 완덕을 향한 끈기 있고 체계적인 노력을 요구할 수 있다. 느리게 가지만, 그들은 분명히 지향하는 목적에 도달할 수 있을 것이다.

(나) 감성적(感性的)인 사람들은 반대로, 감수성의 우월(優越)함으로 특징지어진다. 그들은 사랑 받고 사랑할 필요성을 강하게 느끼며, 그들에게는 마음이 자기 자신의 주인이다.

이들은 두 가지 주된 형태로 나눌 수 있다. 곧 감정적인 사람들과 격정적인 사람들이다.

ㄱ) 감정적(感情的)인 사람 또는 다혈질(多血質)의 사람은 외적으로, 쾌활한 표정을 갖는다. 그리고 상냥한 미소와 민첩하고 친절한 움직임을 통해 구별된다. 이 감정적인 사람들은 춤과 음악과 예술을 사랑한다. 그러므로 내적으로 그들을 구별하는 것은 경솔한 처사이다. 그들은 각양각색의 감정에 쉽게 휩쓸리고, 순간적인 느낌으로 행동하고, 이 때문에 줏대가 없다.

감정적인 사람은 강한 상상력과 열정적인 마음을 타고난다. 그들은 문학적인 일에서 성공하며, 쉽게 말을 구사하고, 그들은 주위에 일종의 매력을 풍긴다.

윤리적인 관점에서 그들은 감각적인 쾌락과 탐식과 쾌감에 쉽게 끌린다. 그들은 재빨리 그리고 진지하게 그들의 죄를 뉘우치지만, 즉시 또 그런 기회가 오면 다시 떨어진다. 그리고 그들은 자기를 사랑하는 사람들에게 쉽게 애착한다. 이러한 영혼들은 영적 지도를 받고 고백하는 데 있어서 개방적이고 솔직하다. 그들은 쉽게 설득(說得) 되며 좋은 결심을 하지만 금방 잊어 버린다.

감정적 사람들은 마음을 통해 하느님이 원하시는 것을 드리기 위해 선택한다. 만일 그들이 주님을 진심으로 사랑하게 된다면, 우리는 그들에게서 좋은 몫을 이끌어내게 될 것이다. 그래서 그들은 사랑의 모습이 그들의 본성에 혐오감(嫌惡感)을 줄지라도 기꺼이 희생을 할 것이다.

감정적인 사람들은 사랑으로, 묵상과 잦은 영성체, 성체조배, 열성적인 일들에 열중할 것이다. 그러나 위로(慰勞)의 때와 같이, 고통과 메마름 속에서도 하느님을 사랑하도록 그들을 가르쳐야 한다. 조금씩 그들의 감동은 은총과 심사숙고의 영향으로 인해, 확신으로 변할 것이다. 그리고 그들의 열정을 그대로 간직하면서도, 계속 끈기 있게 노력을 할 것이다.

만일 우리가 그들에게 힘과 인내를 주지 못한다면, 우리는 굳건한 덕을 전제로 하는 삶을 선택하도록 그들에게 장려할 수 없다.

ㄴ) 강하게 집착하는 격정적(激情的)인 사람들이 있다. 이러한 사람들은 다음 세 가지 형태로 구분된다. 우울한 사람, 과민한 사람, 열광적인 사람들이다.

① 우울한 사람들은 모든 것을 지나치게 비관적으로 생각하고, 지나치게 고통스럽고 어려운 측면에만 골몰한다. 그러므로 그들은 일종의 인간 혐오(嫌惡)와 불신(不信)과 슬픔으로 기운다. 우울한 사람은 스스로 원하지 않는 많은 고통을 당하고, 다른 사람들을 고통받게 한다.

만일, 그들이 어두운 생각을 가라앉히고 밝게 해 주는 유일한 분인 하느님 안에서 위로를 찾지 않는다면, 쉽게 우울증(憂鬱症)이나 낙담(落膽)과 불안감에 빠질 것이다.

성녀 예수의 데레사는[432] 만일 우울증이 너무 두드러진다면, 우울증에 걸린 사람들은 수도생활에 맞지 않다고 말한다. 이 사람들에게는 감수성과 상상력이 이성(理性)보다 우세하므로, 얼마 안 있어 일종의 광기(狂氣)로 악화 될 수 있다.

어찌했든 병적인 자세를 완화시키기 위해, 우울한 사람들을 물론 동정(同情)으로 대해야겠지만 또한 단호함과 권위로써 대해야 한다. 그리고 그들이 변덕과 의혹에 의해 행동하도록 내버려 두어서는 안 된다. 우울한 사람들의 판단은 바르지 못하므로, 영적 지도자나 또는 현명한 친구의 결정에 따르도록 도와 주어야 한다.

② 과민하게 감성적이거나 충동적인 사람들은, 자신의 영혼을 장악하는 첫 인상에 쉽게 빠져든다. 감수성이 너무 예민하므로, 그들은 쉽게 쾌활함에서 슬픔으로, 희망에서 근심으로, 환희에서 낙담으로 바뀐다.

감성적이고 충동적인 사람들은 다른 사람으로부터 반대 받고 굴욕 당하면, 격렬한 행동과 거친 말을 하며 격노에 빠진다. 한 마디로 그들은 쉽게 자신을 자제하지 못하고 주변에 있는 사람들을 심하게 대한다.

이 결점과 싸우기 위해, 억제하는 능력을 인내 안에서 키워야 한다. 그리고 무분별한 움직임에 초기부터 제동을 걸고, 행동하기 전에 생각해야 한다. 한마디로 그들은 자제력(自制力)을 조금씩 회복해야 한다.

만일 우리가 신경과 감동을 충분히 지배하는 데 스스로 성공하지 못한다면, 사도 바오로의 말처럼 맹렬하게 화를 잘 내는 사람은 지도자가 될 꿈을 꾸지 말아야 한다. "감독자는 흠 잡힐

---

432) *Fondations*, c. VII, p. 126-134.

데가 없고… 쉽사리 성내지 않고… 폭행을 하지 않는 사람이어
야 한다"(oportet enim episcopum sine crimine esse, …non ira-
cundum… non percussorem).[433]

③ 열정적인 사람들은 지속적인 동시에 대개 격정을 가진 사
람이다. 그들은 또한 감정적인 사람과 구별된다. 힘있고 참을성
있고 완고한 그들은 일반적으로 야심적이며, 명예와 지배를 추
구한다. 그들은 자신의 열정을 하느님과 영혼의 봉사에 투자하
느냐, 또는 개인적인 욕망에 투자하느냐에 따라, 많은 선을 행
하거나 악을 행할 수도 있다. 그들 가운데서 봉사자와 정복자들
이 나온다.

이 풍부한 본성을 사용하는 방법은, 그들을 하느님의 영광을
획득하는 쪽으로 강력하게 유도하는 것이다.

(3) 정신적 능력에 관계된 다양한 성격들

지성(知性, intelligence)과 의지(意志, volonté)의 성격에 의해 지
배되는 사람들은 두 부류로 나눈다. 그들에게 지성 또는 의지
가운데 어느 것이 지배하느냐에 따라, 지성적인 사람들과 의지
적인 사람으로 나눈다.

(가) 사색적(思索的)이고 지성적인 사람들은 정신적인 일에 관
계되는 일이 많다. 그들은 대부분 순수하게 사색적이지만, 때로
는 활동적인 지성인들이다.

ㄱ) 순수하게 사색적인 사람들은 그들의 삶을 지성적인 체계

---

433) 디도 1, 7.

로 구상하면서 지낸다. 칸트(Kant), 꾸비에(Cuvier), 암페어(Ampére) 같은 사람들이 그들이다. 몇몇 사람들은 사색하는 기쁨 때문에 사색한다. 그런가 하면 몽떼뉴(Montaigne)나 벨레(Bayle)처럼, 회의주의(懷疑主義)를 낳는 위험한 취미 속에 빠져든다.

ㄴ) 어떤 사람들은 강렬한 격정을 정신적인 일에 뒤섞는다. 주위에는 정열적인 지성인들이 있다. 그들은 사상(思想)을 움직이면서, 사람들을 감동시키려 한다. 그래서 그들은 한 체계(體系)나 사상의 승리를 위해 열중한다.

위에서 말한 두 경우에, 일반적으로 훌륭한 인적(人的) 자원이 있다. 먼저, 순수하게 사색적인 사람들은 너무 체계적이고 너무 추상적이어서 일상생활의 의무를 소홀히 하게 될 위험이 있다. 그리고 다음에 감성적으로 열정적이기에, 그들의 학문과 활동을 하느님과 진리를 위해 투신한다. 그렇지 않을 때, 그들은 자신과 다른 사람들을 가공할만한 극단주의(極端主義)로 빠뜨리게 될 것이다.

(나) 의지적인 사람들은 단호하고 완고하지만 불굴(不屈)의 의지를 갖고 있으며, 그 외의 것은 모두 의지에 종속시킨다. 그들 또한 두 부류로 나눈다. 즉 자신을 자제(自制)하는 사람과 이웃을 다스리려는 사람이다.

ㄱ) 자기 자신이 주인인 사람들은 특히 자신을 지배하기 위해 힘을 사용하므로, 스스로 격정을 정복한다. 그러므로 그들은 자신의 감수성(感受性)을 조절하기 위해 끈기 있게 싸우며, 거기서 자제하려는 격정과 노력을 느낀다.

그러나 때로는 여기에서 신중성(愼重性)과 이따금 자제력을 잃게 하려는데 대한 경계심이 동반된 완고(頑固)함이 나온다. 끈기 있는 노력을 통해 그들이 자제력을 얻었을 때, 영혼의 훌륭한 평정(平靜)을 갖게 되며, 힘과 온유(溫柔)함을 겸비할 줄 알게 된다.

영성적 관점에서 중요한 점은, 이 강하고 숙련된 의지를 하느님의 뜻에 순종시키는 데 있다.

ㄴ) 어떤 사람들은 자신을 다스리는 것보다 다른 사람을 다스리는 것에 더 목표를 두는 사람이 있다. 그들은 자신의 의지를 강요하면서 동료를 다스리려 한다. 그들은 추구하는 목표에 항시 시선을 고정하고, 장애물에 실망하지 않으며, 그들의 뜻이 이루어질 때까지는 휴식도 없다.

이러한 사람들은 힘있고 끈기 있는 영혼이므로, 거기서 훌륭한 몫을 끌어낼 수 있다. 그러나 그들은 다른 사람들을 숙련(熟練)시키기에 앞서, 스스로를 먼저 단련해야 한다. 그래서 하느님과 영혼들을 위해 힘을 쏟게 되고, 권위(權威)의 실천에서 온유와 단호함을 적절히 섞을 줄 알게 된다.

(4) 삶에 관계된 다양한 성격들

우리는 여기에서 분명하게 구별되는 다음 두 가지 형태를 찾을 수 있다. 곧 내성적(內省的) 사람들과 활동적인 사람들이다.

(가) 내성적인 사람들은 대개 자기 자신을 믿지 못하므로, 솔선수범(率先垂範)이 매우 적고, 실패를 두려워하므로 그들의 일이 마비(麻痺)됨을 느낀다. 그들은 윗사람들에 의해 격려를 받거나 신뢰를 주는 친구들과 안전을 보장해 주는 보조자들에게 둘러싸

여 있을 때만 올바로 성공할 수 있다.

초자연적인 관점에서 볼 때, 하느님께 대한 완전한 신뢰심을 그들에게 심어 주어야 한다. 그리고 자신들의 무력(無力)함을 인식하게 하여, 그들을 강하게 해 주실 수 있는 유일한 분을 찾도록 한다. 또 하느님께서는 가장 약한 도구를 사용하신다는 것을 그들에게 끊임없이 되풀이해 주어야 한다.

"하느님께서는 강하다는 자를 부끄럽게 하시려고 이 세상의 약한 사람들을 택하셨습니다"(infirma mundi elegit Deus ut confundat fortia).[434]

"나에게 능력을 주시는 분을 힘입어 나는 무슨 일이든지 할 수 있습니다"(Omnia possum in eo qui me conforta).[435]

(나) 활동적인 사람들은 행동하는 기질을 갖고 있다. 그들은 활동적이고 대담하며 또 강하고 힘이 있다. 그들은 항상 집중적인 행위의 활력과 그것을 사용할 필요성을 느낀다. 그들은 또 다른 형태의 두 분류로 나누어진다. 분주하거나 활동적인 사람들이다.

ㄱ) 분주한 사람은 어찌나 활동에 사로잡히는지, 자리에 가만히 앉아 있지를 못한다. 한 계획이 무르익고 고안(考案)되기도 전에, 어떤 이유를 말해서라도 움직이려 한다. 항상 새로운 계획을 추구하는 그들은 단 하나도 끝낼 시간이 없다. 그들은 결정할 능력도 없이 왔다 갔다 분주하고, 소리는 많이 내지만 실제적인 이익은 적다. 모든 사람들을 위해 봉사할 각오는 되었지만, 그들이 약속한 것을 재빨리 잊어 버리고, 또 다른 사람에게

---

434) 1고린 1, 27.
435) 필립 4, 13.

봉사하기를 약속한다.

분주한 사람들을 고치기 위해서는, 그들에게 행동하기 전에 생각하는 자세를 가르쳐 주어야 한다. 그들의 계획을 실행에 옮기기 전에 그 계획이 무르익어야 하며, 더 지혜롭고 경험이 많은 사람들과 상의하도록 가르쳐 주어야 한다.

모든 것이 준비되었을 때, 그들은 그 목적을 완수하는 데 전념하도록 일깨워 주어야 한다. 또 현재의 일이 끝나기 전에 다른 새로운 것을 시작하지 않도록 해야 한다. 분주한 사람들에게 심사숙고와 항구함은 그들이 성공하는 데 필수적인 조건이다.

ㄴ) 활동적인 사람도 그들의 계획을 실천에 옮기기 전에 오랫동안 계획하고 살펴보아야 한다. 그리고 그 계획을 세밀하게 검토하면서, 방법뿐만 아니라 그들이 만나게 될 장애까지도 고려해야 하며, 희망하는 목표에 도달하도록 열성을 다해야 한다. 그러기 위해 열심한 기도와 내적 생활의 실천을 통해 하느님께 모두 맡겨드려야 한다.

우리의 실천이 교회적 활동이 되기 위해서는, 이성적(理性的)인 영혼이 되는 것이 중요하다. "우리는 하느님을 위해서 함께 일하는 일꾼들이다"(Dei enim sumus adjutores).[436]

이 글을 마감하면서, 우리는 다양한 성격의 조화(調和)를 되새길 필요가 있다. 그리하여 우리 영혼이 균형 잡히고 하느님 안에서 충만한 행복을 누리기 위해 되새겨야 한다.

무기력(無氣力)한 사람은 약간의 감수성을 얻으려고 노력하고, 사색적(思索的)인 사람은 의지와 활동을 가꾸려고 노력할 것이

---

436) 1고린 3, 9.

며, 의지적(意志的)인 사람은 행동하기 전에 숙고하고, 활동적인 실천에 있어서는 부드러움을 겸비할 것이다.

    이제 우리는 하느님의 은총 안에서 끈기 있는 노력으로 영적인 길을 따라야 한다. 그리고 더 나아가 우리의 몸과 마음을 다해 하느님의 뜻을 실천하도록 열성을 다해야 할 것이다.

◆ 총 목차(제1편~제4편) ◆

■ 제1편 그리스도적 생명

역자의 말 / 5

서 론

- 제1장 수덕신학의 본질 / 15
  - I. 여러 명칭들 / 15
  - II. 수덕신학의 위치 / 17
  - III. 수덕신학, 교의신학, 윤리신학 간의 관계 / 18
  - IV. 수덕신학과 신비신학의 차이 / 21
- 제2장 수덕신학과 신비신학의 원천들 / 24
  - I. 성 서 / 24
  - II. 성 전 / 27
  - III. 신앙으로 비추어진 이성과 체험 / 29
- 제3장 수덕신학의 실천 방법 / 33
- 제4장 수덕신학의 우수성과 필요성 / 42
  - I. 수덕신학의 우수성 / 42
  - II. 수덕신학의 필요성 / 43
    - (1) 사제에게 수덕신학의 필요성 / 44
    - (2) 평신도에게 수덕신학의 유익성 / 48

(3) 수덕신학의 실천적인 방법들 / 49
● 제5장 수덕신학과 신비신학의 분류 / 55
　　Ⅰ. 여러 저자들의 연구 계획 / 55
　　Ⅱ. 본서의 계획 / 58

제1편　그리스도적 생명

제Ⅰ부 초자연적 생명의 기원

● 제1장 인간의 자연적 생명 / 65
● 제2장 인간의 초자연적 상태로의 고양 / 69
　　Ⅰ. 초자연의 개념 / 69
　　Ⅱ. 아담에게 준 자연 외적 은사 / 71
　　Ⅲ. 초자연적 특전 / 73
● 제3장 인간의 죄와 징벌 / 75
　　Ⅰ. 죄 / 75
　　Ⅱ. 징　　벌 / 77
● 제4장 구원과 그 효과 / 82
　　Ⅰ. 구원의 본질 / 82
　　Ⅱ. 구원의 효과 / 86
　　제Ⅰ부 결　론 / 89

제Ⅱ부 그리스도적 생명의 본질

- 제1장 그리스도적 생명에 대한 하느님의 역할 / 98

    제1절 삼위일체의 역할 / 98

    Ⅰ. 영혼 안에 현존하시는 성령 / 98

    (1) 어떻게 삼위께서 우리 안에 현존하시는가 / 99

    (2) 우리 안에 생활하시는 삼위일체께 대한 의무 / 110

    Ⅱ. 그리스도적 생명의 조직 / 115

    (1) 생명의 은총 / 117

    ㈎ 생명의 은총에 대한 정의 / 118

    ㈏ 하느님과 영혼의 일치 / 125

    (2) 주입덕과 성령의 은사 / 131

    ㈎ 존재와 본질 / 131

    ㈏ 주입덕 / 133

    ㈐ 성령의 일곱 가지 은사 / 135

    (3) 도움의 은총 / 136

    제2절 그리스도적 생명에서 예수의 역할 / 144

    Ⅰ. 영적 생명의 공로에 대한 원인이신 예수 / 145

    Ⅱ. 생명의 모범이며 원인이신 예수 / 148

    Ⅲ. 생명의 근원이고 신비체의 머리이신 예수 / 154

    제3절 그리스도적 생명에서 성모와 성인들의 역할 / 164

    Ⅰ. 마리아의 역할 / 165

    마리아께 온전히 봉헌하는 행위 / 183

    Ⅱ. 성인들의 역할 / 188

    Ⅲ. 천사들의 역할 / 192

- 제2장 그리스도적 생명에서 인간의 역할 / 201

    제1절 영적 적들과의 투쟁 / 203

Ⅰ. 탐욕과의 투쟁 / 204
  (1) 육체적 탐욕 / 204
  (2) 눈의 탐욕 / 209
  (3) 교   만 / 214
Ⅱ. 세속과의 투쟁 / 219
Ⅲ. 악마와의 투쟁 / 228
제2절 공로에 의한 영적 생명의 성장 / 237
  Ⅰ. 공로의 본질 / 239
    (1) 공로란 무엇인가 / 239
    (2) 공로 행위가 은총과 영광을 어떻게 증가시키는가 / 241
  Ⅱ. 공로를 증가시키는 조건 / 244
    (1) 공로를 세우는 사람의 조건 / 244
    (2) 공로의 행위에 대한 조건 / 251
제3절 성사들을 통한 그리스도적 생명의 성장 / 255
  Ⅰ. 7성사에 대한 고유한 성사적 은총 / 257
  Ⅱ. 성사 참여에 필요한 준비 / 261
  Ⅲ. 고해성사를 유익하게 받기 위한 준비 / 263
    (1) 고해성사 / 263
    (2) 회   개 / 267
  Ⅳ. 성체성사에 유익하게 참여하기 위한 준비 / 269
    (1) 성화의 방법인 희생제사 / 270
    (2) 성화의 방법인 영성체 / 277

제2부 종   합 / 291

■ 제2편 완덕의 삶

역자의 말 / 5

제2편 완덕의 삶

제Ⅰ부 그리스도적 생명의 완성

- 제1장 완덕의 그릇된 개념 / 18
- 제2장 완덕의 참된 개념 / 25
  - 제1절 완덕의 본질은 사랑 / 29
  - 제2절 사랑은 희생을 요구한다 / 39
  - 제3절 그리스도적 생명에서 사랑과 희생의 몫 / 45
  - 제4절 완덕은 계명인가 권고인가? / 49
  - 제5절 완덕의 여러 단계 / 53
    - Ⅰ. 완덕의 여러 단계 / 53
    - Ⅱ. 세상에서 완덕의 한계 / 55
  - 제Ⅰ부 결론 / 59

제Ⅱ부 완덕으로 나아가야 할 의무

- 제1장 완덕으로 나아가야 할 평신도의 의무 / 66

제1절 완덕에 대한 정확한 의무 / 66
      Ⅰ. 완덕에 대한 성서의 요지(要旨) / 67
      Ⅱ. 완덕에 대한 동기의 요지 / 72
   제2절 완덕의 의무에 대한 동기 / 75
● 제2장 완덕으로 나아가야 할 수도자들의 의무 / 80
      Ⅰ. 서원에 대한 의무 / 81
      Ⅱ. 회헌과 규칙서에 대한 의무 / 85
● 제3장 완덕으로 나아가야 할 사제들의 의무 / 89
      Ⅰ. 예수님과 사도 바오로의 가르침 / 91
      Ⅱ. 주교의 권위 / 97
      Ⅲ. 사제적 직무의 본질은 성화 / 103
         (1) 하느님의 사람인 사제는 성인이 되어야 한다 / 104
         (2) 사제는 성덕 없이 영혼들을 구원할 수 없다 / 109
   제Ⅱ부 결 론 / 113

제Ⅲ부 완덕의 일반적 방법

● 제1장 완덕의 내적 방법 / 124
   제1절 완덕에 대한 열망 / 124
      Ⅰ. 완덕에 대한 열망의 본질 / 124
      Ⅱ. 완덕에 대한 열망의 필요성과 효과 / 127
      Ⅲ. 완덕에 대한 열망을 갖기 위한 품성 / 132
      Ⅳ. 완덕에 대한 열망의 보존 방법 / 135
   제2절 하느님과 자아 인식 / 139
      Ⅰ. 하느님 인식 / 139

　　　　(1) 하느님께 대한 우리의 인식 / 140
　　　　(2) 하느님 인식을 획득하는 방법 / 147
　　Ⅱ. 자아 인식 / 155
　　　　(1) 자아 인식의 필요성 / 156
　　　　(2) 자아 인식의 대상 / 157
　　　　(3) 자아 인식을 획득하는 방법 / 162
　제3절 하느님의 뜻에 일치 / 173
　　Ⅰ. 하느님의 뜻에 순종하는 본질 / 174
　　　　(1) 하느님께서 표명하신 뜻 / 175
　　　　(2) 하느님의 자비로운 뜻에 순종 / 181
　　　　(3) 하느님의 자비로운 뜻에 순종하는 단계들 / 187
　　Ⅱ. 하느님의 뜻에 순종하는 성화 / 189
　제4절 기　　도 / 194
　　Ⅰ. 기도의 본질 / 194
　　　　(1) 기도란 무엇인가 / 195
　　　　(2) 기도의 여러 형태 / 197
　　　　(3) 주님의 기도 / 207
　　Ⅱ. 완덕의 방법으로써 기도의 효과 / 209
　　Ⅲ. 기도 안에서 삶의 변화 / 214

● 제2장 완덕의 외적 방법 / 221
　제1절 영적 지도 / 221
　　Ⅰ. 영적 지도의 윤리적 필요성 / 222
　　　　(1) 권위의 증거 / 222
　　　　(2) 영적 진보를 위한 지도의 필요성 / 226
　　Ⅱ. 영적 지도의 성공을 확신하는 방법 / 230

　　　　(1) 영적 지도의 대상 / 231
　　　　(2) 지도자와 피지도자의 의무 / 233
　　　　　　㈎ 지도자의 의무 / 234
　　　　　　㈏ 지도받는 사람의 의무 / 240
제2절 영성생활의 규칙 / 246
　Ⅰ. 영성생활 규칙의 유익성 / 247
　Ⅱ. 영성생활 규칙의 특성 / 251
　Ⅲ. 영성생활의 규칙을 지키는 방법 / 254
제3절 영적 권고와 독서 / 257
　Ⅰ. 영적 대화와 독서의 필요성 / 257
　Ⅱ. 영적 대화와 독서에 유익한 경향들 / 262
제4절 사회적 관계 안에서의 성화 / 266
　Ⅰ. 일반적 원리 / 266
　Ⅱ. 가족 관계 안에서의 성화 / 269
　　(1) 신자 부부간의 관계 / 269
　　(2) 부모에 대한 자녀의 본분 / 271
　Ⅲ. 우정 안에서의 성화 / 273
　　(1) 참된 우정 / 274
　　(2) 그릇된 우정 / 279
　　(3) 초자연적이고 감성적인 우정 / 283
　Ⅳ. 직업 관계 안에서의 성화 / 285
　Ⅴ. 사도직 관계 안에서의 성화 / 288

　　제1편과 제2편의 전체적인 요약 / 292

■ 제3편 정화의 길

역자의 말 / 5

완덕에 이르는 세 가지 길
(정화의 길·빛의 길·일치의 길)

Ⅰ. 세 가지 길이라는 단계적 구분의 근거 / 14
Ⅱ. 세 가지 길을 구분하는 지성적 방법 / 22
Ⅲ. 세 가지 길의 유용성 / 27

제3편 정화의 길

서 론

Ⅰ. 초보자란 말에서 무엇을 이해할 것인가 / 31
Ⅱ. 초보자들이 추구해야 할 목표 / 37
제3편의 분류 / 38

제Ⅰ부 초보자들의 기도

● 제1장 기도의 필요성과 조건들 / 44
  제1절 기도의 필요성 / 44

제2절 기도의 본질적인 조건 / 47
    I. 기도하는 목적의 조건 / 48
    II. 기도하는 사람의 조건 / 50
● 제2장 초보자들의 영성수련 / 58
● 제3장 묵상기도 / 62
  제1절 묵상기도에 대한 일반적 개념 / 62
  제2절 묵상기도의 유익성과 필요성 / 66
    I. 묵상기도의 유익성 / 66
    II. 묵상기도의 필요성 / 69
  제3절 초보자들의 묵상기도와 일반적 특성들 / 75
    I. 초보자들은 어떤 주제로 묵상해야 하는가 / 75
    II. 초보자들이 만나는 어려움들 / 78
  제4절 묵상기도의 주요한 방법들 / 81
    I. 모든 묵상기도 방법의 공통점 / 82
    II. 성 이냐시오의 묵상기도 방법 / 85
    III. 성 슐피스의 묵상기도 방법 / 92

    결   론 : 영혼의 정화를 위한 묵상기도의 효과 / 99

제II부 회   개

● 제1장 죄를 피하고 미워해야 할 이유 / 106
  제1절 대   죄 / 107
    I. 하느님께서 생각하시는 대죄 / 108
    II. 대죄 그 자체는 무엇인가 / 111

Ⅲ. 대죄의 불행한 결과 / 116
　제2절 고의적인 소죄 / 120
　　Ⅰ. 고의적인 소죄의 악의 / 122
　　Ⅱ. 고의적인 소죄의 결과 / 125
● 제2장 죄를 회개해야 할 이유와 방법 / 132
　제1절 회개의 동기 / 132
　제2절 회개의 실천 / 140
　제3절 회개의 행위들 / 143

제Ⅲ부 고　행

● 제1장 고행의 본질 / 152
　　Ⅰ. 고행을 뜻하는 성서적 표현들 / 152
　　Ⅱ. 고행에 대한 현대적 표현들 / 155
　　Ⅲ. 고행의 정의 / 155
● 제2장 고행의 필요성 / 157
　제1절 구원을 위한 고행의 필요성 / 157
　제2절 완덕을 위한 고행의 필요성 / 159
● 제3장 고행의 실천 / 171
　제1절 외적 감각과 육체의 고행 / 174
　제2절 내적 감각들의 고행 / 180
　제3절 격정의 고행 / 182
　　Ⅰ. 격정에 대한 심리 분석 / 182
　　Ⅱ. 격정의 결과들 / 185
　　Ⅲ. 격정을 바르게 사용하기 위한 규범들 / 191

제4절 탁월한 능력들의 고행 / 199
  Ⅰ. 지성의 훈련 또는 고행 / 200
  Ⅱ. 의지의 단련 또는 고행 / 204

제Ⅳ부 칠죄종과의 투쟁

● 제1장 칠죄종에 매어 있는 악과 교만 / 216
  제1절 교   만 / 216
    Ⅰ. 교만의 주요한 형태 / 217
    Ⅱ. 교만이 낳는 결점 / 222
    Ⅲ. 교만의 악의 / 227
    Ⅳ. 교만에 대한 치료 / 231
  제2절 질   투 / 237
  제3절 분   노 / 243
    Ⅰ. 분노의 본질 / 243
    Ⅱ. 분노의 악의 / 246
    Ⅲ. 분노에 대한 치료법 / 248
● 제2장 감각적인 죄들 / 251
  제1절 탐   식 / 251
  제2절 음   란 / 257
  제3절 게으름 / 266
● 제3장 인   색 / 274

  결   론 / 281

제V부 유혹에 대한 싸움

- 제1장 평범한 유혹 / 286
    - Ⅰ. 유혹의 섭리적 결과 / 286
    - Ⅱ. 유혹의 심리학 / 289
    - Ⅲ. 유혹에 대한 우리의 자세 / 293
- 제2장 초보자들이 갖는 유혹 / 302
    - 제1절 위로에 대한 초보자들의 환상 / 302
        - Ⅰ. 위 로 / 303
        - Ⅱ. 메마름 / 308
    - 제2절 초보자들의 변덕 / 311
    - 제3절 초보자들의 지나친 열성 / 313
    - 제4절 불 안 / 315
        - Ⅰ. 불안의 본질 / 316
        - Ⅱ. 불안의 대상 / 318
        - Ⅲ. 불안의 손실과 유익 / 320
        - Ⅳ. 불안의 치료법 / 322

    부 록 : 영의 식별 / 329

    제3편의 종 합 / 333

■ 제4편 빛의 길

역자의 말 / 5

제4편 빛의 길(진보된 영혼)

서 론

  I. 어떤 영혼들이 빛의 길에 적합한가 / 16
 II. 빛의 길을 따르기 위한 계획은 무엇인가 / 19
III. 진보 과정에 있는 두 종류의 영혼들 / 24

제 I 부 정감적 묵상기도

● 제1장 정감적 묵상기도의 본질 / 32
● 제2장 정감적 묵상기도의 유익성 / 38
● 제3장 정감적 묵상기도의 위험과 장애 / 41
● 제4장 정감적 묵상기도의 방법 / 45
　　 I. 성 이냐시오의 방법 / 45
　　II. 성 슐피스의 방법 / 50

제 II 부 윤리덕(倫理德)

Ⅰ. 일반적인 주입덕 / 55
　　　Ⅱ. 윤리덕 / 64
　　　제Ⅱ부 윤리덕의 분류 / 67
● 제1장 현　　명 / 68
　　　Ⅰ. 현명의 덕에 대한 본질 / 68
　　　Ⅱ. 현명의 덕의 필요성 / 75
　　　Ⅲ. 현명의 덕을 완성시킬 수 있는 방법들 / 78
● 제2장 정　　의 / 86
　제1절 엄밀한 의미로서의 정의 / 86
　　　Ⅰ. 정의의 덕의 본질 / 86
　　　Ⅱ. 정의를 실천하기 위한 규범들 / 89
　제2절 경신덕 / 93
　　　Ⅰ. 경신덕의 본질 / 93
　　　Ⅱ. 경신덕의 필요성 / 96
　　　Ⅲ. 경신덕의 실천 / 99
　제3절 순　명 / 103
　　　Ⅰ. 순명의 기초와 본질 / 103
　　　Ⅱ. 순명의 단계 / 108
　　　Ⅲ. 순명의 자질 / 110
　　　Ⅳ. 순명의 탁월성 / 116
● 제3장 용　　기 / 123
　제1절 용덕의 본질 / 123
　　　Ⅰ. 용덕의 정의 / 123
　　　Ⅱ. 용덕의 단계 / 125
　제2절 용덕과 관계되는 다른 덕들 / 130
　　　Ⅰ. 아　량 / 130
　　　Ⅱ. 관대함 / 131
　　　Ⅲ. 인　내 / 133

Ⅳ. 항구심 / 139
     제3절 용덕을 획득하고 완성시키는 방법 / 141
● 제4장 절   제 / 145
     제1절 정   결 / 146
           Ⅰ. 부부간의 정결 / 148
           Ⅱ. 동정 또는 독신 / 151
     제2절 겸   손 / 169
           Ⅰ. 겸손의 본질 / 170
           Ⅱ. 겸손의 여러 단계 / 174
           Ⅲ. 겸손의 탁월성 / 181
           Ⅳ. 겸손의 실천 / 186
     제3절 온   유 / 202
           Ⅰ. 온유한 덕의 본질 / 202
           Ⅱ. 온유한 덕의 탁월성 / 203
           Ⅲ. 온유한 덕의 실천 / 205

             제Ⅲ부 대신덕(對神德)

● 제1장 신   덕(믿음) / 215
           Ⅰ. 신덕의 본질 / 215
           Ⅱ. 신덕의 성화적 역할 / 219
           Ⅲ. 신덕의 실천 / 226
● 제2장 망   덕(희망) / 234
           Ⅰ. 망덕의 본질 / 234
           Ⅱ. 망덕의 역할 / 237
           Ⅲ. 망덕의 실천 / 242
● 제3장 애   덕(사랑) / 252

제1절 하느님께 대한 사랑 / 255
   Ⅰ. 하느님께 대한 사랑의 본질 / 256
   Ⅱ. 하느님께 대한 사랑의 성화적 역할 / 261
   Ⅲ. 하느님께 대한 사랑의 점진적 실천 / 266
제2절 이웃에 대한 사랑 / 276
   Ⅰ. 형제적 사랑의 본질 / 276
   Ⅱ. 형제적 사랑의 성화 / 277
   Ⅲ. 형제적 사랑의 실천 / 280
제3절 사랑의 원천이신 예수 성심 / 290

제Ⅳ부 악의 공격에 대한 투쟁

● 제1장 일곱 가지 죄에 대한 각성 / 304
   Ⅰ. 죄의 성향에서 교만까지 / 304
   Ⅱ. 감각적 죄들 / 305
   Ⅲ. 영적 인색 / 307
● 제2장 영적 미지근함 / 309
   Ⅰ. 영적 미지근함의 본질 / 309
   Ⅱ. 영적 미지근함의 위험들 / 313
   Ⅲ. 영적 미지근함에서의 이탈 / 315

부　록 : 빛의 길을 위한 영의 식별 / 318

제4편 빛의 길의 요약 / 322

수덕 신비 신학 5
일치의 길

1999년 9월 11일 교회 인가
(서울 대교구 정진석 대주교)
2000년 12월 25일 1판 1쇄
2018년 10월 15일 1판 2쇄

지은이 아돌프 땅끄레
옮긴이 정대식
펴낸이 한상천
펴낸곳 가톨릭 크리스챤

142-109 서울 강북구 미아 9동 103-127
등록 1993. 10. 25 제 7-109 호
전화 02) 987-9333
팩스 02) 987-9334
이메일 moregoodok@hanmail.net
우리은행 1002-533-493419 한상천

값 **13,000원**

ISBN 89-88822-09-9
ISBN 89-88822-04-8 (제5권)

2000년 대희년 기념

성가정 꼭 이루세!

한용환, 김진봉 작사
Ludwig van Beethoven

조금 빠르게 힘있게

1. 천 입이 내게 있 - 어 도 감사 다 못 하 겠네
2. 영 - 광이 성부성자 성령 께 있 으 소서
3. 만 민들아 손뼉치며 감사 찬미 합 시다

만 입이 내게 있 - 어 도 찬미 다 못 하 겠네
지 금까지 주신 은총 모두 감사 드립니다
천 사들도 춤을 추며 함께 찬미 합 시다

성 모마리아 성요 - 셉 을 우리나라 주보로 모 시 고

예 수님을 왕 으로 모 시는 성 가정 꼭 이 루세!